Franquin
Les secrets d'une œuvre

Du même auteur

Romans

Le Testament de Sherlock Holmes, Éditions du Rocher, 2005 (Prix Intramuros du festival Polar & Co de Cognac) ; rééd. Le Livre de Poche, 2007.

La Ville monstre, Éditions du Rocher, 2007.

Duel en enfer, Sherlock Holmes contre Jack l'Éventreur, Éditions du Rocher, 2008 ; rééd. J'ai Lu, 2010.

Penny Blood, Sherlock Holmes revient, Éditions Laurent Debarre, 2012 ; réédité sous le titre *L'Affaire Mina Marten*, La Mécanique générale, 2017.

Les Spectres de Chicago, Éditions du Rocher, 2016.

Corpus delicti, Éditions Laurent Debarre, 2019 (Prix Enquêtes et faits divers, remis à Polar'Osny, 2019).

Nouvelles

L'Incroyable Défi du professeur Borkoff, in *Sherlock Holmes dans tous ses états*, Rivages/Noir, 2007.

Little Sunflower, in *Jazz me blues*, Alvik Éditions, 2009.

Sonic World, in *Les Auteurs du noir face à la différence*, Jigal Polar, 2012.

Du pain sur la planche, nouvelle coécrite avec François Alquier et Odile Bouhier, in *Les Aventures du concierge masqué, L'exquise nouvelle saison 3*, L'Exquise édition, 2013.

Les Escaliers quatre à quatre, in *Respire… Debout… Souffle…*, Éclats, 2021.

Essais

Jules Verne et Hergé : d'un mythe à l'autre, Éditions MacGuffin, 2005 (Prix des jeunes lecteurs des médiathèques de Paris).

Hergé, la bibliothèque imaginaire, Éditions MacGuffin, 2006.

Hergé et le polar, Éditions MacGuffin, 2006.

Tintin à Baker Street, Éditions MacGuffin, 2007.

Jazz et polar, Éditions Laurent Debarre, 2007.

Hergé et le 7e art, Éditions MacGuffin, 2008.

Hergé, aux sources de l'œuvre, Éditions MacGuffin, 2008.

Hergénéalogie, Éditions MacGuffin, 2009.

Hergéographie, le monde selon Tintin, Éditions MacGuffin, 2010.

(suite p. 349)

Bob Garcia

FRANQUIN

Les secrets d'une œuvre

éditions du
ROCHER

L'auteur tient à vivement remercier ici Maxime Gérôme, pour lui avoir transmis sa formidable documentation.

Illustrations de Sternic. DR.

Éditions du Rocher
28 rue Comte Félix-Gastaldi – BP 521 – 98015 Monaco
www.editionsdurocher.fr

ISBN : 978-2-268-10993-0
EAN Epub : 9782268110103

Les détails font la perfection,
et la perfection n'est pas un détail.

Léonard de Vinci

Introduction

Ce qui frappe le plus chez Franquin, c'est l'infinie complexité de ses dessins. Au fil des lectures et des relectures, on découvre une multitude de détails qui échappent au premier abord : l'auteur n'a cessé d'ajouter des « gags dans les gags », selon son expression. Le lecteur peut très bien lire ses récits sans s'y arrêter – le rythme de narration, le suspense et l'humour omniprésents se suffisent à eux-mêmes –, mais, si l'on prend le temps de s'y attarder, on découvre quantité de « messages » inscrits en filigrane dans ses planches, dont certains sont quasi subliminaux, qui nous entraînent dans les coulisses de l'œuvre : de précieuses informations sur les goûts de l'auteur et ses influences ; d'incroyables témoignages sur une tranche d'histoire en partie oubliée ; des clins d'œil et hommages ; des références très précises à des faits d'actualité ; des messages intimistes, parfois très iconoclastes...

Franquin invite ses lecteurs (qui en ont le temps et le goût) à décrypter les plus infimes détails. Pour cela, à la façon d'un jeu de piste, il laisse ici et là des indices, des allusions, que chacun est libre d'analyser. Prenons un exemple.

Dans l'aventure de Spirou, *La Mauvaise Tête*, le cinéma Royal (p. 9) diffuse un film primé au Festival de Cannes. Il ne peut s'agir que de celui de 1953, puisque l'édition suivante n'a pas encore eu lieu au moment où Franquin dessine cet épisode. On ne voit que les trois lettres « ACE » du titre. Or, le seul film primé en 1953 contenant ces lettres est *O Cangaceiro* (*Sans peur, sans pitié*) de Lima Barreto (prix international du film d'aventures), dans lequel un gang de bandits du nord-est du Brésil kidnappe Olivia, une institutrice venant d'un petit village. Mais l'un d'entre eux tombe amoureux d'elle, ce qui ne plaît pas au chef de la bande, réputé pour être « sans peur et sans pitié »... Ce film connut un succès sans précédent à sa sortie, et resta à l'affiche presque aussi longtemps que *West Side Story*. Le dessin esquissé par Franquin évoque également la véritable affiche. L'auteur dévoile ainsi à ses lecteurs les plus attentifs une œuvre qu'il a probablement vue et appréciée. Il en va de même pour quelques centaines d'autres allusions, que nous détaillerons dans ce livre.

Concernant les sources et influences, il convient d'apporter quelques précisions. Leur étude – si elle éclaire la genèse et la gestation d'une œuvre – n'est jamais un exercice aisé. En effet, comment faire la part des influences avérées, des réminiscences plus ou moins conscientes, et des coïncidences ? Franquin lui-même était très préoccupé par la paternité des idées. Il confiait à *Libération*, le 5 décembre 1996 : « On se dit qu'on n'est certainement pas le premier à y avoir pensé, et on craint de répéter quelque chose de déjà vu. » Parlant du gag de Gaston Lagaffe (444) dans lequel Fantasio avale une superballe, l'auteur commente : « Je m'en rends compte maintenant, je l'ai piqué exactement dans un dessin animé de Disney que j'avais vu quand j'étais tout môme et que j'ai revu récemment. C'est précisément la mésaventure qui arrive à Donald à qui ses neveux font avaler un palet de hockey au moment où il ouvre un large bec... Est-ce une réminiscence ? Je suppose que ça peut jouer, parce qu'une bonne partie de l'humour que nous pratiquions à l'âge où nous avons commencé ce métier était presque une traduction de l'humour que nous avions vu en dessin animé et dans le cinéma comique américain[1]. » Il évoque ici *Champion de hockey* (*The Hockey Champ*), un court-métrage d'animation américain de 7 minutes des studios Disney, avec Donald Duck, réalisé par Jack King sur un scénario de Carl Barks et Jack Hannah, sorti le 28 avril 1939.

Mais il ajoute : « Et je ne suis pas du tout honteux de cet incident, maintenant que je m'en aperçois ; ce n'est pas voulu, ce n'est pas un plagiat, c'est un cas précis de réminiscence. N'est-ce pas ce qu'on appelle "cryptomnésie" ? Joli, non ?... Je pense que tout le monde puise plus ou moins son humour dans une réserve commune. En ce qui me

1. *Et Franquin créa la gaffe*, entretiens avec Numa Sadoul, Glénat, 2022 (réédition), p. 346.

concerne, l'humour dans lequel je puise inconsciemment, c'est celui du dessin animé que je voyais dans ma jeunesse. Je n'en ai pas vu beaucoup, mais je m'aperçois que ça m'a profondément marqué. »

Dans un autre gag (841), l'agent Longtarin fait un cauchemar : une voiture « lève la patte » sur un policier… « J'ai constaté après coup que Desclozeaux avait dessiné avant moi une voiture qui lève la patte sur un flic. C'est peut-être une réminiscence, ou bien nous aurions pensé tous les deux à la même chose ?… Tu sais, moi je ne suis pas comme certains plagiaires que je ne nommerai pas et dont nous avons abondamment parlé ; je ne pique jamais chez les autres, mais il peut arriver des accidents imprévisibles[2] ! »

Beaucoup plus tard, Franquin semble trancher définitivement la question. Au mur de la rédaction de Dupuis, un panneau déclare : « Plagiez-vous les uns les autres, les albums n'ont pas d'odeur. La direction » (893). Comme pour dire que cette « espèce de fonds de blagues familières » est à tout le monde, et que les réminiscences sont humaines… aucune œuvre ne se créant *ex nihilo.*

Il n'est donc pas question ici de prétendre démontrer que Franquin aurait pu copier ou plagier tel auteur ou telle autre œuvre. Le processus de création est bien trop complexe pour se borner à cela. Le propos est bien de mettre en évidence les liens, conscients ou pas, qui peuvent relier ses créations à d'autres, et d'en comprendre la genèse.

L'œuvre de Franquin est profondément inscrite dans son temps. Il commence à dessiner au lendemain de la Seconde Guerre mondiale, qui a laissé de profondes cicatrices. Il est ensuite témoin des Trente Glorieuses, où l'urgence était de panser ses plaies et de revivre. Mais l'insouciance a bientôt fait place à la remise en question d'une génération qui ne croit plus au bonheur de la consommation. Nous nous efforcerons là aussi de comprendre comment Franquin a traduit cette évolution dans ses œuvres.

Enfin, et surtout, ses dessins et scénarios cachent une part autobiographique, révélatrice de l'état d'esprit de l'auteur, de sa propre évolution et de sa prise de conscience sociale.

---

2 *Ibid.*

Nous proposons donc un décryptage de ses principales créations selon plusieurs critères : les sources, influences, ou réminiscences de l'auteur ; l'aspect historique ; l'aspect autobiographique ; les innombrables clins d'œil adressés aux lecteurs.

Les illustrations originales de Sternic permettent de visualiser – tout en restant dans un graphisme « bande dessinée » – des aspects importants développés dans le texte. Le lecteur peut ainsi « mettre un visage » sur tel ou tel personnage bien réel dont s'est inspiré Franquin, se représenter tel lieu, ou tel objet spécifique…

Nous tenons enfin à préciser que ce travail, pour précis et documenté qu'il soit, n'a pas la prétention d'être exhaustif, ni définitif. Une œuvre aussi complexe et dense peut se prêter à d'innombrables grilles de lecture. Souhaitons que cette modeste contribution ouvre de nouvelles portes sur les univers du génial Franquin.

I
Naissance d'une vocation

Une enfance solitaire

Albert et Henriette Franquin vivent à Etterbeek, un faubourg de Bruxelles au sud-est du centre de Bruxelles, non loin du muséum des Sciences naturelles et du parc du Cinquantenaire. Albert est un employé de banque rigide, enfermé dans un quotidien routinier laissant peu de place à la fantaisie, à l'exception de sa passion pour l'ornithologie : il élève plus de deux cents perruches en volière... Le petit André se souviendra, longtemps après, que son papa dessinait des oiseaux pour le bulletin de son club d'ornithologie. Henriette est mère au foyer. Elle a déjà connu trois fausses couches avant la naissance d'André. Elle partage avec Albert la passion des animaux, que le couple recueille et soigne.

Le petit André Franquin vient au monde le 3 janvier 1924 dans cet environnement quelque peu morose. Fils unique, il ne manque certes pas d'affection, mais il n'a ni cousin ni cousine de son âge avec qui partager ses rêves et ses jeux d'enfant. Il passe beaucoup de temps auprès des nombreux animaux qui peuplent la maison familiale : une tortue, un hérisson, un écureuil, des poules et les fameuses perruches, des souris blanches, etc. Il observe longuement ce petit monde, s'amuse de leurs comportements et les traite comme des compagnons de jeu dotés de sentiments. Il gardera son intérêt pour les animaux et en

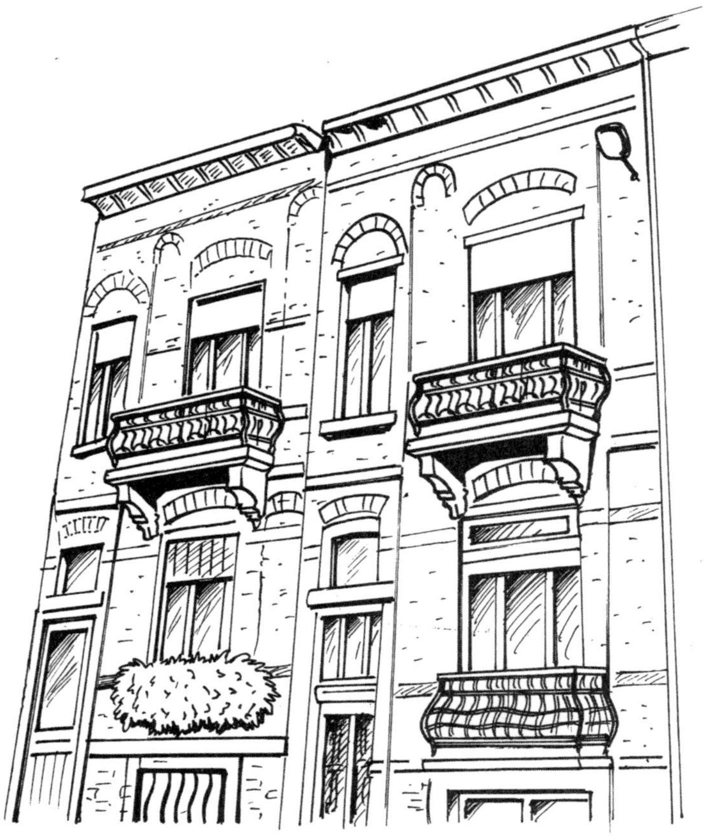

La maison familiale, rue de la Natation à Ixelles, où grandit Franquin.

représentera beaucoup, réels ou imaginaires, dans ses bandes dessinées. Quand André échappe à la ménagerie familiale, il part en vacances à la ferme de sa tante Hortense (d'ailleurs citée sous son propre nom dans ses récits), où il côtoie les chiens, les chats, les poules, les dindons, les cochons… que l'on retrouvera aussi dans ses bandes dessinées[1].

En voici quelques exemples… Dans une de ses aventures, Spirou sauve des flammes un petit garçon et sa souris. Dans le gag 602, quasi autobiographique, Gaston qui s'est fait rembarrer assez sèchement de partout, est content de retrouver sa minuscule souris qui lui fait un

1. Deux livres leur ont même été consacrés : *Le Bestiaire de Franquin*, t. 1 et t. 2, Marsu Productions, 2004 et Dupuis, 2006.

« large sourire ». On retrouvera la même notion de bienveillance, voire de tendresse, dans le personnage du petit chien qui erre au fil des gags de Lagaffe, en quête d'affection (585, 744, 819, etc.).

Franquin confiera avoir éprouvé un fort sentiment d'étouffement durant toute son enfance, qui se traduisait par un « énorme besoin de rire », impossible à combler dans l'environnement familial. C'est cette frustration qui sera, selon lui, en grande partie à l'origine de sa vocation d'amuseur. Il confiera ainsi : « Chez moi, la vie n'était pas spécialement marrante, avec une mère "lamentatoire" et un père souvent de mauvaise humeur, c'est peut-être de là qu'est venu mon besoin de rigoler. On parle tout le temps de l'éducatif. [...] L'éducatif, c'est d'apporter le rire dans les familles où on ne rigole pas[2]. »

Le goût du dessin

Un événement en apparence banal sera sans doute un des déclencheurs de sa vocation pour le dessin. Il racontera quarante ans plus tard : « Un oncle m'avait offert un de ces tableaux d'écolier, une planche noire supportée par un trépied. Il s'est fait que mon père a été frappé par un gribouillage que j'y avais inscrit, un dessin à la craie représentant un chien qui respirait une fleur. Mon père trouvait le dessin si beau qu'il est allé avec le tableau noir chez un ami photographe et qu'il l'a fait reproduire. Quand vous avez cinq ans et qu'on prend au sérieux votre œuvre au point d'en faire une photo, ça vous fait un certain effet[3]. »

Son œil est attiré très tôt par l'image, surtout quand elle semble raconter une histoire. Il se souviendra d'un détail précis à propos d'un gag de Modeste et Pompon. Quand Modeste fait ses courses, Franquin ajoute une petite publicité pour la Phosphatine dans un coin du comptoir de l'épicerie. Il y fera à nouveau allusion dans *La Foire aux gangsters* (p. 57) et dans *Panade à Champignac* : Fantasio ouvre un placard de la cuisine du comte et constate (p. 18) : « Faut racheter de la Phosphatine premier âge. »

---

2. *Télémoustique*, 20 décembre 1979.
3. *Spirou* n° 1636 du 21 août 1969. http://www.inedispirou.com/forum/viewtopic.php? t=1901

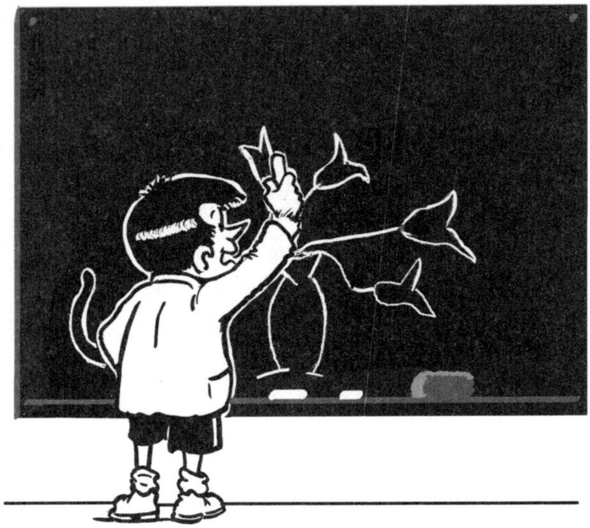

Le petit André dessinant sur son tableau noir.

La fameuse farine a joué un rôle aussi inattendu qu'important dans sa vocation de dessinateur. Sur les boîtes de Phosphatine Falières, il y avait en effet un dessin représentant des gamins, grimpant à un bol géant pour manger le fameux produit. L'un d'eux tombait, et cette image passionnait le petit André qui affirmera plus tard avoir commencé son apprentissage du dessin grâce à elle !

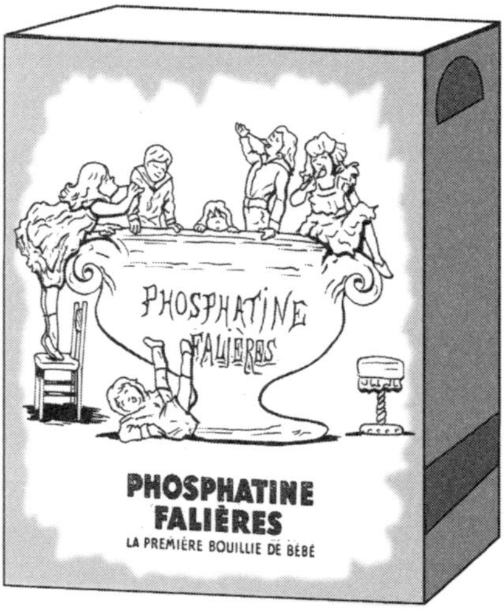

Boîte de phosphatine Falières datant de l'enfance de Franquin.

Mais c'est dans le supplément jeunesse du journal *Le Soir* qu'il découvre ses premières histoires en images, avant même de savoir lire. Jeanne Hovine (pseudonyme d'Anne-Marie Ferrières) et sa sœur Laure publient alors les histoires de Nic et Nac, un frère et une sœur habillés de vêtements à larges carreaux noirs et blancs. Le petit André est très impressionné par les aventures étranges et palpitantes que vivent Nic et Nac, entourés de toute une bande de petits personnages improbables.

L'un d'eux l'intrigue en particulier : il s'agit d'un certain Monsieur Cang, une sorte de magicien et de clown qui vit dans un des piliers-cabanes du jardin du parc de Bruxelles. Cette idée le fascine et il affirmera qu'elle contribua à son goût pour ce parc, et tous les parcs en général. On en trouve une parfaite illustration dans *Il y a un sorcier à Champignac*.

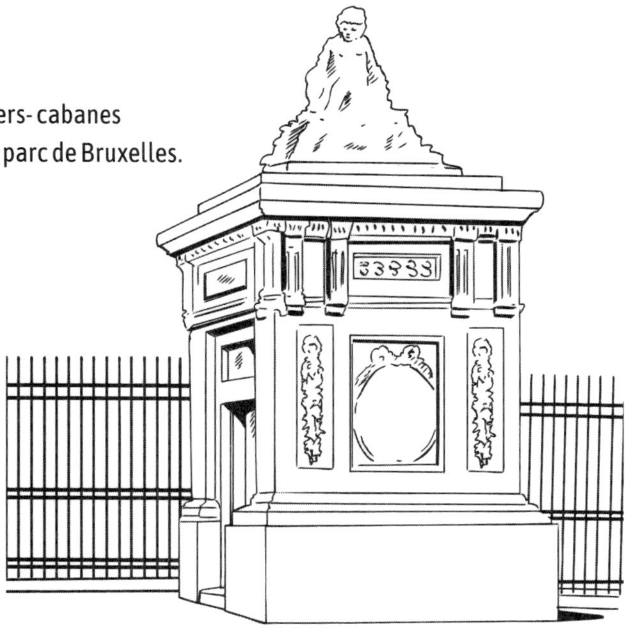

L'un des piliers- cabanes du jardin du parc de Bruxelles.

Cette histoire illustrée contribua sans doute également à sa vocation pour la bande dessinée.

Autre influence de sa tendre enfance : les tableaux de maîtres. Nul besoin de savoir lire pour les décrypter, il suffit d'observer, un exercice dans lequel le petit André excelle. Plus tard, il se définira comme « un gros mangeur des yeux ». La peinture a incontestablement contribué à son goût de l'image, et en particulier du détail.

Très jeune, il est fasciné par les tableaux de Rubens et rêve de devenir un grand peintre. Il aime « se promener dans le décor » et tente de décrypter la quantité de détails qui s'y trouvent. Comme le faisait Hergé dans ses bandes dessinées, en accrochant aux murs de ses cases ses tableaux préférés, Franquin rendra hommage aux maîtres hollandais.

Chez le notaire Mordicus (*Spirou et les héritiers*, p. 60), un portrait représente un bonhomme rondouillard coiffé d'un imposant chapeau noir, tels que l'on peut voir dans les tableaux de Rembrandt, *Cornelis Claesz Anslo* (1641) ou *Le Syndic de la guilde des drapiers* (1662). Il pourrait aussi s'être inspiré ici du tableau intitulé *Homme au chapeau*, attribué à David Teniers, un peintre flamand du XVIIIe siècle.

Découverte de la bande dessinée

Dès qu'il sait lire, il dévore les bandes dessinées en vogue : *Mickey*, *Robinson*, *Hop-là*, *Le Petit Vingtième*, *Pim Pam Poum*, celles d'Hergé, de Milton Caniff, de George McManus, d'Alex Raymond et de bien d'autres.

« Enfant, j'ai acheté du rire comme on achetait de la drogue. [...] Je me rappelle le gamin que j'étais quand je lisais ça, les sensations que j'avais avec la bande dessinée[4]. »

Il sera impressionné par *Mickey en camping. Les malheurs de Chrysostome*, dans laquelle le cheval Horace devient fou et hurle depuis la cime d'un arbre. Il transposera la situation dans *La Peur au bout du fil* (publié en album à la suite du *Voyageur du Mésozoïque*), quand Champignac perd la tête et se réfugie en haut d'un arbre tout en invectivant les protagonistes du récit.

Il adoptera aussi le principe du trio de héros pour *Bravo les Brothers* et pour les trois neveux turbulents de Modeste, hérité de la bande dessinée et du dessin animé, avec les trois petits cochons, les trois neveux de Donald, les trois *caballeros*, Pim Pam Poum, etc.

---

4. *Libération*, 1er août 1985.

La référence à Disney est constante tout au long de son œuvre, à travers nombre de détails graphiques... Il retiendra par exemple plusieurs astuces et conventions graphiques du dessinateur de Mickey, Floyd Gottfredson, telle l'ombre dessinée sous les personnages posés au sol, ou encore le mouvement sonorisé... Dans *Le Repaire de la murène* (p. 57), Xénophon Hamadryas fait un clin d'œil de connivence au prisonnier dans sa cellule. Le dessin est assorti d'un « clic », comme dans les bandes dessinées de Disney. Dans *Radar le robot*, la voiture devient un personnage à part entière et semble dotée de sentiments. Ses phares symbolisent des yeux et sa calandre une bouche, lui conférant une expression humaine héritée des voitures de Walt Disney. Il multipliera encore ces allusions dans les gags de Gaston Lagaffe.

Dans le grenier de ses parents, le petit André trompe sa solitude et son ennui en épluchant les piles de vieilles revues *Confidences*, dans lesquelles le dessinateur Chick Young publie les gags de Blondie. Il est en particulier intéressé par le personnage de Dagwood qui inspirera certains traits de caractère de Fantasio. Mais il se souviendra surtout d'un gag de Blondie dans lequel M. Dithers, le patron irascible de Dagwood, tourne avec méfiance autour du bureau de son employé, puis finit par comprendre que celui-ci a réussi à dormir les yeux ouverts. « Un des meilleurs gags de Gaston, c'est Chic Young qui l'a fait ! » reconnaîtra Franquin.

Une autre série marque la jeunesse de Franquin : *Bicot* (*Winnie Winkle*) de Martin Branner. Il est fasciné par les terrains vagues entourés de palissades et les bandes de gosses qui y jouent. Sans doute, des compagnons de jeu qu'il aurait aimé avoir lui-même, et qu'il transpose dans plusieurs aventures de Spirou.

La série *Popeye* d'Elzie Crisler Segar aura également une grande influence sur lui. Le Marsupilami est un cousin du Pilou-Pilou de Segar, tant dans l'aspect que dans le nom, contraction de « marsupial », « pilou-pilou » et « ami ». Il se souviendra aussi de la signature étonnante de Segar, la première du genre, animée fort judicieusement d'un cigare. Plus tard, il déclinera la sienne de bien des façons... De quoi en faire un livre[5] !

---

5. André Franquin, *Les Signatures de Franquin*, Marsu Productions, 2005.

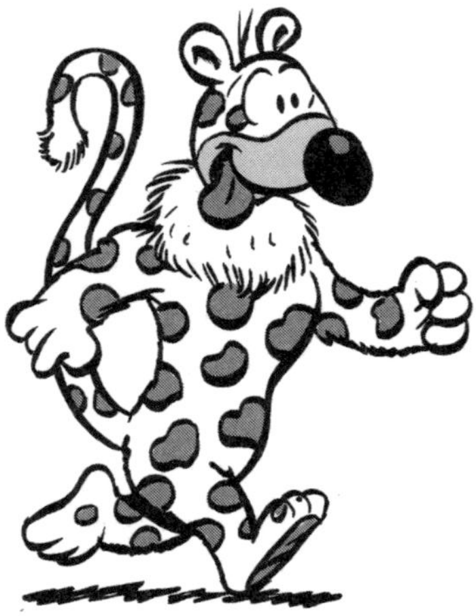

Marsu-Pilou ou Pilou-Lami ?

Il s'amuse aussi des bandes dessinées loufoques de Bill Holman, *Smokey Stover/Popol le joyeux pompier*, dont il s'inspirera pour quelques gags de Gaston. Popol est toujours entouré de dizaines de mains aux multiples fonctions, surgies de nulle part. Elles brandissent des panneaux, lui tiennent sa cigarette ou d'autres objets... Il lui arrive aussi de s'asseoir dans de gigantesques mains.

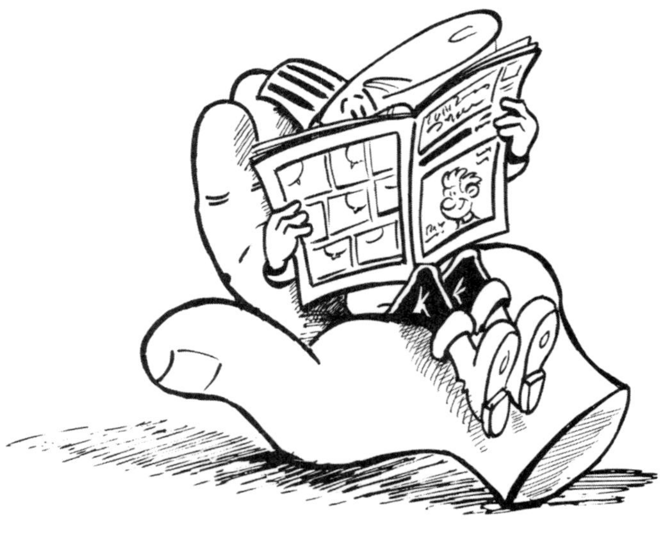

Le fauteuil-main.

Le « fauteuil main » de Gaston (gag 590) est une transposition directe de celles-ci. Franquin le déclinera même en fauteuil-gant de boxe (gag 711). Popol possède aussi un chat noir qui constituera une des inspirations de Franquin pour le fameux chat-dingue de Gaston.

Première distinction

Alors qu'André a 11 ans et demi, un autre événement important se produit. Bruxelles accueille l'Exposition universelle le 27 avril au 6 novembre 1935 sur le plateau du Heysel. À cette occasion, *La Nation belge*, quotidien nationaliste que lisent régulièrement ses parents, invite les jeunes lecteurs à envoyer leurs dessins ou impressions de cette exposition. Les meilleurs dessins seront publiés dans les « Actualités enfantines ».

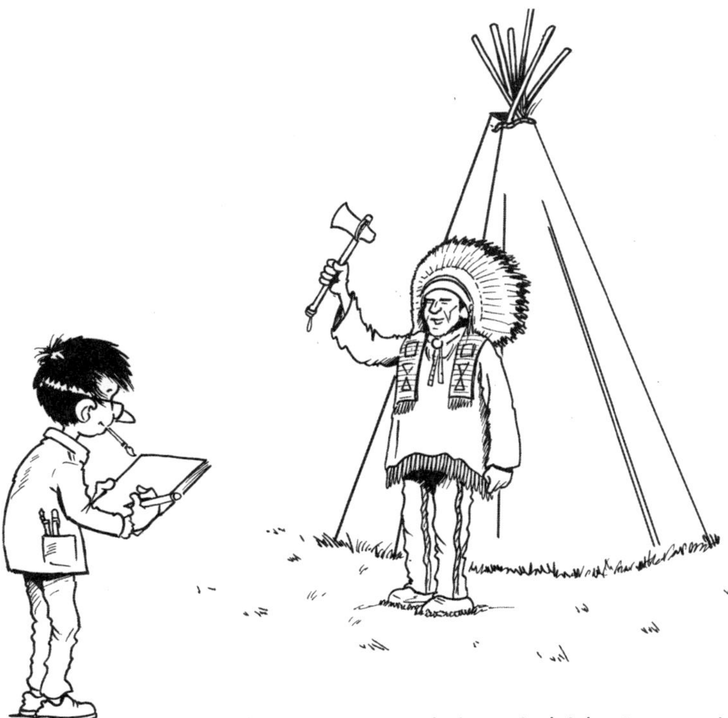

Le jeune André dessinant un chef indien debout devant un tipi.

André visite l'Exposition avec ses parents. Il est particulièrement fasciné par le village des Indiens, que le livre d'or de l'Exposition décrit ainsi : « Cet ensemble de constructions, d'une authenticité rigoureuse et colorée, avait été réalisé par l'Associated American Indian Group, avec la participation de plusieurs organismes [...]. Il y avait là toute la tribu du Grand Chef qui, au cours de son séjour aux États-Unis, avait décoré le général Balbo, commandant en chef de l'Aviation italienne ; des vénérables "Squaws", préposées à la préparation des mets familiaux ; des vaillants guerriers ; des gosses ravissants, hauts comme trois pommes et qui déjà portaient avec crânerie le costume national, les mocassins, les pantalons de cuir, la veste brodée, la coiffure de plumes... Dans un cirque voisin, les Peaux-Rouges donnaient des échantillons de leurs talents divers. »

Il décide de participer au concours : il envoie au journal un dessin de Miss Univers descendant en carrosse à l'Exposition, le dessin d'une perruche du parc des attractions, un dessin de lion et le dessin d'un chef indien debout devant des tipis, portant une coiffe et un costume traditionnel. Ce dernier est publié dans le journal le dimanche 4 août 1935, avec le commentaire : « André Franquin, 11 ans et demi, a dessiné un Indien. » La rédactrice de la rubrique affirme même qu'il est « le plus zélé des participants du concours ». C'est le premier dessin publié d'André Franquin[6].

Mais une autre influence se devine en filigrane... Franquin s'inspire de *Tintin en Amérique*, qu'il a lu dans *Le Petit Vingtième*. Nous verrons tout au long de cet ouvrage l'influence exercée par Hergé sur Franquin et les étranges liens qui se tisseront au fil des années entre ces deux auteurs... Hergé déclara à Numa Sadoul : « Quand je vois un Franquin, par exemple, je me dis : "Mais comment peut-on nous comparer ? Lui, c'est un grand artiste, à côté duquel je ne suis qu'un piètre dessinateur." » Franquin déclara souvent sa passion pour la lecture des albums de Tintin, et son admiration pour Hergé qu'il considérait comme son « grand frère ».

---

6. Dessin d'Indien devant sa hutte : https://blogs.ubc.ca/fren336/le-premier-dessin-publie-de-franquin/

Comparer Hergé et Franquin n'aurait aucun sens car leurs œuvres sont fondamentalement différentes, tant sur le plan graphique que sur le plan de la structure des récits et des personnages. Pour autant, les deux « grands » de la bande dessinée se lisaient et s'influençaient mutuellement. Nous verrons comment ils correspondaient « à distance », leurs œuvres se répondant et dialoguant à travers une foule de petits détails...

En 1936, André Franquin a 12 ans. Il entame ses humanités à l'Institut Saint-Boniface, école catholique qu'avait fréquentée Hergé avant lui et où il était considéré comme une vraie star. Les albums de Tintin et les autres productions d'Hergé étaient d'ailleurs les seules bandes dessinées tolérées par l'école et que les élèves pouvaient lire à l'étude après leurs devoirs. Franquin s'y plonge avec passion. Il apprécie en particulier les premières histoires en noir et blanc d'Hergé, et y puisera, consciemment ou non, de multiples idées.

Mais il lit aussi chaque semaine, en revenant de l'étude, le savoureux *Os à moelle* de Pierre Dac, qui le fait hurler de rire, et dont les phrases seront à l'origine des discours délirants du maire de Champignac.

Il se souviendra également de citations savoureuses de *Joseph Prudhomme* d'Henri Monnier, comme : « Ce sabre est le plus beau jour de ma vie », ou bien : « Le char de l'État navigue sur un volcan... »

La guerre

Quand la guerre éclate, en 1940, André est en cinquième latine. Il rentre dans sa coquille... « J'ai encore échappé bizarrement à un tas d'obligations : je n'ai pas fait partie de la chorale ni de l'équipe de football, je n'ai pas été scout. [...] J'ai échappé à tout ça, ou ils ont échappé à moi, c'est selon ! Mais il a toujours été dans ma nature d'être inactif et de ne pas me faire remarquer[7]. »

---

7. *Et Franquin créa la gaffe*, *op. cit.*, p. 15.

En 1942, après ses humanités à l'Institut Saint-Boniface, le moment est venu de choisir une orientation scolaire. Son père a déjà une idée précise : André sera agronome. Mais ce dernier ne voit pas les choses du même œil : il veut être dessinateur. Avec l'aide de sa mère et l'appui de quelques voisins, il rentre fin 1942 à l'école d'art Saint-Luc. Léon Degrelle y avait fait plusieurs discours pro-nazis avant la guerre, et le collège bénéficiait pour cela d'un certain régime de faveur de la part de l'Occupant allemand, obtenant ainsi toutes sortes d'*Ausweis* qui permettaient aux élèves d'échapper aux restrictions et, surtout, au Travail obligatoire. Contrairement à plusieurs jeunes hommes de son âge, André échappe ainsi au pire : être expédié en Allemagne aux travaux forcés... À Saint-Luc, il pratique plusieurs techniques, la couleur, le dessin au fusain, à partir de motifs romains ou byzantins, et à partir de modèles vivants... La morale stricte de l'établissement interdit la pratique du nu féminin : à la place, ce sont les étudiants eux-mêmes qui doivent poser à tour de rôle. André se lasse vite de cet enseignement trop académique...

Une autre histoire se déroule à Liège puis à Bruxelles, qui va décider de son destin, et dont il ignore tout pour l'instant... Quelques années plus tôt, en 1937, Paul Nagant, héritier de la grosse bourgeoisie industrielle liégeoise, y avait créé la Compagnie belge d'actualités (CBA). Son idée est d'alimenter les cinémas avec des bandes d'actualité locales. Il réalise alors de courtes séquences sportives. Mais quand la guerre éclate et que la Belgique se retrouve sous occupation allemande, contrôlant l'information, Nagant se tourne vers la fiction, et plus précisément le cinéma d'animation. La production de Disney étant interdite, il décide de saisir l'opportunité et ambitionne de rivaliser avec les grands studios américains.

Les dessinateurs Jacques Eggermont et Édouard « Eddy » Paape se lancent alors dans l'animation, sous le pseudonyme commun de Jackeddy, et réaliseront plusieurs courts métrages à partir de 1943 : *Zazou chez les Nègres* (11,5 minutes, 1943), *Le Chat d'la Mèr'Michel* (4 minutes, 1945), *Il était... un petit navire* (5,20 minutes, 1945), etc. La société déménage bientôt à Bruxelles, au 4 avenue du 11 novembre, ce qui lui permet en particulier de se rapprocher du Studio Cibelson où est réalisé le montage-son de la CBA. Afin de faire face à la charge de travail, Eggermont et Paape demandent à Nagant d'embaucher quatre personnes. Ils font d'abord appel à un jeune dessinateur de 21 ans passionné de dessin animé, Maurice de Bevere (qui sera ensuite plus connu sous le pseudonyme de Morris). Il faut encore trouver trois autres animateurs. Georges Salmon, ancien élève de Saint-Luc, est bientôt embauché. Puis Paape repère dans la même école Franquin et Pierre Culliford (qui deviendra bientôt Peyo). Mais en 1944, Saint-Luc doit fermer à cause du danger de bombardements, et les élèves sont renvoyés chez eux…

À la libération, André décide de ne pas y retourner et entre à la CBA en septembre comme animateur. C'est là qu'il forge une solide amitié avec Peyo et Morris. Mais les dessins animés américains font leur grand retour, et le petit studio CBA ne fait pas le poids face à cette concurrence. Le coup de grâce est porté le 26 avril 1946 : un arrêté ministériel lui refuse son autorisation de production et de distribution de films cinématographiques, « considérant le fait que le sieur Nagant, Paul, directeur-propriétaire de la firme CBA, s'est rendu notoirement coupable d'actes d'incivisme pendant l'occupation allemande ; considérant, dès lors, que l'activité professionnelle de la firme ci-dessus visée serait de nature à menacer la sécurité de l'État et à troubler l'ordre et la tranquillité publics ».

Premiers pas

À cette époque, Morris travaille aussi pour Dupuis, et réalise des caricatures et des *cartoons* dans *Le Moustique*, le magazine de programme radio publié par Dupuis. L'éditeur cherche des dessinateurs afin d'alléger la tâche de Joseph Gillain, l'homme à tout faire du magazine *Spirou*. Morris pense évidemment à sa petite équipe de copains du studio CBA, d'autant que Franquin a déjà dessiné une publicité pour le fameux Almanach 1944 de Dupuis. Et le petit groupe se retrouve bientôt chez Dupuis.

Yves Legros (pseudonyme de Xavier Snoeck) publie dans le magazine *L'Aile rouge*, un roman de 68 pages, du 16 novembre 1944 au 27 décembre 1945. C'est l'occasion pour Franquin, qui signe encore A.F., de montrer son talent. Les dessins du n° 397 du 22 novembre 1945 sont de lui

– Ray-Jan et Will assureront les autres. À cette époque, il illustre également *Carrefour des Routiers* dans le n° 44 du 27 décembre 1945.

Chez Spirou, Joseph Gillain (alias Jijé) rêve quant à lui de finir sa BD *Don Bosco*, créée en 1941, racontant l'histoire d'un prêtre catholique italien qui décide, en dépit de multiples oppositions, de consacrer sa vie aux jeunes délinquants mineurs des rues du XIXe siècle. Il saisit l'opportunité de ces nouveaux venus pour se dégager de ses personnages récurrents : il octroie Jean Valhardi à Eddy Paape. Franquin hérite de Spirou. Morris, en revanche, écarte toute idée de reprendre un personnage. Il entend publier son *Lucky Luke* qu'il avait ébauché chez CBA.

Franquin se jette dans le grand bain sans véritable formation. Gillain lui explique bien quelques rudiments, mais il doit tout apprendre d'instinct et par la pratique. Il constatera plus tard (*Spirou* n° 1636, du 21 août 1969) : « C'est en lisant des histoires américaines que j'ai appris à dessiner comme à peu près tous les gars de ma génération. » Mais outre les bandes dessinées, dont nous avons déjà parlé, tentons de préciser, à travers quelques exemples tirés de ses propres récits, voyons quelles furent plus précisément ses autres influences…

L'influence du cinéma

Avec un sens du mouvement sûr et quasi instinctif, Franquin transpose en dessin les effets visuels et principes narratifs du cinéma.

Le suspense de certaines de ses poursuites en voiture ou en side-car sont dignes de Mack Sennett. Franquin le cite d'ailleurs, à propos d'*Il y a un sorcier à Champignac* : « Ceci, page 49, c'est évidemment l'influence du cinéma burlesque américain : prendre un virage en dérapant sur un pied, tu trouves ça dans toutes les poursuites du genre Mack Sennett. » Et quelques pages plus loin : « Tiens, à la page 60, le type fait un gag à la Chaplin : il plie un réverbère pour approcher la lumière… », se référant à *Easy Street* (*Charlot policeman*, 1917). Car celui qu'il déclarait « préférer à tous les autres », c'est surtout Charlie Chaplin.

Dans *Le Prisonnier du Bouddha*, Franquin explique ainsi les pages 38 à 40 où l'on voit Spirou et Fantasio escalader une falaise en contre-plongée : « Ce faux suspense à rebondissements est un de ces gags hérités du cinéma américain[8]… » Dans *L'Ombre du Z*, la bataille est digne des meilleures batailles de tartes à la crème de l'histoire du cinéma, dont la plus célèbre est sans doute *La Bataille du siècle*, réalisée par Clyde Bruckman en 1927 avec Laurel et Hardy. Quant au titre de l'aventure de Spirou *Bravo les Brothers*, comment ne pas y voir un clin d'œil aux célèbres Marx Brothers ? …

Enfin, dans *Panade à Champignac*, le gag du landau qui dévale une pente, décliné sur 6 pages, est la énième variation sur la célèbre scène du *Cuirassé Potemkine*, que Franquin déclarait avoir vu deux ou trois fois.

Si le cinéma d'acteurs, et en particulier le cinéma burlesque, a constitué une forte source d'inspiration pour Franquin, il en va de même – et sans doute plus encore – pour le cinéma d'animation. Les dessins animés de Disney et de Tex Avery en particulier ont un impact revendiqué et assumé par Franquin sur ses bandes dessinées, tant sur les principes de mouvements que pour quelques-uns de ses personnages. Prenons quelques exemples…

Dans *Radar le robot* (p. 38), deux bandes d'une seule case représentent des gens qui courent une fois dans une direction et la fois suivante dans le sens opposé. C'est une ellipse temporelle propre au dessin animé et destinée à accélérer l'action et traduire un effet de vitesse.

Autre effet hérité du dessin animé : l'espion russe Alexandre du *Prisonnier de Bouddha*, court sur place en patinant sur une flaque de beurre (p. 20). De même, dans le gag 625 de Gaston Lagaffe, le chat patine sur des livres qui sont propulsés vers l'arrière par ses pattes, tandis que lui reste sur place.

La panthère du début, dans *Spirou et les Pygmées*, vient probablement « d'un modèle Disney quelconque, mais c'est inconscient, je n'ai pas copié[9]… » « Mais tu vois, page 43, en bas, cette image de Fantasio qui soulève une caisse, je me souviens qu'ici, j'ai utilisé l'ombre de son col et de ses cheveux pour lui donner un air de chat, de fauve ; et ça, c'est peut-être une influence de Disney, justement, qui avait dessiné un méchant chat baptisé Peg-Leg-Pete[10]… »

---

8. *Et Franquin créa la gaffe*, *op. cit.*, p. 245.
9. *Ibid.*, p. 155.
10. *Ibid.*, p. 145.

Et le gag 415 du pique-nique perturbé par les moustiques semble tout droit sorti de *Uncle Donald's Ants*, de Walt Disney (Jack Hannah, 18 juillet 1952), quand Donald est harcelé par les fourmis.

Comme un clin d'œil ou un hommage à son maître, dans le gag 857 de Gaston, un type part au travail en entonnant l'air des sept nains de Disney « Hey, Hoo ! Hey, Hoo ! Nous partons au boulot ! » Dans le gag 886, un dessin représente Spirou lui-même, habillé en Mickey. Un peu plus tard, gag 900, un membre de la rédaction de Spirou porte un tee-shirt Mickey... Peut-on imaginer plus beaux hommages ?

Le chat de Gaston est partiellement inspiré de César, celui de Franquin. Mais il doit aussi au dessin animé, l'auteur lui-même le reconnaît : « Il y a une influence incontestable des chats de dessins animés, le chat de la Metro Goldwyn, de Sylvester. » On pourrait ajouter à la liste des influences et réminiscences celui du dessin animé *Le Chat d'la Mèr'Michel* du studio CBA que Franquin connaissait bien...

Ses influences ne se bornent évidemment pas à ces quelques exemples. Au fil de ses nombreuses interviews, Franquin exprime son admiration pour d'autres illustrateurs, auteurs de bandes dessinées, peintres, affichistes, etc., tels Beuville, qu'il découvre dans la collection familiale des magazines *Marie-Claire* ; Ronald Searle ; Mort Drucker ; Guido Buzzelli ; Virgil Partch ; Henry Syverson, etc. Il faut y ajouter les innombrables revues illustrées dans lesquelles il a puisé sa documentation... Le sujet est si vaste qu'il mériterait de lui consacrer un livre entier. Néanmoins, ces quelques exemples permettent de comprendre le principe des dessins de Franquin fondés sur les notions de mouvement et de précision, mais aussi de détails extrêmement poussés.

Peu à peu, en 1946-1947, Franquin affirme son style graphique en réalisant des illustrations dans *Plein-Jeu*, qui figurent parmi ses premiers dessins professionnels. Jean-Jacques Schellens, qui dirige alors la revue, aura aussi une grande influence sur lui. Franquin lui devra en effet la recherche de surprises et d'événements propres à faire vivre une revue à faibles moyens. Ce qu'il appliquera dans les animations qu'il crée avec Yvan Delporte dans le journal *Spirou*.

C'est donc armé de ce bagage aussi léger qu'hétéroclite, et d'une bonne dose d'inconscience, que Franquin se lance dans la bande dessinée...

II
Spirou

Ce chapitre est consacré exclusivement à l'étude chronologique des aventures de Spirou de Franquin[1], où qu'elles soient publiées : l'*Almanach Spirou*, le journal *Spirou*, *Le Parisien libéré*, *Risque-Tout...*

Au fil des récits, Franquin n'a cessé d'enrichir ses images de détails, « gags dans le gag », hommages divers, etc., qui nous apprennent beaucoup sur l'époque traversée, mais aussi sur l'état d'esprit de l'auteur. C'est le résultat de ce décryptage minutieux que nous présentons ici. Pour chaque récit, après les caractéristiques de l'œuvre analysée et un résumé, nous donnerons le contexte de sa création et les principaux éléments analysés (lieux, personnages, faits de société, films, livres, clins d'œil...).

Les bandes dessinées de Franquin ont des nombres de pages très variables. L'auteur se contentait d'arrêter son récit quand il estimait qu'il était arrivé à son terme. Par la suite, plusieurs récits de périodes différentes se sont retrouvés regroupés dans un même album, indépendamment de leur chronologie et uniquement dans le but d'obtenir le nombre de page imposé par les contraintes d'impression. Le numéro des pages cités ici se rapporte à l'œuvre en cours d'étude. Comme les aventures de Spirou dessinées par Franquin présentent de nombreuses

1. Albums de Spirou consultables en ligne : http://www.humour-images.com/fr/COMICS/spirou/

analogies avec celles de Tintin[2], nous adopterons la convention suivante pour les citer :

– *Tintin au pays des Soviets* : TPS
– *Tintin au Congo* : TC
– *Tintin en Amérique* : TA
– *Les Cigares du pharaon* : CDP
– *Le Crabe aux pinces d'or* : CPO
– *Le Sceptre d'Ottokar* : SO
– *Tintin au pays de l'or noir* : ON
– *Le Secret de La Licorne* : SL
– *Les Sept Boules de cristal* : 7BC
– *Le Temple du Soleil* : TDS
– *L'Affaire Tournesol* : AT
– *Les Bijoux de la Castafiore* : BC
– *Vol 714 pour Sydney* : V714

2. Albums de Tintin consultables en ligne : http://www.andre-61000.fr/wa_files/01Tintin_au_pays_des_Soviets.pdf (et suivants)

La Maison préfabriquée

21 pages. Publié dans le journal Spirou,
du n° 422 du 23 mai 1946 au n° 442 du 3 octobre 1946,
puis dans l'album Hors série 2 – Radar le robot, *1976.*
Scénario et dessins : Jijé et Franquin.

Fantasio lit le journal en se promenant avec Spirou et Spip. Il découvre une annonce recherchant un jeune homme sympathique et débrouillard. Il décide de postuler et rencontre un entrepreneur qui lui explique : « Voilà le boulot... présenter nos maisons démontables sur le littoral... et par la même occasion, se payer des vacances à l'œil. » Fantasio accepte et se rend sur la côte.
Arrivé sur place, il perd le plan de montage de la maison préfabriquée et la construit donc comme il peut. Mais, pendant la nuit, la marée emporte la maison loin du rivage et elle est détruite dans une tempête. Spirou réussit à s'agripper à une planche, mais Fantasio disparaît dans les profondeurs des flots. Spirou est sauvé par un pêcheur et rentre seul avec Spip, persuadé que mon ami est mort. Mais Fantasio réapparaît et raconte qu'il a été sauvé par le pilote d'un hydravion qui passait par là. Tout est bien qui finit bien.

Contexte de création

Jijé avait déjà publié les quatre premières pages de la bande dessinée dans *Spirou* à partir du 23 mai 1946. Il estime que Franquin a fait ses preuves avec *Le Tank* (voir chapitre suivant), et décide de lui passer la main en cours de récit le 20 juin. Franquin doit assurer la continuité graphique des personnages, mais il doit aussi et surtout imaginer la suite du scénario, sans aucune indication de Jijé...

À ce stade du récit, Spirou et Fantasio se retrouvent donc sur le littoral. Fantasio commente (p. 8) : « Du haut de cette dune, on choisit un emplacement... On prend le plan de montage... merveilleux de simplicité... » Mais le fameux plan s'envole des mains de Fantasio, et les personnages courent après. Franquin doit alors imaginer une suite sans plus de précision sur la suite du scénario. La transition se fait exactement entre la 18e et la 19e case.

Maisons préfabriquées d'après-guerre

Dans l'immédiat après-guerre, il faut reconstruire, si possible vite et au moindre coût. Le magazine *La Maison* (Édition Art et Technique), qui voit le jour à Bruxelles dès 1945, regorge de conseils sur l'habitat.

Dans son livre *Baraques : histoire des maisons préfabriquées d'après-guerre*[1], Élisabeth Blanchet explique : « Les baraques d'après-guerre présentaient à l'époque des atouts insoupçonnés, tant sur les plans architecturaux que sociaux et économiques. Non seulement leur type de construction préfabriquée a permis de reloger les sinistrés de la guerre rapidement, de créer des cités provisoires dont certaines deviendront des communautés fortes et soudées, mais aussi d'innover en matière de design et de confort... Résultat : soixante-quinze ans après leur construction, des milliers de baraques provisoires d'après-guerre sont toujours debout, choyées par leurs propriétaires. Derrière la connotation péjorative du mot "baraque", souvent assimilée à des maisons mal conçues, des taudis, se cache en réalité une multitude d'expériences

1. Éditions Sutton, 2021.

urbaines et humaines. D'une pérennité inattendue, elles furent indispensables à la reconstruction de l'Europe et inspirent de nouveau les architectes et les politiques actuels dans la gestion des crises du logement. »

Les constructeurs rivalisent alors d'imagination pour proposer des procédés de fabrication simples, rapides et peu coûteux. L'industriel Jean Prouvé a l'idée d'adapter des locaux techniques en habitations familiales. Dès 1944-1945, il imagine des maisons 8 m × 8 m qui déboucheront en 1949 sur la fabrication de la maison *Métropole*. Celle de Fantasio ressemble plutôt à un assemblage à la va-vite, qui n'est pas encore tout à fait au point…

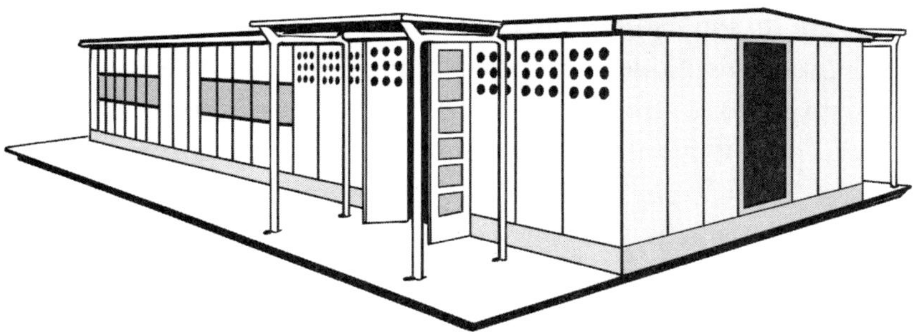

Maison *Métropole*.

Dans les pas de Tintin

Grand lecteur d'Hergé dans son enfance, Franquin a probablement mémorisé, de façon consciente ou pas, des scènes marquantes des aventures du reporter. Au début des *Cigares du pharaon*, le professeur Philémon Cyclone court après son plan qui s'est envolé lors d'une bourrasque. « Je l'ai ! » s'exclame Tintin (CDP, p. 2) en sautant sur le fameux papier. Fantasio s'exclame aussi (p. 8) : « Je l'ai ! » Toujours dans *Les Cigares*, Tintin percute un marin et le plan lui échappe. Ici, Fantasio bouscule Spirou, et la feuille s'envole également. Dans les deux cas, le plan tombe à l'eau. Celui qui a échappé à Tintin s'avère être un « prospectus d'agence de voyages ». Tandis que celui que récupère Fantasio n'est autre qu'une page de journal.

Fantasio est dépité (p. 10) : « Mille bombes, je dois exprimer ma colère » et il donne un violent coup de pied dans ce qu'il pense être un ballon posé en haut d'une dune. Le ballon s'avère être une casquette posée sur la tête d'un baigneur. Le gag rappelle la gaffe des Dupondt, bottant les fesses d'un musulman en prière, et qu'ils prennent pour un mirage (ON, p. 22).

Spirou perdu en pleine mer est secouru par un voilier (CDP, p. 18) comme Tintin dans *Les Cigares* (CDP, p. 13) : « Hé bien, on vous a repêché au moment où vous alliez boire la grande tasse ! » Fantasio, quant à lui, a disparu en pleine mer, et Spirou pleure devant une photo encadrée de son ami. Mais soudain Spirou voit Fantasio sortir miraculeusement du cadre (p. 18-19), comme Haddock voit sortir Tournesol de son cadre dans *Les Sept Boules de cristal* (7BC, p. 53). Puis Fantasio explique comment il a dérivé sur une planche et a été secouru (p. 19), tout comme Haddock et Tintin seront finalement secourus par un hydravion providentiel dans *Le Crabe aux pinces d'or* (CPO, p. 20) : « Un hydravion !... Nous sommes sauvés !... » Fantasio raconte à Spirou (p. 19-20) : « Et en un coup d'aile nous fûmes à Douves... [...] et je revins toujours en avion. »

L'action débutait donc sur les plages de la mer du Nord. Sans doute peut-on voir aussi clin d'œil de Franquin aux vacances de son enfance ou de son adolescence à Ostende. Il y fera encore allusion dans plusieurs gags de Gaston.

Zantafio et Poildur avant la lettre

Spirou n'est pas un personnage créé par Franquin. Il doit donc peu à peu se familiariser avec son univers, et se l'approprier. Il va alors le peupler de personnages secondaires, plus personnels. Ainsi, le fameux baigneur à qui Fantasio a donné un coup de pied (p. 10) préfigure Zantafio, tandis que le gamin à casquette (p. 13) annonce Poildur ou un gamin de sa bande, qui fera son apparition dans *Spirou sur le ring*.

Caricature de tailleur juif

La dernière case de la page 19 est accompagnée du texte « ... le temps de m'habiller chez un grand tailleur... » Lors de la première publication dans le *Spirou* n° 441 de 1946, le tailleur était une caricature du fripier juif tel qu'Hergé a pu le représenter dans *Tintin au pays des Soviets* (TPS, p. 17). Le terme de « grand tailleur » prend alors un sens ironique et moqueur[2].

Lors de la publication en album, le fripier est remplacé par un vieux monsieur sans type particulier. Franquin déclara avoir eu honte de ce dessin, et bien qu'il ne le fût pas, il admit avoir subi l'influence d'un père antisémite. Ce n'est pourtant malheureusement pas la seule caricature antisémite qui apparaît au début de son œuvre.

Clin d'œil

Le cadre de Fantasio, que Spirou a déposé sur sa table de nuit (p. 18), est signé... Jijé ! Franquin a sans doute voulu adresser un hommage à celui qui vient de lui passer le flambeau. Nous verrons dans les récits suivants que Franquin rend régulièrement hommage à ses collaborateurs et amis.

---

2. http://www.inedispirou.com/viewtopic.php? t=1902

Fantasio et son tank

12 pages. Publié dans L'Almanach Spirou *1947, novembre 1946, puis dans l'album* Hors série 1 – L'héritage, *1976.*
Scénario et dessins : André Franquin.

Lors d'une promenade dans un parc, Spirou et Fantasio avisent un attroupement. Un GI, perché sur son char, vend des grenades « por amiousé vô enfants ». Plus loin, un autre GI cède son char pour « 1 000 francs ou 10 bouteilles de cognac ».
Fantasio achète le char et le démarre, causant une série de désastres dignes des meilleures courses-poursuites de Buster Keaton. Heureusement, ils sont bientôt rejoints par une bande de gamins qui les aident à réparer leurs dégâts. Fort de cette expérience, Fantasio décide d'utiliser son char pour créer une entreprise de démolition…

Contexte de création

Franquin dessine *Le Tank* durant le premier trimestre 1946. Puis il est mis en attente jusqu'à l'automne pour figurer au sommaire de l'*Almanach Spirou* de la fin 1947. Le hors-série annuel du journal est un volume cartonné de 128 pages dans lequel on trouve aussi les débuts du Lucky Luke de Morris et la reprise de Jean Valhardi par Eddy Paape.

Ce récit est pour Franquin l'occasion de faire ses preuves dans le domaine de la bande dessinée, qu'il connaît encore très peu. Il se rapproche le plus possible de l'univers de Jijé, qu'il prend comme modèle par la force des choses. Il assure aussi la cohérence avec les récits précédents, quand Fantasio évoque la jeep qui lui causa bien des ennuis dans plusieurs aventures.

Les surplus militaires

La Belgique vient juste d'être libérée. À la fin de la guerre, beaucoup de matériel militaire américain est encore sur place, notamment un grand nombre de véhicules. Dès 1945, plutôt que de les rapatrier, l'armée américaine choisit de vendre à bas coût les équipements qui pourraient servir aux civils. Cela a donné naissance aux fameux « stocks américains » ou « surplus militaires ».

Le matériel roulant, robuste et peu cher, est réutilisé tel quel comme moyen de transport et/ou comme engins de travaux publics, d'autant qu'il fait cruellement défaut dans une Belgique à reconstruire. Certains industriels achètent aussi des composants neufs issus des stocks de rechange, tels que moteurs, boîtes de vitesses, différentiels, ponts moteurs, etc., pour les intégrer dans des engins de leur conception : tracteurs agricoles, engins de travaux, de manutention, de transport, etc.

Le « surplus militaire » ne concerne pas seulement le matériel technique. Quand les soldats américains rentrent chez eux, ils ne peuvent pas remporter l'ensemble de leur matériel et de leur paquetage. Ils laissent ou revendent donc des équipements inutilisés : vêtements (pantalons, vestes, chaussures), équipements et accessoires (matériel de bivouac, couteaux de survie, camouflage, sac à dos, etc.). De nombreux produits apportés par les GI's ont été popularisés à cette époque : la Jeep, le chewing-gum, le Coca-Cola, les jeans Levi's... Les magasins de « surplus » offrent alors à des populations économiquement affaiblies par quatre années de guerre la possibilité de s'habiller et d'acheter certains accessoires du quotidien à des prix bas. Fantasio est sidéré par le prix demandé par le GI. « Mais c'est pour rien, ça, Spirou ! »

Au-delà de cette réalité historique, on peut lire dans ce récit débridé la volonté de Franquin de désacraliser l'arme de guerre. Piloté avec maladresse par Fantasio, le tank (inspiré du char américain Sherman

M4) devient un gros jouet, source de multiples gags, écrasant la nappe de pique-nique d'une famille, renversant la charrette d'un vendeur de pommes, dévastant le salon d'une maison…

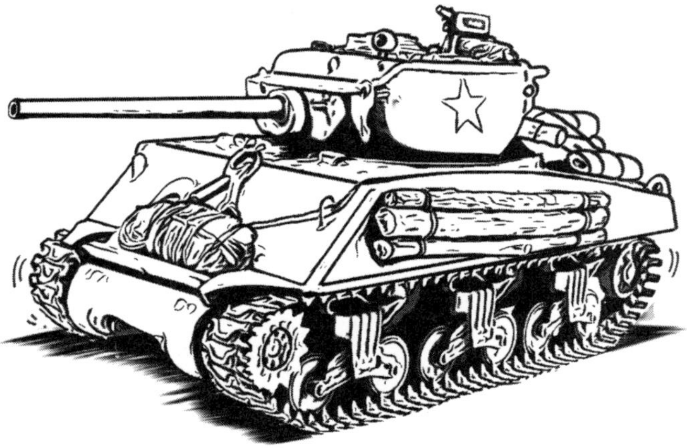

Le char américain Sherman M4.

À la fin des travaux, Fantasio lance aux gamins : « Nous allons vous reconduire tous chez vous en char d'assaut ! » L'image (p. 14) évoque la libération de Bruxelles et les grappes humaines juchées sur les chars lors du défilé des alliés. Dès le lendemain, Fantasio ouvre son entreprise : « Fantasio, entreprise de démolition, procédés nouveaux. »

Cinéma et dessin animé américains

L'influence du cinéma et du dessin animé américain se lit à travers la fuite en avant désordonnée des personnages…

Fantasio percute une maison avec son char, et un homme qui prenait son bain se retrouve au milieu de la rue. Franquin s'est peut-être souvenu de *Sinkin'in the Bath-tub* (*Naufrage dans la baignoire*), de Hugh Harman et Rudolf Ising (1930). Dans ce tout premier dessin animé de la Warner Bros Pictures, qui est aussi le premier de la série des Looney Tunes, la baignoire de Bosco prend vie et enchaîne les péripéties.

Dans le film *The Finishing Touch* (*Laurel et Hardy constructeurs*), d'Edgar Kennedy (1928), Laurel et Hardy doivent apporter la « touche finale » à une maison déjà presque entièrement construite, mais à force de maladresses, ils finissent par la détruire complètement… C'est ce que fait Fantasio avec son char incontrôlé.

L'héritage de Spirou

39 pages. Publié dans le journal Spirou,
du n° 453 du 19 décembre 1946 au n° 491 du 11 septembre 1947,
puis dans l'album Hors série 1 – L'héritage, *1976.*
Scénario et dessins : André Franquin.

Spirou apprend qu'il vient d'hériter d'un vieil oncle dont il ignorait l'existence[1]. Il rejoint sa propriété, baptisée Les Hiboux, à Chahumont, supposée hantée par des nutons.
Chez le notaire, il prend alors connaissance de la lettre testamentaire du fameux oncle. Il y apprend que le « fidèle » Gaspar détient les plans d'accès au trésor de l'oncle, caché en Afrique.
Ils arrivent à Mababi en avion, suivis par des voleurs qui le convoitent. Après de multiples péripéties, Spirou et Fantasio découvrent le trésor, constitué d'un énorme stock de bouteilles de whisky, qui brûle lors d'une rixe avec les voleurs.
Les héros s'en sortent indemnes et récupèrent tout de même une bouteille qu'ils savourent (un peu trop).

1. C'est le seul récit de Spirou où le lecteur découvre une partie de sa famille : son vieil oncle défunt et sa vieille tante.

Sur les traces de *Tintin au Congo*

Dès l'arrivée en Afrique, Franquin revisite le folklore de l'album d'Hergé. La ville de Mababi est évidemment Matadi, là où accostait déjà Tintin en 1930. Fantasio se balance au-dessus des crocodiles (p. 36) comme Tintin (TC, p. 34). Un lion traîne Spirou (p. 38), comme Tintin (TC, p. 23), les deux scènes sont graphiquement quasiment identiques. Une tribu d'Africains belliqueux armés de sagaies capture les héros (p. 40), comme Tintin (TC, p. 26), etc.

D'autres passages évoquent fortement *Les Cigares du pharaon* et *L'Oreille cassée*... Le nom de l'explorateur Wellwell (p. 34) semble bégayer celui de son homologue Ridgewell (OC, 48). L'éléphant obéit au sifflet (p. 37), et celui de Tintin à la trompette (CDP, 36-37). Spirou, Fantasio et Wellwell se baladent sur son dos (p. 37) comme Tintin, Milou et Philémon Siclone (CDP, p. 37). Gaspar exhibe une « authentique tête coupée des Jivaros » (p. 29), comme celles des Bibaros (OC, 50). Même le gorille Apollon a de faux airs de Ranko dans *L'Île noire*...

Le récit est plutôt violent pour l'époque. On y voit des scènes de bagarre, des armes... C'est aussi la seule aventure où le vertueux Spirou s'enivre avec son ami Fantasio (p. 47). En cela aussi, il suit les traces de Tintin qui avait eu l'occasion de déguster un alcool fort à ses dépens dans *L'Oreille cassée*. Fantasio, quant à lui, aura une autre occasion de se prendre une sérieuse cuite... pour se « décongeler ». En ce sens, il suivra plutôt la voie du capitaine Haddock.

Franquin raciste ?

Comme Hergé, Franquin se défendit de tout racisme : « Je ne suis pas raciste moi-même, mais ce n'est pas une raison pour ne jamais dessiner un Noir en caricature. Je dessine des Noirs ridicules autant que je dessine des Blancs ridicules. Si tu regardes mes gueules, le doute n'est pas permis[2]. » Pour autant, il n'échappe pas aux clichés colonialistes qui étaient considérés comme de l'humour à leur époque.

---

2. *Et Franquin créa la gaffe*, *op. cit.*, p. 223.

Comme dans *Tintin au Congo*, les Africains parlent « petit nègre »... L'humour est plus douteux quand il fait allusion aux cheveux crépus des Africains : Spirou pose sa main sur la tête d'un petit Africain, mais son gant reste collé au crâne (p. 41) : « Je me demande ce qu'ils mettent sur leurs cheveux. » Plus tard, Franquin reconnut ne pas être très fier de ce gag.

Le manoir hanté

La séquence de la maison hantée (p. 21 et ss) évoque le court-métrage burlesque *Le Manoir hanté*, réalisé par Alfred J. Goulding et Hal Roach en 1920, avec Harold Lloyd. Dans ce film, une jeune femme hérite d'une belle propriété, mais le testament précise que la maison ne sera véritablement à elle que si elle y vit pendant un an avec son mari. Mais l'oncle de cette femme, à qui reviendra la propriété si elle n'honore pas cette condition, n'hésite pas à endosser le rôle du fantôme pour faire fuir sa nièce... De même ici, le « vieil ami » Gaspar a tout intérêt à faire croire que la maison est hantée.

Fantasio/Hamelin

Fantasio (p. 26) utilise une trompette pour faire fuir les rats de la maison... Là encore, on peut deviner dans cette séquence une réminiscence du dessin animé *The Pied Piper* des studios Disney, réalisé par Wilfred Jackson en 1933 et adapté du conte des frères Grimm. On y voit un joueur de flûte débarrasser la ville de Hamelin des rats qui y pullulent.

Un « monstre » avant l'heure

Franquin dessine une créature effrayante en ombre chinoise (p. 24), qui évoque un rat géant. Il s'agit en fait du profil du « fidèle » bossu. C'est la première apparition d'un monstre dans l'une de ses bandes dessinées, préfigurant ceux qui hanteront les murs de la rédaction de *Spirou* dans les gags de Gaston Lagaffe.

Clins d'œil

Tandis qu'il prépare sa valise (p. 18), Spirou fredonne *Puisque vous partez en voyage*, chanson de Jean Nohain et Mireille, de 1935.

Le notaire (p. 19-20) n'est autre qu'Albert Franquin, le propre père d'André.

Le chef des bandits (p. 31) est Jean Verbruggen, un ami de l'auteur, surnommé Phumiphon en raison de sa ressemblance avec le roi de Thaïlande (de 1946 à 2016), Phumiphon Adunyadet.

Dans l'estaminet (p. 31), on devine une réclame pour la marque d'apéritif Cinzano, qui annonce les innombrables publicités qui inonderont bientôt la série…

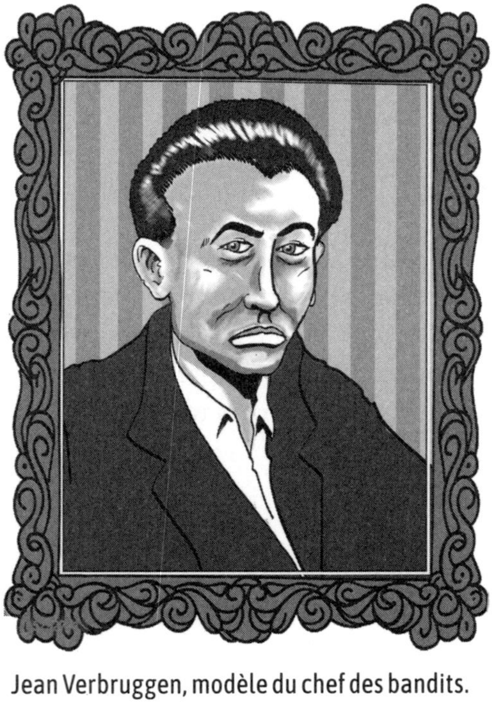

Jean Verbruggen, modèle du chef des bandits.

Le pilote de l'avion (p. 33-34) est Georges Salmon, un ami de Franquin depuis leur rencontre au studio CBA, passionné d'aéromodélisme.

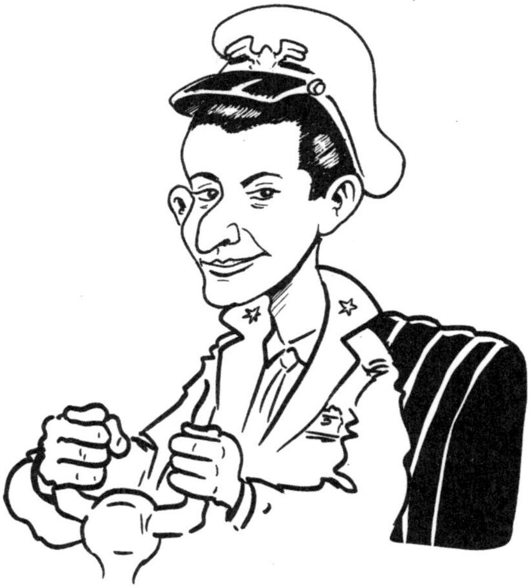

Georges Salmon, modèle du pilote de l'avion.

La part intime

Mais ce récit contient aussi une part intime et presque autobiographique, que l'on retrouvera dans de nombreuses bandes dessinées de Franquin. On observe ici l'omniprésence des animaux, comme un clin d'œil à la ménagerie familiale, et aux visites dans les zoos et musées animaliers de son enfance.

Radar le robot

26 pages. Publié dans le journal Spirou, *du n° 496 du 16 octobre 1947 au n° 521 du 8 avril 1948, puis dans l'album* Hors série 2 – Radar le robot, *1976. Scénario et dessins : André Franquin.*

Spirou et Fantasio sont en reportage « dans un trou de province » quand ils sont confrontés à un phénomène étrange : une « voiture fantôme [sans conducteur] rôde dans la ville en riant[1] » et effraye les passants.

Spirou parvient à monter à bord et découvre bientôt le repaire du professeur Samovar, un savant fou qui veut mettre le feu à l'atmosphère terrestre grâce à une invention prenant la forme d'une sorte de bombe accrochée à un ballon.

Le savant a également créé un robot, Radar, aussi puissant qu'intelligent.

Le projet du savant échoue. Alors que son maître est conduit, inconscient, à l'hôpital, Radar devient furieux et tente de se venger sur les héros. Mais ceux-ci le poussent dans une rivière et provoquent un court-circuit qui le met hors d'état de nuire.

---

1. La plupart des voitures figurant dans les albums de Spirou sont répertoriées sur le site http://spirou.perso.free.fr (onglets : DOSSIERS 1/Voitures de Spirou/Toutes les voitures/Synthèse des albums).

Contexte de création

Au lendemain de la guerre, l'Europe se reconstruit lentement, dopée par la reprise économique et les effets vitalisant du plan Marshall (ou Programme de rétablissement européen) décrété par les Américains en juin 1947. La culture américaine est partout, accueillie à bras ouverts, comme un hommage au peuple libérateur et à son mode de vie. Jijé, ses amis Franquin, Morris et Will, comme nombre des citoyens de l'Europe, vivent cependant dans l'angoisse d'une troisième guerre mondiale. Dans leurs cauchemars, l'Europe affaiblie serait au mieux envahie par l'Union Soviétique de Staline, et au pire éradiquée par la bombe atomique.

Deux ans seulement après Hiroshima, ce récit évoque les dérives scientifiques à des fins militaires. Jijé veut alors mettre sa famille et ses proches à l'abri d'un nouveau conflit mondial. Il choisit de s'exiler… en Amérique, forcément, et embarque Franquin et Morris dans son périple.

Samovar, avant Zorglub

Samovar est un mot d'origine russe désignant un appareil domestique utilisé pour faire chauffer l'eau du thé. Ce nom laisse supposer que le savant est russe, ce qui n'est pas anodin dans le contexte. Samovar rêve de détruire l'humanité avec son appareil infernal : « Demain, c'est le grand jour », « Grillons cette stupide planète », « La fin du monde sera mon œuvre ». Le ministère est alerté : « Un appareil atomique !… J'avertis la défense nationale ! »

La peur de la bombe atomique provoque l'exode des populations paniquées (p. 38), les uns courant dans un sens, les autres dans le sens opposé, comme pour souligner l'interrogation commune : faut-il fuir l'Est ou l'Ouest ? Dans ce monde de violence, Spirou n'a d'autre choix que de répondre par la force. Bagarres, tirs de mitraillette ou de bazooka s'enchaînent sur un tempo d'enfer, comme dans les pires films de guerre. Samovar annonce un autre savant : Zorglub, inventeur génial mais également dangereux…

Le ballon-bombe

L'idée d'accrocher une bombe sous un ballon n'est pas née dans l'imagination de Franquin. En mai 1945, alors que la Seconde Guerre mondiale se termine en Europe, une femme et ses cinq enfants, en route pour un pique-nique, sont tués dans une explosion dans l'Oregon, au nord-ouest des États-Unis. Près de leurs corps, on retrouve les restes d'un ballon-bombe en papier. L'arme, développée secrètement par l'armée impériale japonaise, était conçue pour attaquer l'ennemi américain sur son sol.

La bombe était suspendue à un ballon en papier japonais (*washi*) de 10 m de diamètre rempli d'hydrogène, doté d'un système de navigation perfectionné et conçu pour franchir le Pacifique et frapper les États-Unis, à l'issue d'une traversée qui devait durer entre 50 et 60 heures. Près de 9 300 de ces ballons, transportant des bombes de 30 kg, auraient été lancés entre novembre 1944 et avril 1945. Un millier d'entre eux aurait atteint les États-Unis, tuant les six malheureux habitants de l'Oregon, seules victimes de la Seconde Guerre mondiale recensées sur le sol américain.

Radar le robot

Là encore, le nom n'est pas choisi par hasard. Pendant la bataille d'Angleterre, c'est précisément le radar qui avait permis de détecter l'arrivée de la Luftwaffe, laissant le temps aux Spitfire de décoller.

D'autres robots ont précédé Radar. Il est l'héritier de celui de *Métropolis* de Fritz Lang, lui aussi commandé par un savant fou. Il doit aussi au robot du savant fou, encore un, du *Rayon du mystère* d'Hergé.

Comme ses prédécesseurs, Radar exécute les tâches que son scientifique de maître lui assigne. En cela, il devance de quelques années Grot, le robot du film *Le jour où la Terre s'arrêta*, de Robert Wise (1951), toujours prêt à protéger son maître, l'extraterrestre Klaatu. Mais quand le robot se dérègle et qu'il devient fou lui-même, il peut constituer un danger ultime pour l'humanité.

Pour Franquin, Radar est aussi une façon d'investir l'univers de Spirou. Il est un des premiers « personnages » secondaires importants, à travers lequel il peut s'exprimer.

TSF

Franquin, tout au long de son œuvre, s'intéresse aux évolutions de la technologie. Au début du récit (p. 23), Fantasio sort de sa valise un petit poste de TSF à lampe. En 1947-1948, les postes TSF ne fonctionnent pas encore sur piles, mais ils sont déjà assez petits pour être emportés en voyage… Avec le journal, la radio est le principal moyen de s'informer. C'est par la radio que les héros apprennent l'explosion de l'usine Turbot au début de *La Corne de rhinocéros*.

Puis l'auteur s'intéressera de près au radio-amateurisme. Le vieux célibataire Alphonse Minet, qui héberge les héros dans *Les Pirates du silence* est radioamateur. C'est un émetteur-récepteur radio qui les met sur la piste des malfrats (p. 17) dans *Le gorille a bonne mine*. Le thème devient même l'argument principal de *QRN sur Bretzelburg*, où le personnage de Marcelin Switch est également radioamateur.

Nous aurons l'occasion d'en parler dans les pages suivantes…

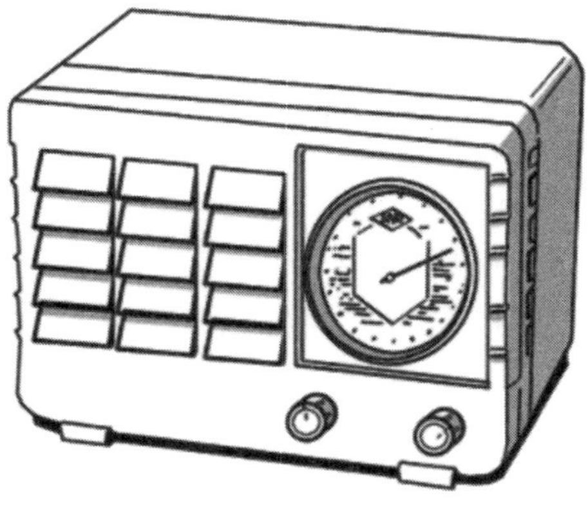

Poste TSF des années 1947-1948.

L'héritage du dessin animé

La voiture, nous l'avons vu, devient un personnage à part entière et semble, elle aussi, dotée de sentiments. Et comme dans les bons dessins animés de Tex Avery, des scènes entières sont quasiment muettes (p. 27, 30, 32, 33, 35, etc.), trop rapides pour laisser place aux dialogues…

Clin d'œil

Selon Franquin, Samovar serait la caricature d'un des « petits frères » (comme il les appelait) de Saint-Boniface, l'école où il avait fait une partie de ses études.

Les plans du robot

19 pages. Publié dans le journal Spirou, *du n° 522 du 15 avril 1948 au n° 540 du 19 août 1948, puis dans l'album* Tome 1 - 4 aventures de Spirou et Fantasio, *1950. Scénario et dessins : André Franquin.*

Spirou et Fantasio sont attablés à la terrasse d'un bistrot quand un petit vendeur de journaux lance à tue-tête : « L'exxxtraordinaire expérience d'un savant fou à Grassebique. Édition spéciale. Le monde échappe à la destruction atomique ! »
Dans le journal, Spirou et Fantasio découvrent qu'il est question de Samovar, mais aussi de son robot Radar. Les deux amis craignent que cette information n'attise la convoitise de malfrats. Comme de fait, des gangsters veulent s'emparer des plans du robot. « Si le savant a laissé des plans, il faut les faire disparaître », décide Spirou. Après quelques péripéties, les deux héros parviennent à les subtiliser et à les détruire.
Mais peu de temps après, le journal annonce que le professeur Samovar recouvre lentement la mémoire. Les bandits tentent alors de l'enlever, mais Spirou et Fantasio les en empêchent encore. Les malfaiteurs sont arrêtés tandis que Samovar, devenu complètement fou, est conduit à l'asile.

Contexte de création

Après la guerre, les grandes puissances s'arrachent les savants, détenteurs de connaissances inestimables en matière de technologies et en particulier d'armes de guerre. L'état-major de l'armée des États-Unis décide alors de lancer l'opération Paperclip, destinée à exfiltrer et recruter près de 1 500 scientifiques allemands issus du complexe militaro-industriel de l'Allemagne nazie. Leur but est à la fois de lutter contre l'URSS et de récupérer les technologies du IIIe Reich. Werner Von Braun fait partie de ces savants allemands passés à l'Ouest. On connaît la suite…

Évidemment, l'URSS a le même projet, et charge le Département 7 (Opérations scientifiques) de la même manœuvre, récupérant ainsi les savants encore présents sur le territoire qu'elle occupait.

La France et le Royaume-Uni mènent des opérations similaires bien que de moindre envergure.

Ces épisodes rocambolesques inspireront de nombreux auteurs, tant en littérature qu'au cinéma… et Franquin en bande dessinée.

Franquin *vs* Hergé

Spirou est enlevé chez lui dans une horloge (p. 11) par de faux déménageurs, comme Tintin dans *Le Secret de La Licorne* (SL, 36).

Quand les gangsters lui demandent les plans, il répond : « Impossible. Ces plans, je les ai brûlés pour que cette machine ne puisse servir à des bandits de votre sorte pour voler, piller ou faire la guerre !… » Hergé publiera *L'Affaire Tournesol*, mettant en scène l'enlèvement du savant, dès le 22 décembre 1954 dans les pages du *Journal Tintin*… Mais quand le professeur retrouve enfin les microfilms de son invention, il décide de les brûler car (AT, p. 64) : « Il y a tous ceux qui pourraient utiliser mon invention à des fins guerrières. Et cela, je n'en veux à aucun prix… »

Les deux œuvres semblent dialoguer à distance. Ce ne sera pas la dernière fois…

Gaston Lagaffe avant l'heure

En fin de récit, Samovar, libéré par Spirou et Fantasio, déclare : « Messieurs, je prépare plusieurs inventions qui vont changer la face du monde ! » Spirou, effrayé par cette perspective, imagine déjà des bombes ressemblant aux terribles V2 allemands. Mais Samovar annonce : « Voici d'abord la trappe à souris-qui-ne-pince-pas-les-doigts-quand-on-la-tend… Le parapluie paratonnerre… La fausse dent briquet et le détecteur de cigares à pétard… »

Ces inventions préfigurent celles de Gaston.

Caricature antisémite

Le chef des gangsters a encore un profil correspondant aux caricatures de juifs de l'époque… Comme le présumait Anne Grynberg dans son article « Des signes de résurgence de l'antisémitisme dans la France de l'après-guerre (1945-1953)[1] », les préjugés ont la vie dure ; même en ces lendemains de guerre, les a priori, fantasmes et animosités vis-à-vis des Juifs n'ont pas disparu.

Tranches de vie

Franquin ajoute de plus en plus de détails à ses dessins. Il détourne également des noms de marques et invente de fausses réclames, images de son époque. Au fil des aventures de Spirou, il multipliera les clins d'œil et références, faisant de son œuvre un véritable témoin de la société belge d'après-guerre.

On devine (P. 5) l'affiche d'un film qui pourrait bien être le western *Terreur dans la ville*, de Robert N. Bradbury (1934), avec John Wayne dans le rôle principal. Dans ce film, un homme mystérieux, à la tête d'une bande de voleurs, terrorise toute la région. Le marshal part à la poursuite des assassins. Un film qui pourrait faire écho au récit de

---

1. Dans *Les Cahiers de la Shoah* 2001/1 (n° 5), p. 171-223.

Franquin et qu'il avait peut-être vu... Juste à côté, une autre, sur laquelle on devine un homme à cheval, peut être celle de *Panique au Far West*, de Sam Newfield (1943), mettant en scène Billy the Kid... Et on voit encore une publicité pour un film policier (p. 9), sur laquelle on distingue deux personnages, dont l'un tient un revolver au poing. Nul doute que Franquin affectionne les films policiers autant que les westerns !

Mais on voit aussi quelques images d'une époque révolue (p. 10) : un téléphone de bar ; une cabine téléphonique ; chez Spirou, le poêle à charbon que l'on remplit à la pelle ; le quai et le train à vapeur en gare d'une petite ville de province ; bières royales et apéritif Martosi, sans doute un cousin de Martini ; le tramway jaune de la ligne 15, etc.

Spirou sur le ring

26 pages. Publié dans le journal Spirou,
du n° 541 du 28 août 1948 au n° 566 du 17 février 1949,
puis dans l'album Tome 1 - 4 aventures de Spirou et Fantasio, *1950.*
Scénario et dessins : André Franquin.

Poildur, un caïd de cours de récréation, lance un défi à Spirou : l'affronter sur un ring de boxe. Spirou relève le défi pour défendre son honneur et subit l'entraînement infernal de Fantasio.
Quand Spirou est présenté par l'arbitre, on apprend qu'il pèse 40 kg 800 gr, contre 42 pour Poildur.
Spirou remporte le match malgré les coups bas et tricheries de l'adversaire.
Finalement Poildur se réconcilie avec lui et les deux garçons deviennent amis. La morale des « chics types » est sauve.

Contexte de création

Franquin s'intéresse ici à l'univers de la boxe. Il avait déjà dessiné la couverture du *Moustique* n° 41 du 12 octobre 1947, consacrée à ce sport. On y voit un boxeur assis dans un coin du ring, avec le visage complètement enfoncé : « Il faut absolument lui remettre ça avant le coup de gong ! … » annonce un soigneur. À cette époque, un certain Marcel Cerdan, fils de cafetier de Sidi Bel Abbès, surnommé le « bombardier marocain », sème la terreur sur les rings et enchaîne les victoires.

Il incarne le rêve d'ascension sociale des classes populaires ; il est sacré champion du monde le 21 septembre 1948, à peine un mois après le début de ce récit.

Franquin peaufine surtout les décors et les affiches, qui constituent de précieux témoignages historiques sur cette époque. À l'orée des Trente Glorieuses, la publicité envahit l'espace public et oriente le consommateur dans ses choix. Plus que jamais, le rêve américain est omniprésent à travers ses produits, ses films, etc. Franquin écrira dans une case de Modeste et Pompon à propos d'un colleur d'affiches : « Vous faites là un beau métier. Sans vous, la ville serait grise et morne ! Vous faites chanter les murs, Monsieur… »

Intelligemment, Franquin ne dévoile que quelques lettres de certaines publicités, laissant au lecteur le soin de reconstituer le message entier. Une affiche de film suggère (p. 27) un film avec « RIT » et « OR » … Le film *La Dame de Shanghai*, avec Rita Hayworth et Orson Welles, sort précisément au moment où Franquin dessine cette planche.

La censure Dupuis

Ce récit ne passe pas entre les mailles de la censure de Charles Dupuis qui lui envoie une lettre scandalisée, le priant de donner aux jeunes lecteurs « l'image de milieux un peu plus reluisants ». Vexé et déçu, Franquin lui envoie sa première lettre de démission. Ce ne sera pas la dernière. Mais les choses finissent par rentrer dans l'ordre. Spirou sera désormais officiellement plus « chic » et conforme à l'image policée du journal. Mais nous verrons que Franquin inventera plusieurs astuces pour braver ces interdits qu'il exècre…

L'ombre de Bicot

Les bandes de gosses à casquettes, terrain vague, palissades, etc. (p. 26, 39…), semblent sortir directement de la bande dessinée *Bicot* de Martin Branner, citée en introduction de ce livre.

Les aventures de Tif

Un morceau d'affiche laisse deviner *Les Aventures de Monsieur Tif* (p. 23). Il s'agit de la première histoire de la série *Tif et Tondu* de Fernand Dineur, publiée dans le journal *Spirou*, du n° 1 de 1938 au n° 26 de 1938. Avant la guerre, Fernand Dineur, qui ne travaillait pas encore avec Will, avait déjà envoyé Tif et Tondu « au pays des gangsters » et « au Congo belge » … Franquin nous livre ici un peu de l'histoire du journal *Spirou*.

La gomme à mâcher

Les Américains sont passés par là et ont laissé derrière eux nombre de leurs habitudes, bonnes et moins bonnes, aussitôt adoptées par la population locale. Poildur mâche un chewing-gum (p. 20) qu'il étire en long fil devant sa bouche. Voilà qui ne devait pas beaucoup plaire à Charles Dupuis…

Traités de boxe

Spirou découvre les livres de la bibliothèque de Fantasio (p. 21) : « *Boxe*; *La Boxe*; *De la boxe*; *Traité de boxe*; *Pratique de la boxe*; *Histoire de la boxe*; *La Boxe pour tous*; *La Boxe sans peine*; *La Boxe en dix leçons*; *La Boxe moderne*; *La Boxe, cette inconnue*; *L'Art de la boxe; Initiation à la boxe…* »

Dans *La Boxe*, publié en 1918, le boxeur Fernand Cuny se donne pour but d'expliquer cette pratique de façon simple et pédagogique à ses concitoyens. Franquin nous livre-t-il une partie de sa documentation personnelle ?

Clins d'œil

Le personnage du P'tit Maurice, qui apparaît dès la première image, est une caricature de Morris enfant. Franquin rend ici hommage à son grand ami, créateur de Lucky Luke.

Poildur, déjà esquissé dans *La Maison préfabriquée*, est inspiré d'une personne bien réelle. Franquin le raconte dans *La Véritable Histoire de Spirou*[1] : un jeune homme, qui venait livrer du lait à Waterloo chez les Gillain, avait engagé la conversation avec Franquin et Morris en leur expliquant qu'il avait été boxeur semi-professionnel. Puis leur avait proposé un apprentissage… Franquin s'était apparemment contenté de parer les coups les plus durs, se montrant plus performant sur sa planche à dessin. Aux murs de la salle d'entraînement de Poildur (p. 27), on devine des photos de la star des rings de l'époque : le grand boxeur afro-américain Sugar Ray Robinson. Enfin, l'arbitre du match pourrait bien être un cousin de Popeye.

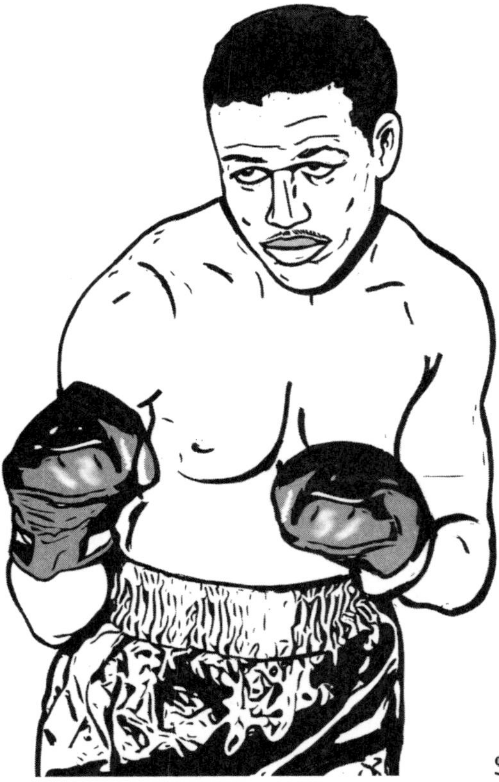

Sugar Ray Robinson.

1. Dupuis, 2013, p. 93.

On trouve encore beaucoup de réclames : le dentifrice Gnagna et l'apéritif Dubonnet (p. 25) ; une publicité évoquant les cigarettes Belga, une autre proposant « Visitez le zoo d'Anvers » (le plus grand de Belgique, dont Franquin s'inspirera dans *Les Voleurs du Marsupilami*) (p. 26). Dans la grande case (p. 29), on découvre une affiche pour le savon Milbul, et au programme du cinéma Lux, une affiche du film (imaginaire) *Tarzan au pôle Nord*.

À cette époque, l'athlétique acteur Johnny Weissmuller enchaîne les films les plus improbables du célèbre homme-singe. Nul doute que Franquin lui-même en aura vu quelques-uns et/ou aura lu les aventures de Tarzan, auquel il fera encore plusieurs fois allusion.

Bien plus tard, le journal *Spirou* n° 1661 du 12 février 1970 lui rendra d'ailleurs hommage. L'article « Tarzan au cinéma » (p. 68) dresse un arbre généalogique des apparitions de l'homme-singe sur grand écran de 1918 à 1954, en précisant les titres des films et leur interprète principal. Quelques pages plus loin, « M. Archives » fait le point sur ses apparitions en bande dessinée, rappelant que « du 4 décembre 1947 (journal *Spirou* n° 503) au 10 février 1949 (journal *Spirou* n° 565), *Spirou* publie quelques-unes des meilleures planches de Hogarth. Auparavant, et ce depuis le 25 juillet 1946 (n° 432), Rubinor (le successeur de Hogarth) avait été notre hôte hebdomadaire ».

Spirou fait du cheval

8 pages. Publié dans le journal Spirou,
du n° 567 du 24 février 1949 au n° 574 du 14 avril 1949,
puis dans l'album Tome 1 - 4 aventures de Spirou et Fantasio, *1950.*
Scénario et dessins : André Franquin.

Fantasio, habillé en cavalier un peu snob, arrive chez Spirou pour lui proposer « une petite promenade équestre ».
Au haras, chacun monte un cheval. Mais les animaux n'en font qu'à leur tête, et les cavaliers du dimanche enchaînent les gaffes, ce qui finit par leur coûter cher, et ils ne sont pas mécontents de finir leur ballade.

Haddock *vs* Fantasio

Fantasio est habillé comme Haddock au début des *Sept Boules de cristal.* Tous deux s'essaient à l'équitation avec un certain snobisme, mais sans grand succès. Peut-être ont-ils appris à monter dans le même club équestre...

Plumeau *vs* Milou

Spirou brandit une scie et son cheval Plumeau, terrorisé, pense qu'il va être coupé en deux (p. 45). Mais la scie sert juste à le libérer de la clôture où il s'est empêtré. Hergé déroule le même gag dans *Tintin au Congo*. Milou est blessé, et lui aussi terrorisé quand un homme surgit soudain avec une scie à la main (TC, p. 4-5). Tintin le rassure : « Mais n'aie pas peur, grand sot !... Tu vois bien que c'est le charpentier du bord. Ce n'est pas lui qui va t'opérer, voyons ! »

Clin d'œil

Lucky Luke a fait ses débuts en 1946 dans *Spirou* sous la plume de Morris. Franquin rend encore hommage à son ami à travers le cheval Plumeau qui ressemble à s'y méprendre à Jolly Jumper. Franquin confiera avoir une passion très modérée pour les sports équestres, mais il explique qu'il s'est lancé dans ce petit récit « parce qu'on habitait ensemble, Morris et moi. Et il dessine si bien les chevaux que j'ai voulu m'y mettre moi aussi. Il avait étudié les photos de Muybridge, tout le galop d'un cheval, et il adaptait ça en caricature. J'ai été emballé. Comme un cheval[1] ».

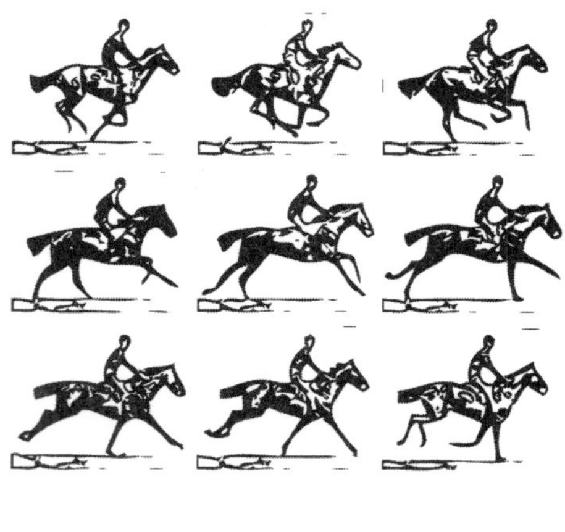

Selon le principe des photos de Muybridge.

Le paysan chante l'air des *Noces de Figaro* de Wolfgang Amadeus Mozart (P. 46). Franquin parsèmera ses bandes dessinées de musique en rapport avec ses propres goûts musicaux...

1. *Franquin*, intégrale Rombaldi, 2003.

Spirou chez les Pygmées

27 pages. Publié dans le journal Spirou, *du n° 589 du 28 juillet 1949 au n° 616 du 2 février 1950, puis dans l'album* Tome 1 – 4 aventures de Spirou et Fantasio, *1950. Scénario et dessins : André Franquin.*

Spirou se promène dans la forêt avec Spip quand il tombe sur un léopard, qui s'avère plus affamé que dangereux.
Fantasio et Spirou découvrent que l'animal appartient à l'empereur Hubert Ier, de l'île de Lilipanga, lequel sollicite bientôt leur aide pour stopper la guerre civile qui divise son territoire. Les deux ethnies, les Lilipangus bruns de peau et les Lilipangués noirs, y sont en effet chroniquement en guerre.
Après quelques mésaventures, les héros découvrent que les Lilipangués sont gouvernés par un bandit qui veut mettre la main sur les richesses de l'île. Il est finalement neutralisé et les deux ethnies sont réconciliées.

Contexte de création

Dans leur périple outre-Atlantique, Jijé et sa petite troupe d'amis se retrouvent au Mexique, faute de pouvoir séjourner plus longtemps aux États-Unis pour des questions de visas. C'est là que Franquin dessine ce récit. Mais son pays lui manque, comme sa vie auprès des siens et de la jeune Liliane, qu'il a laissée à Bruxelles et qui lui est promise.

Les premières planches de ce récit reflètent cette nostalgie. On y retrouve des décors de petites villes de Wallonie, un tramway typiquement bruxellois, un intérieur petit-bourgeois évoquant celui de ses parents, etc.

Tranche de vie belge

Grâce à (ou à cause de) sa nostalgie, Franquin nous livre un instantané de la vie en Belgique de la fin 1949-début 1950. Le tramway (p. 51) porte la bannière des « Grands magasins à l'Inondation, moins cher », qui parodie « Les Grands magasins à l'Innovation » de Bruxelles. On découvre les boutiques de l'ancien Bruxelles : le café Chez Oscar ; un magasin d'armes ; la Maison du cuir ; un cinéma de quartier, Le Rio (p. 52), qui fait alors partie du paysage culturel.

Le marchand vend de la poudre DDT (p. 51), un puissant insecticide synthétisé en 1939, et qui s'avérera plus tard être un polluant mortel.

Plus loin, une affiche annonce un « grand bal » ; une autre fait la publicité du « Ciné Lux » (le cinéma qui diffusait *Tarzan au Pôle Nord* dans *Spirou sur le ring*) ; une troisième vante le Coca-Cola glacé…

Franquin n'oublie pas de faire sa propre promotion au milieu de ce fouillis : une publicité recommande « Lisez *Le Moustique* » (p. 57), une revue d'actualité et d'humour, une des premières à proposer les programmes radio, appartenant à Dupuis et dans laquelle Franquin est lui-même publié[1].

Le Matin

Fantasio lit *Le Matin* (p. 55), un quotidien libéral publié à Anvers, sur lequel on devine la une : « Le gorille du zoo… assassiné… » Encore

1. On lira à ce sujet *Franquin, Morris, Jijé, Sempé… 200 couvertures inédites pour le journal* Le Moustique, Dupuis, 2015.

une fois, les mots utilisés par Franquin ne doivent rien au hasard. L'auteur fait ici allusion à la capture et au traitement des animaux sauvages en provenance de la colonie belge.

Dans son article « Conservation et captures animales au Congo belge (1908-1960). Vers une histoire de la matérialité des politiques de gestion de la faune[2] », Violette Pouillard relate : « En novembre 1949, le vice-gouverneur général assure ne pas croire "qu'il faudrait encore envisager de nombreux envois d'okapis en dehors de la Colonie", alors que ceux-ci [...] "hors de leur milieu naturel [...] meurent à une cadence extrêmement rapide". [...] Concomitamment, une inflexion vis-à-vis des gorilles de l'Est se matérialise en janvier 1951, lorsque le gouverneur général Jungers s'offusque des pratiques de capture du GCO, décrites comme "de répugnants assassinats sans aucun caractère sportif" – une allusion au déploiement du code de chasse – ne devant "plus arriver pour aucun motif". Le haut fonctionnaire prend la décision d'arrêter les ponctions de cette espèce, selon Offermann "à cause des pertes considérables que la capture provoque parmi les adultes et aussi par suite de la mortalité extrêmement élevée parmi les captures aussitôt qu'on les sort de leur habitat". Les critiques portées par la presse et les milieux scientifiques renforcent ce type d'inflexions. Van Straelen, en tant que directeur de l'Institut royal des sciences naturelles de Belgique, institution qui reçoit en 1950 25 squelettes de gorilles issus des opérations du GCO, dénonce auprès du gouverneur général "le massacre inconsidéré auquel le Groupe de capture [...] a dû se livrer" et lui suggère d'ouvrir une enquête à ce propos. »

Franquin, dont on a déjà souligné l'intérêt de longue date pour la cause animale, reviendra souvent sur cette question.

L'île de Lilipanga

Sur la carte désignée par Hubert Ier, Lilipanga se trouve à une soixantaine de kilomètres à l'ouest de l'embouchure du fleuve Congo. Il existe

2. Dans *Revue historique* 2016/3 (n° 679), p. 577-604.

bien des îles habitées au large de l'Afrique de l'Ouest : São Tomé (855 km^2) et Princípe (306 km^2), dont Franquin a pu s'inspirer en partie.

Pour ce qui est du nom « Lilipanga », l'auteur semble avoir créé un mot-valise avec Lilliput (en référence à la petite taille des Pygmées qui peuplent l'île) et Panga (ville de la province du Bas-Congo).

Dans les pas de Tintin…

L'avion qui emmène les héros à Lilipanga fait escale au Maroc à Sidi Alouet, dans un décor très proche de celui du *Crabe aux pinces d'or* ou de *Tintin au pays de l'or noir*. Un perroquet jure par « Mille millions de… ». Aurait-il lu *L'Oreille cassée* ou *Le Trésor de Rackham le rouge* ?

La querelle des Lilipangus et Lilipangués évoque celle des M'Hathuvus et des Babaoru'Ms dans *Tintin au Congo*. Des Pygmées belliqueux sont dans les deux récits. Et à la fin, le méchant Blanc est arrêté.

Le prénom d'Hortense Pinçon s'inspire de celui de la « tante préférée » de Franquin. Quant à Madame Pinson… c'est la logeuse de Tintin !

Black, Brown and Beige

Le roi de Lilipanga explique (p. 57) : « Bien que les deux tribus parlent la même langue et observent pas mal de traditions communes, les Bruns méprisent les Noirs comme une race inférieure… » Ce qui semble être une invention scénaristique s'appuie sur une terrible réalité que Franquin a eu tout le temps de constater lors de son voyage aux États-Unis.

Dans les années 1940-1950, il existe une ségrégation dans la ségrégation. Les Noirs de certains États pratiquent entre eux une ségrégation selon la couleur de leur peau. Le grand pianiste et compositeur de jazz Duke Ellington présentait au Carnegie Hall le 23 janvier 1943 sa suite *Black, Brown and Beige* (*Noir, Marron et Beige*), avec laquelle il avait l'intention de « raconter les expériences des races de couleur en Amérique dans l'idiome syncopé » … Le titre de son œuvre rend compte de la différence de couleurs de peau – et de considération – des Afro-Américains entre eux.

Dans son roman policier *Rhapsodie pour les anges noirs*, Terry Stewart raconte également cette sinistre réalité sous couvert de la fiction (p. 44) : « Ollie entra au Capricorne, s'approcha du bar surpeuplé. [...] Comme d'habitude, les Noirs étaient groupés ensemble ; les Noirs moins noirs formaient un autre clan et, noblesse de couleur, les Noirs clairs pontifiaient aux meilleures places. »

Gaffophone et singe savant

La harpe dont joue l'orchestre africain (p. 61) préfigure le gaffophone de Gaston. Les facéties du singe (p. 61), qui forme un trio avec les danseurs, annonce les numéros des trois chimpanzés de cirque dans *Bravo les Brothers*.

Clin d'œil à Charles Dupuis

À la fin du récit, un facteur exténué parvient sur l'île et remet un télégramme à Fantasio : « Prière de vous présenter d'urgence en nos bureaux. Dupuis. » C'est une des premières allusions à son directeur, que Franquin évoquera souvent comme un *running gag*, sans jamais toutefois le représenter.

Les Chapeaux noirs

16 pages. Publié dans le journal Spirou,
du n° 617 du 9 février 1950 au n° 635 du 15 juin 1950,
et dans Les Chapeaux noirs *et* 3 autres aventures
de Spirou et Fantasio, *1952.*
Scénario et dessins : André Franquin.

Spirou et Fantasio sont envoyés en reportage au Far West sur les traces des cow-boys, mais ils sont vite déçus par les villes bétonnées et trop modernes qu'ils trouvent sur place.
Un homme les aborde et leur propose de visiter le village typique de Tombstone, où les cow-boys existent encore. Sur place les deux héros deviennent adjoints du shérif. Au terme de quelques péripéties, l'homme leur avoue : « Nous vous devons une explication, messieurs les journalistes : Tombstone est une ville que j'ai fait construire pour y tourner des films... Tous les cow-boys que vous avez rencontrés ici sont les acteurs et figurants de nos prochaines productions. »

Contexte de création

Franquin est rentré en Belgique. Maintenant qu'il s'est « posé » dans son cadre favori, il a tout le temps de revivre rétrospectivement son périple américain. Ce récit s'inspire donc directement de ce qu'il a vu, vécu et entendu lors de son voyage aux États-Unis et au Mexique.

Longhorn

Dès leur arrivée au Texas, Spirou et Fantasio se retrouvent dans un énorme embouteillage sur une autoroute bordée d'immenses panneaux publicitaires, comme cette femme vantant les bienfaits du dentifrice Colgate (p. 6). Au bout de l'autoroute, on devine les gratte-ciel de la grande ville.

Arrivés à Longhorn, les deux amis restent interdits au milieu des panneaux publicitaires et des *shops* : Hot dogs, Food shop, Coffee shop, Hamburgers… La Longhorn est une race de vache typique du Texas, élevée pour sa viande. Il était donc logique d'espérer y trouver des cow-boys. Les héros croisent bien un homme à cheval… mais il écoute un poste TSF portatif à piles, un des premiers du genre. Fantasio est déçu : « Spirou ! Un poste portatif ! Anachronisme monstrueux ! » Puis : « Révolue, cette époque pittoresque !! Fini, le cow-boy ! » On croirait voir Tintin, débarquant en habit de cow-boy au milieu d'une ville qui pousse comme un champignon, interpellé par un policeman (TA, 29) : « Dites donc, vous ne savez sans doute pas que les travestis sont interdits dans la ville ?… Et puis, faites attention aux autos !… Vous vous croyez sans doute au Far-West ! »

La diligence qu'ils empruntent le lendemain pour se rendre à Tombstone ne passe pas inaperçue au milieu des embouteillages de la grande ville. À la sortie de la ville, on distingue un dernier panneau : « DeSoto, [car] of the year ». DeSoto est une marque du groupe Chrysler qui a existé de 1928 à 1960.

Hommage aux westerns

Si le début du récit nous donne une image assez précise de la vie au Texas en 1950, il est aussi et surtout un hommage aux films de cow-boys dont Franquin nous montre les affiches tout au long des récits de Spirou. Tombstone est une caricature de ville du Far West, avec ses rues de terre battue, son saloon *L'Éperon d'argent*, le bureau du shérif aux murs couverts d'annonces pour chasseurs de primes. Rattlenake, Pépé le Mexicain, Dynamite Tom… sont tous recherchés pour d'abominables exactions.

Les scènes d'attaque de la diligence, de l'embuscade dans les rochers ou du saloon sont dignes des meilleurs westerns du cinéma américain.

L'image finale, montant les deux héros à cheval, s'éloignant vers l'horizon est un évident clin d'œil de Franquin à Lucky Luke. Il ne manque plus que la bande-son : « I'm a poor lonesome cow-boy and a long long way from home… »

Mickey et Minnie au Far-West

La séquence du cactus (p. 13) est une copie conforme de celle de la bande dessinée *Mickey au Far-West* de Floyd Gottfredson, que Franquin se défendit toujours d'avoir copiée. Mais les réminiscences sont insidieuses et se jouent de la mémoire des créateurs…

Clins d'œil

La voiture du producteur de cinéma est inspirée d'une Hudson commodore, celle que Jijé avait achetée pour traverser les États-Unis, de New York à la Californie. Franquin précisera toutefois : « Le détail important, c'est que la bagnole n'était pas décapotable et qu'on avait dû faire tout un tas de bricolages pour assurer un minimum de confort[1]. »

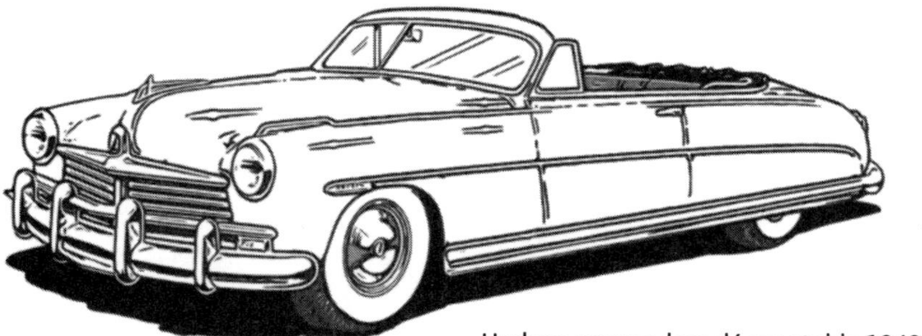

Hudson commodore décapotable 1949.

1. *Franquin*, intégrale Rombaldi, *op. cit.*

La radio du cow-boy (p. 6) joue *Jingle Bells*, le chant de Noël de James Lord Pierpont (1857), diffusion passablement anachronique puisque l'action se déroule en plein été.

M. Grave, faux entrepreneur de pompes funèbres et vrai as de la gâchette, est bien nommé : *grave* signifie « tombe » en anglais. Il officie à Tombstone (pierre tombale), ça se tient…

Mystère à la frontière

19 pages. Publié dans le journal Spirou *n° 636, du 22 juin 1950 au n° 652 du 12 octobre 1950, puis dans l'album* Les Chapeaux noirs *et* 3 autres aventures de Spirou et Fantasio, *1952. Scénario et dessins : André Franquin.*

Après avoir lu un article sur le trafic d'hicoïne (la drogue qui donne le hoquet, mot-valise créé avec « hic » et « héroïne ») à la frontière franco-belge, Spirou et Fantasio décident de mener l'enquête. Ils découvrent bientôt le moyen utilisé par les trafiquants et tentent de partager leur découverte avec l'inspecteur Coutsan qui ne les prend pas au sérieux.
Mais les héros finissent par découvrir le fournisseur de drogue et à faire arrêter les malfrats.

Contexte de création

Franquin aborde ici le thème du trafic de drogue. Toutefois, elle ne transite pas par la mer, selon le procédé de l'époque, mais par les airs. Essentiellement pour des raisons de poids, le trafic de drogue par ce biais est encore très peu développé au début des années 1950. Franquin fait donc encore une fois figure de précurseur. On estime aujourd'hui que le 20 % de la cocaïne est acheminée par voie aérienne légère aux États-Unis (ULM, drones). Cette idée lui est venue en observant des maquettes d'avions en vol.

Géo Salmon, l'ami de Franquin passionné d'aéronautique[1], témoigne : « À l'époque, nous n'avions pas de maquette télécommandée, c'était du vol libre. [...] Franquin m'a accompagné plusieurs fois quand j'allais à la plaine d'Etterbeek, avec mes copains ou ma femme. Il était intéressé. Le moindre détail que vous lui disiez était enregistré, pas nécessairement utilisé. Il avait une excellente mémoire[2]. » Le petit avion télécommandé (p. 50) vient des observations de Franquin.

Clins d'œil

La Citroën traction avant jaune que l'on voit au début du récit est la voiture que Franquin a achetée à son retour des États-Unis. Quant à la bleue, c'est la Fiat de Will à cette époque.

Une fois encore, les courses-poursuites en voiture, moto ou side-car évoquent les meilleurs films burlesques du cinéma américain.

L'inspecteur Coutsan (« coup de sang ») porte bien son nom. Il incarne le flic bourru et irascible, comme on peut en voir dans les films policiers de l'époque, tels que l'impérial Louis Jouvet (inspecteur Antoine) dans *Quai des Orfèvres* de Henri-Georges Clouzot (1947).

---

1. On se souvient que Franquin avait déjà représenté son ami sous les traits du pilote d'avion dans *L'Héritage de Spirou* publié en 1946-1947.
2. José-Louis Bocquet, Éric Verhœst, *Franquin. Chronologie d'une œuvre*, Marsu Productions, 2007.

Il y a un sorcier à Champignac

57 pages. Publié dans le journal Spirou, *du n° 653 du 19 octobre 1950 au n° 685 du 31 mai 1951, puis en album, 1951.*
Scénario : André Franquin, sur une idée de Jean Darc (Henri Gillain) ; dessins : André Franquin.

Spirou et Fantasio partent camper à Champignac. Sur place, ils assistent à des phénomènes étranges : des cochons de toutes les couleurs, des vaches qui produisent du jour au lendemain du lait imbuvable… Un bohémien installé près du château est bientôt accusé de sorcellerie.
Spirou et Fantasio font la connaissance du comte Pacôme de Champignac, un personnage original qui habite un château pourvu d'un immense parc. Une nuit, Fantasio est enlevé. Spirou découvre que c'est le comte qui l'a enlevé pour tester sur lui un produit, le X1, qui donne une force surhumaine à Fantasio. Mais son effet ne dure pas[1]. Champignac prend conscience que ses expériences ont causé du tort aux fermiers. Pour les dédommager, il décide d'utiliser le X1 sur lui-même afin de remporter toutes les compétitions sportives et de leur distribuer les gains.

1. Celle du druide Panoramix n'apparaîtra qu'en 1959… et son effet sera tout aussi éphémère.

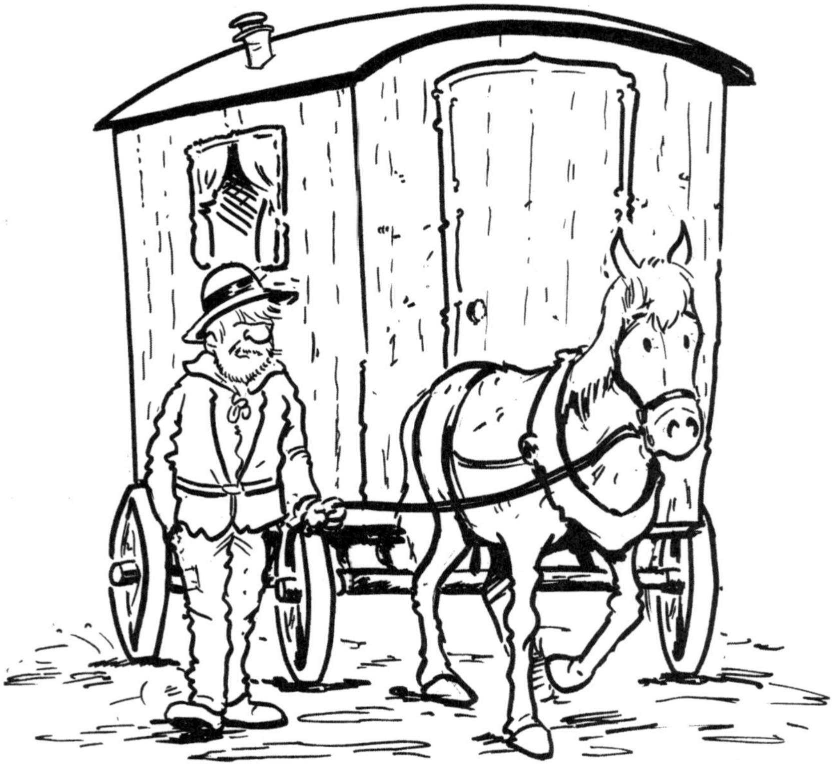

Un bohémien et sa roulotte.

Contexte de création

À l'origine de ce récit, on trouve Jean Darc (improbable pseudonyme d'Henri Gillain), le frère aîné de Joseph, alors âgé de 36 ans. Professeur de mathématiques dans un établissement religieux, et doté d'une imagination fertile, Henri publie depuis peu des petits romans à l'eau de rose dans le magazine *Les Bonnes Soirées* (journal féminin à l'intention des mères de famille, appartenant aussi à Dupuis). Il a aussi consigné, dans un gros cahier à couverture noire cirée, une sorte de roman campagnard situé dans son environnement direct. L'action se situe dans le petit village de Champignac, inspiré de son propre village natal, Corbion, tout près de Bouillon, dans la province de Luxembourg.

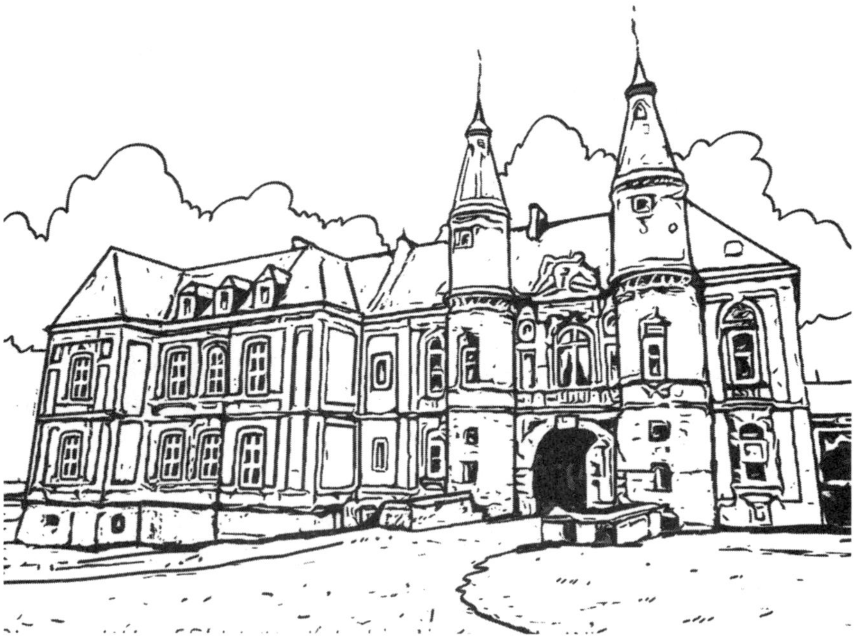

Château d'Aiseau, premier modèle du château de Champignac.

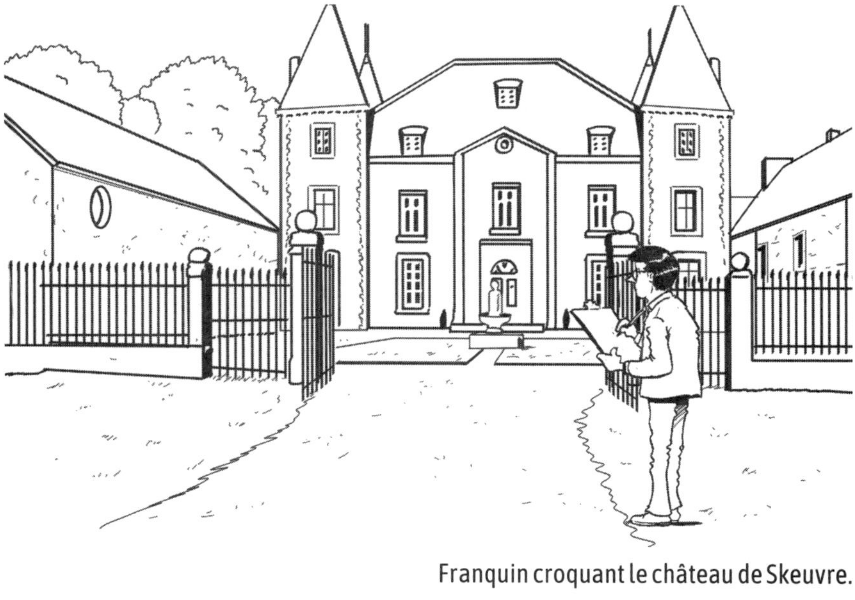

Franquin croquant le château de Skeuvre.

Dans le récit, il y a un château inspiré de celui du comte de Presles, alors voisin de la maison des Gillain à Aiseau. Et un comte de Champignac, logiquement inspiré du comte de Presles. Il est aussi question de champignons aux propriétés extraordinaires… (le nom de Champignac vient évidemment de champignon).

Franquin cherche alors de nouvelles idées pour la prochaine aventure de Spirou. Il s'adresse donc naturellement à Joseph Gillain, qui le met en relation avec son frère Henri… Celui-ci lui soumet son projet de livre. Franquin estime qu'il y a assez de matière dans ce roman pour imaginer trois scénarios de bande dessinée. Mais il conserve quelques éléments qui lui plaisent, en particulier des personnages secondaires marquants, tels que le comte de Champignac, le maire Gustave Labarbe, le secrétaire de mairie Monsieur Duplumier, etc.

Avec ce récit, Franquin retourne à sa chère campagne. *Mystère à la frontière* était déjà situé dans le monde rural, mais ici Spirou trouve son ancrage solide et durable, comme Franquin dans la vraie vie. Champignac nous donne une description du monde rural d'après-guerre : le monde paysan en sabots et vêtements de toile, les labours, les animaux de la ferme, les pâturages et les chemins de terre. Quant au village, avec ses commerces anciens et son architecture typique, il fleure bon la Wallonie traditionnelle, paisible et loin de l'agitation des grandes villes. C'est aussi le monde de son enfance, quand il passait ses vacances dans la ferme de sa tante préférée…

Si le château du roman d'Henri Gillain est inspiré de celui d'Aiseau, Franquin lui préférera un autre château, celui de Skeuvre, qu'il prend en photo lors de ses promenades champêtres avec son épouse Liliane. Ce château n'est pas trop grand et s'intègre mieux au monde rural qui l'entoure.

Le comte de Champignac

Les avis des témoins divergent sur le modèle potentiel du comte. Jean Evrard, le petit-fils de Jean Doisy (dont le vrai nom est Jean-Georges Evrard), s'interroge : « Je me suis souvent demandé si le comte de Champignac n'était pas inspiré du visage de mon grand-père,

Jean Doisy. On a une caricature de lui, réalisée par Sirius : cet air un peu ahuri, cette chevelure au vent, ce grand nez... Pour moi, la ressemblance est frappante[2]. »

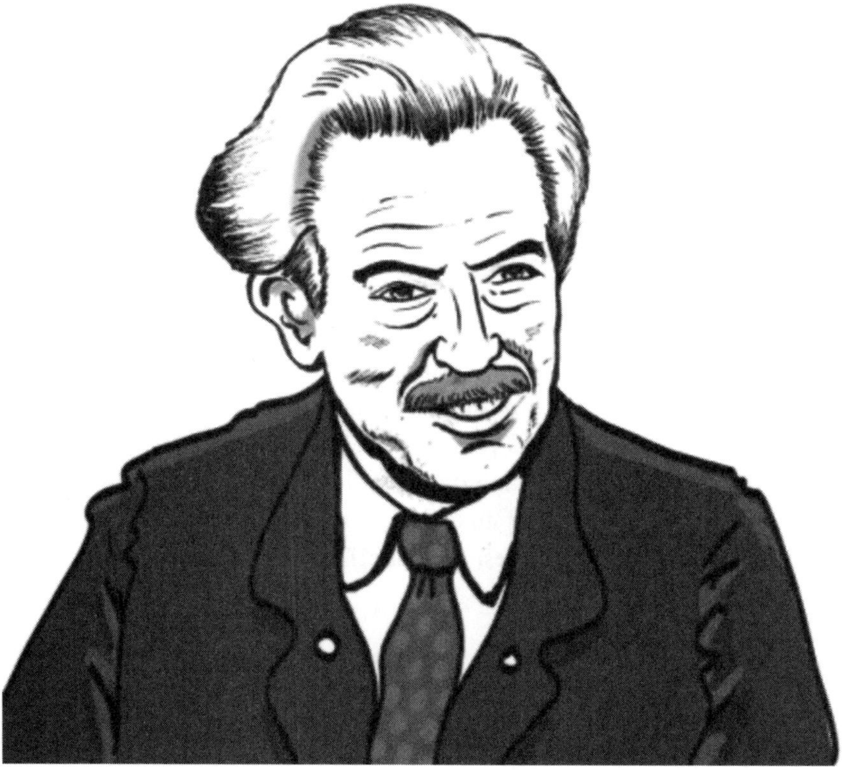

Jean Doisy, une inspiration du comte de Champignac.

Mais le comte pourrait aussi tenir de Jacques Eggermont, un ancien collègue de Franquin à la CBA. Philippe Capart précise : « C'était un homme élégant, d'origine aristocratique, dont la famille habitait le château de Leignon. Il était sportif, bohème, passionné, et jouait du cor de chasse en classe à Saint-Luc ! Il avait d'ailleurs abandonné la chasse le jour où il avait entendu un cerf pleurer ! Cela dit, Franquin avait assez d'imagination pour concocter sans modèle un Einstein longiligne et fantasque ! »

---

2. *La Véritable Histoire de Spirou*, *op. cit.*, p. 153. Voir également https://elouarnblade.blogspot.com/2020/01/a-lorigine-de-spirou.html

Le comte de Champignac est plus probablement la synthèse de multiples réminiscences. N'aurait-il pas aussi une lointaine parenté anglaise, du côté de Sherlock Holmes ? Tous deux sont coiffés d'un *deerstalker* et portent un duffle-coat très caractéristique… Restait à lui trouver des prénoms en accord avec sa personnalité. Son épouse Liliane se souviendra avoir épluché, avec son mari, la liste des prénoms du calendrier afin de choisir ceux du comte. Leur choix s'arrêtera sur Pacôme, Hégésippe, Adélard et Ladislas !

Gustave Labarbe, maire de Champignac

On découvre le nom complet du maire dans le *Spirou* n° 1150 du 28 avril 1960. Il est le spécialiste des discours empathiques, verbeux, sans queue ni tête. Franquin affirmait s'être inspiré du personnage de Monsieur Prudhomme créé par Henri Monnier. Son allure générale préfigure l'acteur David Suchet dans le rôle d'Hercule Poirot. Avec son allure renfrognée, il évoque aussi le Dupont d'Hergé (celui qui a les pointes de moustache relevées, bien sûr !).

Monsieur Duplumier

C'est un fonctionnaire municipal de Champignac et collaborateur assidu de monsieur le maire. Avec ses lunettes rondes, ses moustaches et sa barbichette blanche, il évoque Aristide Filoselle, le cleptomane du *Secret de La Licorne* d'Hergé. Il sera victime d'un gag récurrent à chacune de ses apparitions : ses véhicules sont systématiquement détruits lors de concours de circonstances comiques.

De Sugar Ray Robinson à Reg Couguar Gangbingson

Franquin a encore en mémoire son récit *Spirou sur le ring*, avec l'envie de faire combattre à nouveau un de ses héros… Champignac affronte « le tenant du titre mondial des poids moyens, le prestigieux

Reg Couguar Bangbingson, 1 125e victoire par K.-O., qui termine une tournée en Europe, où il n'a pas connu de défaite ».

Dans la rubrique « Sport » du journal *Spirou* n° 665, du 11 janvier 1951, on pouvait lire l'article « L'extraordinaire Ray Robinson » : « En un mois de séjour en Europe, le champion du monde des poids moyens a réussi à vaincre les cinq adversaires, pourtant redoutables, qui lui furent opposés. Successivement Jean Stock à Paris, Van Dam à Bruxelles, Walzack à Genève, Villemain à Paris et Stretz à Francfort, ont mordu la poussière devant l'extraordinaire pugiliste noir. [...] Et dire qu'il n'était pas en forme ! » Le 9 décembre 1950, au palais des sports de Bruxelles, le combat à sens unique a pris fin au 3e round, le pauvre Luc Van Dam ne parvenant plus à tenir debout.

D'après le dessinateur Tibet, Franquin aurait également vu en sa compagnie le film *Nous avons gagné ce soir*, de Robert Ryan et Robert Wise, sorti en 1949, qui l'aurait enthousiasmé.

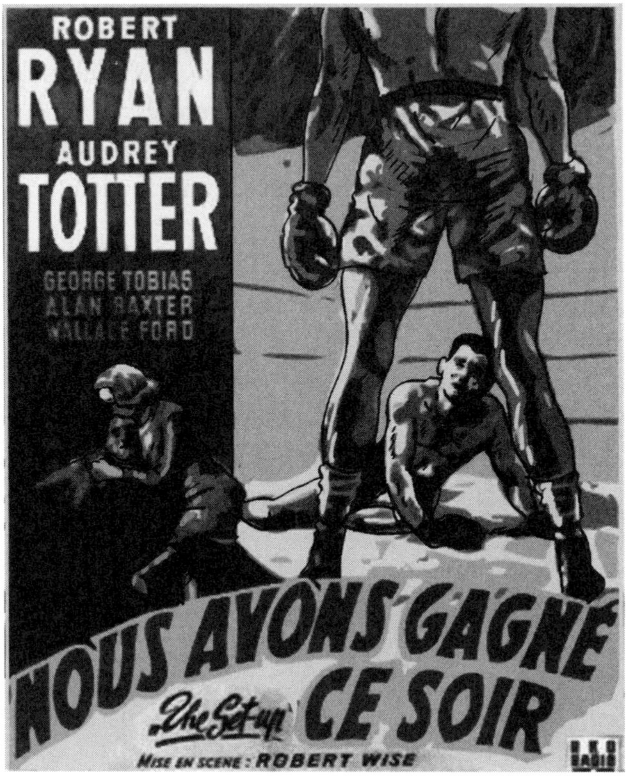

D'après l'affiche du film.

Champignac *vs* Moulinsart

Les bohémiens arrivent au village… anticipant les dessins du *Petit Cirque* de Fred, qui ne verra le jour qu'en 1973. Ils sont bientôt accusés de sorcellerie et subissent la colère de la population. Luc, le fils de Joseph Gillain se souvient : « Le bohémien et sa roulotte ne sont pas une invention fortuite. Jijé a souvent peint des roulottes dans des paysages proches de là où nous habitions, entre Aiseau-Presles et Châtelet. C'était un élément quotidien de l'environnement de l'époque[3]. »

Nous avons souvent mentionné les étranges concordances entre certains passages des bandes dessinées de Franquin, comme réminiscences possibles d'Hergé. Mais ce dialogue à distance entre les deux œuvres est à double sens. Hergé publie *Les Bijoux de la Castafiore* dix ans plus tard, du 4 juillet 1961 au 13 septembre 1962, dans le *Journal Tintin*. Des bohémiens débarquent dans le parc du château de Moulinsart (BC, 16) : « Ils disent que Monsieur leur a dit de venir s'installer près du château… — C'est exact, Nestor. » Dans le récit de Franquin, les bohémiens s'installent près du château de Champignac. L'homme avoue (p. 37) : « Heu… vous voyez… De temps en temps je… j'attrape un lapin… dans le parc du comte […] » Dans les deux cas, les bohémiens sont soupçonnés d'être à l'origine des problèmes, et dans les deux cas, ils seront disculpés.

Toujours au titre des réminiscences, impossible de ne pas remarquer que les champignons géants blancs à taches rouges (p. 26) ressemblent à ceux de *L'Étoile mystérieuse*, qui eux aussi avaient d'étranges propriétés.

Spirou, Fantasio et Champignac sont assis sur un banc d'un parc aux magnifiques statues blanches (p. 47), évoquant fortement le parc royal de Bruxelles, qui fascinait tant le petit André dans son enfance. La serviette de Champignac disparaît… comme celle du professeur Hallambic, au même endroit dans *Le Sceptre d'Ottokar*… Serait-ce le même banc ?

Le produit X2, inventé par Champignac, fait pousser les barbes à une vitesse fulgurante… comme celles des Dupondt dans *L'Or noir* sous l'effet des pilules de N14…

---

3. *La Véritable Histoire de Spirou*, *op. cit.*, p. 156.

Belles carrosseries

Franquin aime les voitures et trouve ici l'occasion de dessiner plusieurs beaux modèles : la voiture du comte est un landaulet Renault AG1 190 ; celle des voleurs est une Mercury Eight Sedan 1951 ; celle de Valentino est une Citroën 11 légère ; la voiture de police est une Citroën 11… On croise aussi une MG Y-Type (YA) berline 1947 et une Renault 4 CV découvrable.

Clins d'œil

Franquin apparaît lui-même près du parc (p. 49) en compagnie de son épouse Liliane. Il porte un manteau qui préfigure celui que portera plus tard Gaston Lagaffe.

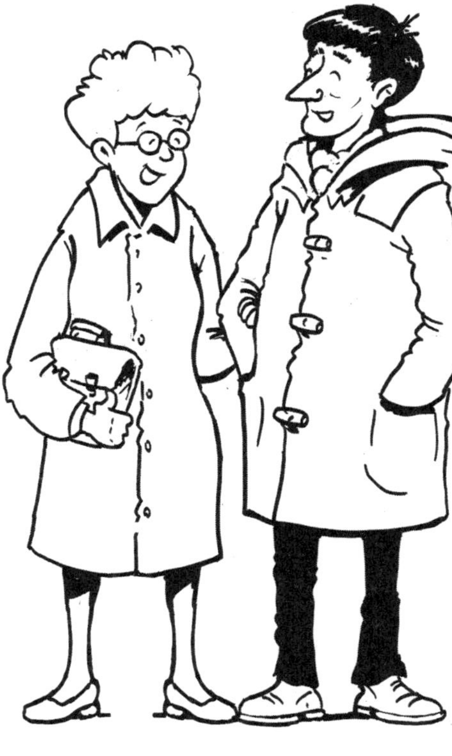

Liliane et André Franquin vers 1950..

Nouvel hommage à Morris, parmi les nombreux hommages et clins d'œil, Franquin imagine une affiche de film *L'Outlaw déchaîné*, dont Lucky Luke serait la vedette… (p. 50, 52, 53).

D'autres affiches sont des publicités « maison » à peine déguisées (p. 50 et 59) : « Papa lit *Le Moustique.* » Et plus loin (p. 57) : « Maman lit *Les Bonnes Soirées.* » On trouve aussi le café Chien blanc, illustré d'un petit Milou, parodie du très réel café Chien noir, une marque d'origine liégeoise créée en 1920 ; le savon Milbul et la chicorée Radjah ; la lessive Mersil, transposition de Persil ; et dans l'épicerie, une publicité pour Coca-Cola, dont on reconnaît instantanément la forme de la bouteille…

Spirou lit *Lundi-Sports*, acheté à un crieur de journaux portant l'habit et la casquette aux couleurs du magazine (p. 41). Un gamin passe avec un journal *Spirou* à la main (p. 47). Au sol, on reconnaît les quotidiens *Le Sportif* et *Sport-Soir*… La presse écrite et la radio ont encore une grande importance à une époque où la télévision est pratiquement absente.

Jane Russell est à l'affiche du cinéma (p. 41). Au moment où Franquin dessine ce récit, l'actrice américaine sort *Fini de rire* de John Farrow (1951), avec Robert Mitchum, et *Une veine de…* d'Irving Cummings, avec Groucho Marx et Frank Sinatra. En fond d'image, sur une autre affiche (p. 47), on distingue un homme à chapeau mou qui tient un revolver dans sa main droite, probablement celle de *La femme à abattre* (*The Enforcer*), de Raoul Walsh (1951), avec Humphrey Bogart – le héros est dans la même position, coiffé du même feutre. Nul doute que les films noirs fascinent Franquin, au point de les mettre en abyme dans ses bandes dessinées.

Spirou et les héritiers

59 pages. Publié dans le journal Spirou,
du n° 693 du 26 juillet 1951 au n° 726 13 mars 1952,
puis en album, 1952.
Scénario et dessins : André Franquin.

Fantasio et son cousin Zantafio s'affrontent pour conquérir l'héritage de leur vieil oncle défunt. Le notaire Mordicus sera l'arbitre des trois épreuves destinées à les départager. L'un d'eux doit réussir au moins deux des trois épreuves pour toucher l'héritage.

La première consiste à mettre au point un appareil original d'intérêt public.

Fantasio conçoit le Fantacoptère, un hélicoptère dorsal révolutionnaire. Zantafio, en l'espionnant, fait construire le Zantajet par quelqu'un d'autre, contournant ainsi le règlement, et tente néanmoins de saboter le Fantacoptère. Malgré cela, Fantasio emporte la première manche.

La deuxième épreuve consiste à participer à un tournoi automobile en finissant dans les six premiers. Chez le constructeur automobile Turbot, Fantasio apprend à piloter avec deux pilotes expérimentés, Martin et Roulebille. Le jour de la compétition, Zantafio paye un autre concurrent pour mettre Fantasio hors piste. Zantafio se classe premier en trichant et remporte la seconde épreuve.

La troisième épreuve consiste à capturer un Marsupilami, et à l'offrir à un musée en Europe. Spirou et Fantasio découvrent que l'animal vit dans la jungle de Palombie, en Amérique latine, où ils en trouvent un. Mais en repartant, ils sont poursuivis par les indiens chahutas. Zantafio, pris de remords après ses mauvaises actions, leur offre une barque pour rejoindre la civilisation et décide de rester en Palombie.
Fantasio gagne l'héritage, qui n'est autre que l'expérience acquise au cours de ces épreuves.

Contexte de création

Franquin est en deuil : sa mère vient de disparaître prématurément. Il a dû affronter les innombrables tracasseries administratives liées à la succession et l'héritage, qui sont précisément le sujet de ce récit ; une façon de tourner cette page douloureuse... À cette époque, Franquin illustre les en-têtes de la nouvelle rubrique auto de Jacques Wauters dans le journal, en même temps qu'il poursuit les aventures de Spirou. Cette rubrique donnera bientôt les fameuses *Chroniques de Starter*. Il est donc au fait de l'actualité automobile. En course, les Talbot enchaînent les performances ; Franquin transforme la marque en Turbot.

D'un testament à l'autre...

Le thème du récit : la mise en concurrence de deux cousins qui doivent gagner des épreuves pour hériter, reprend l'argument du *Testament d'un excentrique*, de Jules Verne. Et surtout du *Testament de M. Pump*, une histoire de Jo et Zette, d'Hergé. Dans ce récit, Sir John Archibald Pump, un milliardaire fanatique de la vitesse, trouve la mort au volant de son bolide. Il lègue 10 millions de dollars par testament aux constructeurs de l'avion qui réalisera le raid New York-Paris-New York sans escale, à la moyenne minimale de 1 000 km/h, sous un délai de un an à compter du jour de la lecture du testament. À défaut, cette somme reviendrait aux deux neveux du milliardaire, William et Fred Stockrise.

Gaston avant l'heure

Avant de se lancer dans la conception du Fantacoptère, Fantasio invente les lunettes à essuie-glaces, le chapeau qui salue électriquement, et le parking en espace restreint. Il tient alors plus de l'Inspecteur Gadget que de l'inventeur, et préfigure encore quelques inventions délirantes de Gaston Lagaffe. Puis il enchaîne les catastrophes en voulant faire une démonstration de son Fantacoptère dans le bureau du notaire (p. 18 et 19) – comme Gaston le fera plus tard.

Le Fantacoptère

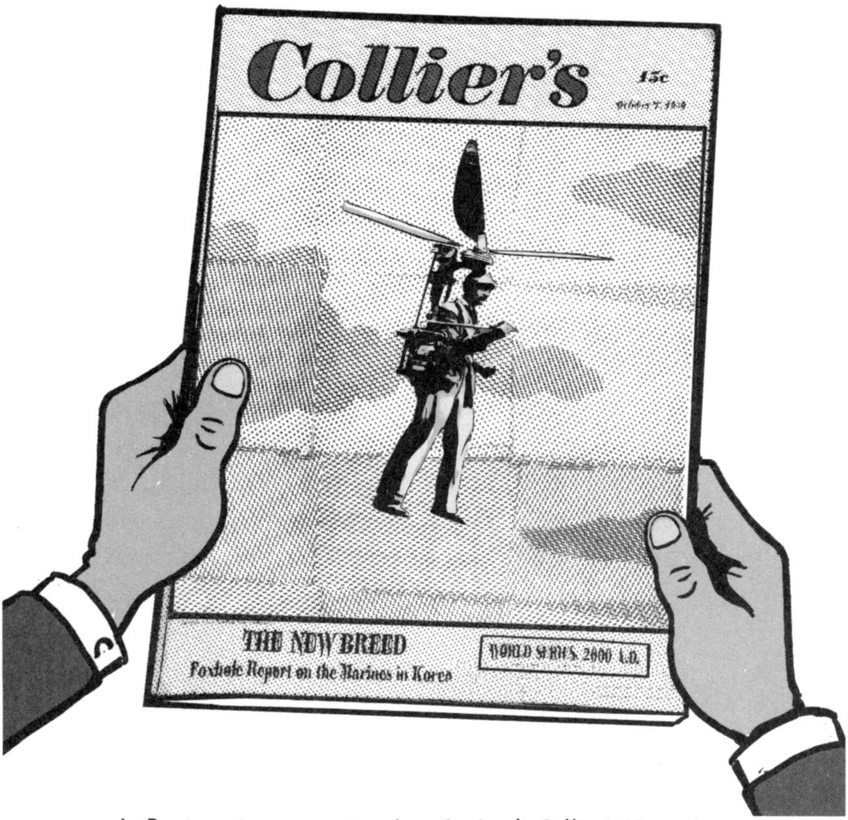

Le Pentecost en couverture imaginaire du *Collier's Magazine*.

L'hélicoptère portable est dans l'air du temps, au propre comme au figuré. Le premier « Pentecost Hoppi-copter » expérimenté par l'américain Horace Thomas « Penny » Pentecost, vole dès septembre 1945. Un hélicoptère portable est en couverture du *Moustique* n° 304 du 21 janvier 1951[1]. Franquin, toujours passionné de technologie et abonné au *Collier's Magazine*, en découvre le fonctionnement précis dans ce magazine.

De Francorchamps à Cocochamps

Franquin connaît bien le mythique circuit de Francorchamps, qu'il rebaptise ici Cocochamps. Les pages de ce récit consacrées à la course sur le circuit des Ardennes belges sont de véritables documents historiques. Le public s'amasse derrière de pauvres barrières en bois, et les virages sont garnis de bottes de pailles, censées amortir les sorties de route des voitures[2].

On peut lire (p. 38) : « Et dans un grand coup de tonnerre, 3 685 chevaux prennent le galop, ventre à terre ! » Dans la réalité, treize voitures ont pris le départ du Grand Prix de Francorchamps de 1951, soit 283 chevaux en moyenne par voiture. Le chiffre total annoncé est parfaitement conforme à la réalité : les Talbot dont s'inspire Franquin développent à cette époque une puissance de l'ordre de 280 chevaux !

La voix du speaker retentit (p. 40) : « On annonce que la Turbot n° 6 du pilote Zantafio vient d'atteindre les 300 km/h dans la ligne droite !... » C'est exactement la performance des voitures de tête en 1951 dans l'impressionnante descente de Masta.

Ailleurs, on peut lire le commentaire (p. 42) : « Spirou n'a pas pu retarder longtemps la Maserati n° 7. » Il y avait bien deux Maserati au départ de la course en 1951 : la n° 28 de Prince Bira et la n° 30 de José Froilan Gonzalez.

---

1. Notons que dans ce numéro, il est question des « moyens de protection contre la bombe atomique », c'est dire si le sujet est d'actualité, et pris très au sérieux.
2. Il fallut du temps aux organisateurs de courses automobiles pour comprendre que la paille brûle... Jusqu'à la mort du pilote Lorenzo Bandini le 10 mai 1967 au Grand Prix de Monaco, après que sa voiture a pris feu dans des bottes de paille...

Enfin (p. 47) : « Et voici l'arrivée ! C'est Banjo qui franchit la ligne d'arrivée en vainqueur, suivi à quarante mètres par Farinoli ! » Fangio devient ici Banjo. Dans la réalité, le célèbre pilote argentin remporte le championnat du monde de F1 en 1951 sur Talbot. Et en 1950, le pilote italien Luigi Fagioli (devenu ici Farinoli) prend la 2e place au Grand prix automobile de Belgique à Spa Francorchamps, sur Alfa Romeo, à 14 secondes de Fangio, lui aussi sur Alfa Roméo. Louis Rosier occupe la troisième place sur Talbot.

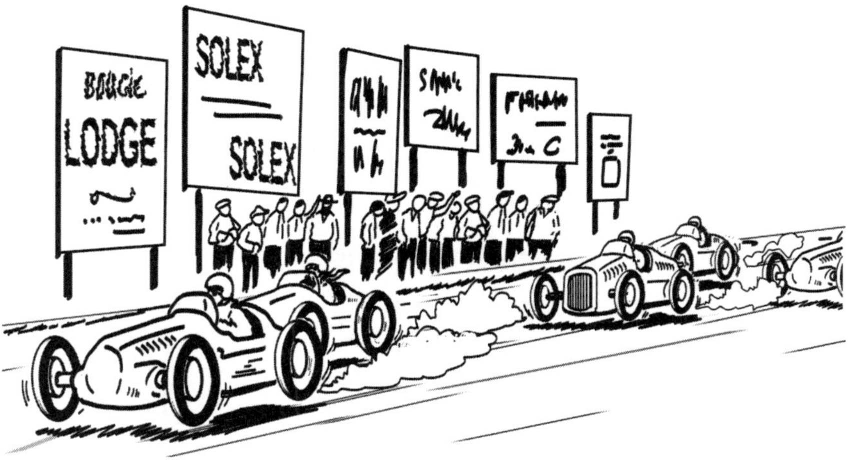

Course F1 à Spa Francorchamps au début des années 1950.

La Palombie

Franquin crée encore un mot-valise en combinant palombe et Colombie. La palombe, ou ramier, est la plus grande et plus commune des espèces de pigeons européens. Ce choix n'est pas anodin quand on se souvient que le père de Franquin était ornithologue et que le petit André a grandi au milieu des oiseaux. Quant à la Colombie, c'est un pays d'Amérique centrale bien connu pour ses guerres civiles et ses révolutions.

Les héros sont à peine arrivés en Palombie sur les traces du Marsupilami que des révolutionnaires font exploser une bombe dans le palais présidentiel (inspiré du réel palais colombien) et la banque nationale. Il y a des échanges de tirs dans toutes les rues. On se croirait revenu au temps des révolutions éclair de *L'Oreille cassée.*

Le Pilou-Pilou et le Ringaloo, ancêtres du Marsupilami

Comme pour beaucoup de personnages de bandes dessinées, les origines du Marsupilami sont multiples... Lecteur assidu des aventures de Popeye dans son enfance, Franquin n'a pas oublié le drôle d'animal du marin, le « jeep » (Pilou-Pilou dans la version française, voir introduction de ce livre). La bestiole au pelage jaune tacheté provient de la quatrième dimension, ce qui lui confère quelques pouvoirs extraordinaires. Il se tient debout sur ses pattes arrière, possède une queue retroussée, une frimousse attachante et une petite truffe bien ronde.

Un autre animal étrange a pu également influencer Franquin, de façon inconsciente. Publiée dans les années 1930, la série américaine *Tim Tyler's Luck*, de Lyman Young (le frère aîné de Chic Young, auteur de *Blondie*, évoqué précédemment), met en scène un jeune orphelin, Tim Tyler, passionné d'aéronautique, qui vit quelques aventures humoristiques. Lors d'une de ses péripéties, Tim rencontre Spud Lavins, qui devient vite son ami inséparable. Sortis indemnes d'un accident d'avion en Afrique, ils décident de s'engager dans la Patrouille de l'Ivoire, organisation chargée de faire régner l'ordre et la justice dans des régions encore sauvages de l'Afrique. La série sera publiée sous le titre de *Richard le Téméraire* dans *Le Journal de Mickey* avant la guerre. Tim et Spud deviendront ensuite Raoul et Gaston pour *Appel de la jungle* chez Sage (1939), ou encore Fred et Tim pour les éditions en recueils chez Hachette.

Dans un épisode de 1948, publié dans *Le Journal de Mickey*, se déroulant en Afrique, les deux garçons croisent le Ringaloo, une sorte de grand singe doté d'une queue de plusieurs mètres. L'animal, à l'allure renfrognée, se moque un instant des héros qui se retrouvent emprisonnés dans sa longue queue. Son pelage foncé est constellé de taches jaunâtres. Le Marsupilami semble avoir hérité de sa longue queue et d'une partie de son caractère.

Quant à son nom, on se souvient qu'il a été créé en combinant Marsupial, Pilou-Pilou et ami, qui attire aussitôt l'empathie du lecteur. Franquin le dote aussi d'un cri caractéristique : Houba ! Pour cela, il n'est pas allé chercher très loin de chez lui… Il connaît bien l'avenue bruxelloise Houba-de Strooper. Houba était le nom d'un ancien élu de la ville de Laeken, et son épouse s'appelait de Trooper.

Clins d'œil

Yvan Delporte, barbu comme jamais, marche dans la rue d'un pas décidé, un disque sous le bras (p. 4). Zantafio a le physique et le visage de Greg, reconnaissable à sa fine moustache héritée de l'acteur américain Clark Gable (p. 5).

De plus en plus d'affiches recommandant *Le Moustique* décorent les murs de la ville (p. 6 ou 35). On lit même en grosses lettres le nom du journal sur le ballon captif au-dessus du circuit automobile (p. 40). On retrouve aussi les fameux slogans « Lisez *Les Bonnes Soirées* » (p. 8) et « Lisez *Spirou* » (p. 48). Mais aussi, un joyeux mélange de marques inventées par Franquin : « SuperVroum, l'essence des sports [mécaniques] » (p. 36), et de marques réelles : « Le pneu des records, Michelin » (p. 37) ; « Accessoires Solex » et « Dunlop, la pantoufle de votre voiture » (p. 42) ; la « bougie PAF » (p. 45), etc.

La presse sportive n'est pas oubliée, avec *Sport-Express* (p. 48), au dos duquel on peut lire « Le film de la course » … Franquin s'inspire du journal *Le Miroir des Sports* (créé en 1920, et publié jusqu'en 1968) qui proposait ce type de résumés de courses automobiles, comportant une page de six photographies commentées.

Ailleurs, Franquin utilise le récit pour faire sa propre publicité. Grâce au Fantacoptère, Spirou sauve un gamin d'une maison en feu. Le petit emporte avec lui ses biens les plus précieux : sa souris blanche Alexandre et son album *Il y a un sorcier à Champignac* (p. 26) : « Voilà ! L'essentiel est sauvé ! […] … j'ai mon album… Dis, Spirou, tu sais à quel moment j'ai deviné qui était le sorcier à Champignac ? … » Peut-on imaginer meilleure autopromotion ? Dans le même esprit (p. 27), un papa lit le journal *Spirou*, que son fils contrarié lui réclame. Le message est clair :

le journal s'adresse (en théorie) aux enfants, mais les parents prennent plaisir à le lire.

Mais qui peut bien être cet étrange personnage avec qui Zantafio a rendez-vous (p. 14) ? L'homme a le nez pointu, les pommettes hautes. Il est élégant, porte des « pattes » et il fume une cigarette. Ne serait-ce pas précisément le portrait d'Hergé à cette époque ?!

Les voleurs du Marsupilami

58 pages. Publié dans le journal Spirou,
du n° 729 du 3 avril 1952 au n° 761 du 13 novembre 1952,
puis en album, en 1954.
Scénario et dessins : André Franquin,
sur une idée de Jo Almo (Georges Salmon).

En fin du récit précédent, Spirou regrette d'avoir enfermé le Marsupilami dans un zoo et les deux amis envisagent de le libérer : « Pourquoi pas ? Nous allons y penser… » Ils décident donc de le sortir du zoo et de le ramener dans son milieu naturel. Mais l'animal est volé avant qu'ils ne puissent passer à l'acte. Après bien des péripéties, ils retrouvent la trace du voleur, un certain Valentin Mollet, à Magnana, qui avoue avoir dérobé l'animal pour le compte du directeur de cirque Zabaglione, afin de subvenir aux besoins de sa famille.
Après une nouvelle série de rebondissements, Spirou et Fantasio parviennent à se faire embaucher au cirque sous les pseudonymes de Kam et Léon, retrouvent le Marsupilami, et le récupèrent enfin.

Contexte de création

Après *Spirou et les héritiers*, Franquin envisageait de passer à autre chose et de ne pas réutiliser son étrange animal, le Marsupilami, créé pour ce récit. Néanmoins, l'idée d'enfermer un animal dans un zoo va contre sa nature. Son ami de toujours, Georges Salmon, regrette aussi que Franquin n'utilise pas plus le potentiel du Marsupilami et lui propose alors un scénario sur mesure qui servira de base à cette suite.

Zavatta et Bouglione

Comme à son habitude, Franquin crée un mot-valise pour le cirque Zabaglione, dans lequel on devine les noms de Zavatta et de Bouglione. Achille Zavatta s'est rendu célèbre dans les années 1930 avec son numéro de clown et ses pantomimes. De 1947 à 1951, il dirige un grand chapiteau, le Bostok Circus, puis le zoo Circus. La famille Bouglione, quant à elle, est célèbre de longue date dans le monde circassien en France. Elle acquiert le Cirque d'Hiver en 1934, où se produit en particulier le cirque Bouglione.

Tandis qu'il est ridiculisé par le Marsupilami, un spectateur lance (p. 44) : « Je ne savais pas que ce Zabaglione était si bon clown ! »

Et pour Georges Salmon, il ne fait aucun doute que le zoo est celui d'Anvers. L'entrée représentée par Franquin (p. 15) évoque en effet ses deux gros piliers surmontés de sculptures d'animaux.

Le retour de Champignac

Le comte de Champignac réapparaît en tennisman distingué. Franquin en profite pour glisser un commentaire d'autopromotion on ne peut plus clair (p. 46) : « Si certains lecteurs ne connaissent pas l'étrange passé et les prodigieuses inventions de Pacôme Hégésippe Adélard Ladislas, comte de Champignac, ils trouveront ses aventures dans un album de la série *Spirou et Fantasio.* » Pour être encore plus précis, Franquin insère l'image de la couverture de l'album cité, en dernière vignette de la page.

C'est grâce aux nouvelles pilules miracle du comte que Spirou et Fantasio mettent au point le tour de magie qui leur permettra d'être embauchés chez Zabaglione. Pour Franquin, c'est surtout l'occasion de rappeler aux lecteurs ce personnage secondaire important et de l'installer durablement dans la série.

Machine Singer à manivelle

Le quartier où réside Valentin n'est pas reluisant. Un marchand de charbon côtoie l'entrée du porche où habite sa famille. Il faut grimper des escaliers et les murs du couloir sont couverts de graffitis. On découvre l'intérieur modeste de Valentin (p. 20). Son épouse utilise encore une machine à coudre Singer à manivelle. Un vieux rideau rapiécé masque un meuble. Pour toute décoration, au mur, un calendrier de la « crémerie Smedt ».

En quelques images, Franquin nous dresse le portrait des quartiers pauvres du Bruxelles d'après-guerre.

Oh!

Zabaglione découvre le reportage de Fantasio dans le magazine *Oh!*, qui titre : « Pour gagner une fortune ». La présence d'un tel magazine dans une aventure de Spirou est tout sauf anodine. En effet, *Oh!* était un mensuel érotico-comique, géré par Odette Dard, la sœur de Frédéric. La revue de 32 pages connaît 24 numéros d'octobre 1948 à septembre 1950, jusqu'à son interdiction imposée par un visa de censure daté du 28 août 1950. Une jolie fille en tenue légère occupe généralement la couverture. Sur la couverture fictive représentée par Franquin, on voit Fantasio lui-même. Quel plus incroyable pied de nez pouvait alors adresser Franquin à la censure morale qu'il détestait tant ?

Clins d'œil

Franquin se représente encore en compagnie de son épouse Liliane (p. 46), puis seul, toujours avec une cigarette aux lèvres (p. 47).

Dès la première image du récit, on devine la publicité quasi obsessionnelle du Coca-Cola. Et plus loin : « Brillantine Nada à l'huile de vidange, de la rosée sur vos cheveux » (p. 54). Substance grasse initialement composée de deux produits dérivés du pétrole, elle est destinée à donner de la brillance aux cheveux et à les maintenir en place. L'huile de vidange est un hydrocarbure, au même titre que le pétrole... alors pourquoi ne pas le transformer en brillantine ? De petites publicités quasi subliminales pour le journal *Spirou* apparaissent encore dans les coins d'images (p. 21, 48).

Sur une affiche, dans les rues de Magnana (p. 31), on lit clairement le nom de Bourvil, hommage de Franquin à l'un de ses acteurs préférés. Sur une autre (p. 31), on lit les lettres « ARAIS » et « OURCEL », qui évoquent respectivement Jean Marais et Nicole Courcel, grandes vedettes du cinéma français dans les années 1950-1960. Les lettres « ÊTRE » sur la même affiche, pourraient correspondre à la fin de *Par la fenêtre*, une comédie de Gilles Grangier de 1948. Dans la même case, on devine le texte : « Fernandel est à Magnana. » Puis encore (p. 22), « Papa lit *Le Moustique* » et « café Chien blanc » continuent d'orner les murs, comme un *running gag* ; en fond d'image, le cinéma Nougador (nougat d'or) parodie le Mogador[1], dans lequel Franquin a dû voir de nombreux films dans son enfance. Ailleurs (p. 47), on devine les noms d'Yves Montand et Édith Piaf, dont on connaît bien l'idylle entre 1944 et 1946.

1. Le cinéma Mogador existe bien à cette époque au 68 rue de Bailly à Ixelles. Il fermera définitivement ses portes en 1971.

La Corne de rhinocéros

43 pages. Publié dans le journal Spirou,
du n° 764 du 4 décembre 1952 au n° 797 du 23 juillet 1953,
puis en album, en 1955.
Scénario et dessins : André Franquin

Fantasio est journaliste au *Moustique*, mais on lui reproche de faire des reportages sans intérêt qui risquent de remettre en cause son emploi. Avec l'aide de Spirou, il décide alors de simuler un cambriolage dans un grand magasin afin de créer un scoop. Les deux amis parviennent à s'introduire dans les lieux, mais ils découvrent les veilleurs de nuit ligotés, et leur vieil ami Roulebille (voir *Spirou et les héritiers*), qui a été blessé lors de l'explosion dans l'usine Turbot, le même jour.
Celui-ci leur apprend qu'il détient une partie des plans d'un nouveau modèle d'automobile, la « Turbotraction ». Des concurrents ont engagé une bande de malfaiteurs pour saboter les travaux de montage (ce qui explique l'explosion des ateliers) et pour s'emparer des précieux plans. Ce sont eux qui, en pourchassant Roulebille, ont ligoté les vigiles du grand magasin. Son collègue Martin, qui a réussi à fuir, possède l'autre partie des plans. Roulebille confie alors ses plans à Spirou et Fantasio, quand surgit une jeune femme nommée Seccotine, récemment engagée comme reporter au *Moustique*. Tous les quatre parviennent à échapper aux gangsters.

Leur enquête les conduits en Afrique sur les traces de Martin. Mais ce dernier a confié la capsule contenant les plans à l'un de ses amis, le roi de la tribu Wakukus, en lui demandant de la mettre en lieu sûr, « où personne ne pourra la découvrir ». Elle est finalement cachée dans la corne d'un des rhinocéros vivant dans la réserve de M'Saragba. Mais lequel ? … Les héros se lancent dans l'entreprise délirante d'inspecter une par une toutes les cornes, peignant en jaune celles qui ont été vérifiées… Après bien des péripéties et des rebondissements, ils finissent par retrouver la capsule. De retour en Europe, Roulebille vient les remercier en leur offrant un des prototypes de la fameuse nouvelle voiture révolutionnaire, le modèle Sport Turbot-Rhino I.

Contexte de création

Au début des Trente Glorieuses, l'automobile fait partie du rêve moderne. Le plan Marshall fait exploser les ventes d'automobiles. La rubrique auto a donc toute sa place dans un magazine comme *Spirou*.

Dans le numéro 761 du 13 novembre 1952, Jacques Wauter publie en page 14 l'article intitulé « Une voiture à turbopropulsion française, la Socema-Grégoire ». Ce n'est évidemment pas une coïncidence, mais plutôt une façon détournée d'annoncer le nouveau récit de Spirou. On peut y lire : « Ce qui est le plus intéressant, c'est que la Socema-Grégoire constitue (tout simplement) une étape importante dans l'apparition de la turbine à gaz aux transports routiers. […] Avec les travaux de Roover (le turbo-car) qui enregistra des performances sensationnelles, les réalisations de la Socema marquent un immense progrès vers la voiture à turbine de demain… Cette voiture qui nous entraînera en de vertigineuses accélérations ! »

Mais une autre affaire connaît un grand retentissement médiatique au moment même où Franquin dessine ce récit. *L'Auto-Journal* (que lira Spirou dans *Vacances sans histoires*, p. 54), magazine consacré à l'automobile et créé seulement deux ans plus tôt par André Parinaud, puis repris par Robert Hersant en compagnie de Jean-Marie Balestre, réalise un très gros coup, qui va le propulser au premier rang des magazines auto. Le journal démasque, trois ans avant sa sortie, l'un des prototypes de la Citroën DS. Le journal est même poursuivi en justice pour espionnage industriel par le constructeur.

Ici, c'est Seccotine qui joue le rôle de la journaliste-espionne. Devant la toute nouvelle Turbotraction, Fantasio se gausse (p. 62) : « On lui montre le premier modèle au monde de la voiture de l'avenir… Et elle se poudre le bout du nez!! … Laissez-moi rire! Ha! Ha! Ha! » Mais Spirou réalise soudain : « Alerte, Fantasio!!! Ce poudrier, c'est un appareil photographique camouflé! Elle… elle photographie la voiture! … » Trop tard, l'espionne s'enfuit déjà à toutes jambes avec plus d'un scoop dans son sac, plantant les deux nigauds sur place…

Franquin envisageait d'ailleurs d'appeler sa BD « Spirou et la Turbotraction », et de le consacrer à l'automobile. Mais la partie africaine du récit, tirée d'une solide documentation provenant en grande partie du magazine *National Geographic* auquel il est abonné, déportera l'histoire, et la bande dessinée s'appellera finalement *La Corne de rhinocéros*…

Le monde est alors entré dans la guerre froide, qui oppose à distance les blocs Ouest et Est. La tendance est à l'espionite, aux microfilms, et aux appareils photographiques miniatures. C'est ce que l'on peut lire en filigrane de ce récit, comme nous allons le voir…

Seccotine

Dès le début du récit, Fantasio reçoit un coup de fil incendiaire : « Ici les éditions Dupuis, Monsieur Fantasio… Nous avons reçu votre article pour *Le Moustique*… Il est refusé!… C'est banal! Ça manque de vie! C'est soporifique! […] Autre chose : nous venons d'engager la perle des journalistes! La comparaison pourrait vous être fatale… »

Seccotine (p. 11), déterminée et persévérante, est aux antipodes des potiches féminines de la bande dessinée de cette époque. Quand Fantasio lui dit (p. 32) : « Je sais ce que je dois faire pour ne plus vous voir : je pars demain pour la lune! », elle réplique en souriant : « Je vous accompagne! Une telle expédition ne peut partir sans un bon reporter! »

Paradoxalement, Franquin sera taxé de misogynie par ses détracteurs, comme nous le verrons plus tard. Seccotine ne manque pourtant ni de repartie, ni d'astuce. Elle mérite son nom tiré d'une célèbre marque de colle. Elle est dans tous les coups, ne lâche rien, et surtout pas les héros.

Cinéma

Les références cinématographiques sont toujours aussi nombreuses. Elles s'expriment par des séquences du récit et par des allusions à des films appréciés par l'auteur. Franquin s'inspire là encore du célèbre épisode du landau (p. 6 et 7) du *Cuirassé Potemkine* d'Eisenstein.

Un cinéma propose « Le… Zo… » (p. 4), avec une image de cow-boy tenant un fouet ou une cravache. À cette époque, les films de Zorro passionnent les spectateurs. Six adaptations cinématographiques, servies par les plus grands acteurs du moment, se sont succédé de 1940 à 1953 : *Le Signe de Zorro* (*The Mark of Zorro*) de Rouben Mamoulian avec Tyrone Power, Linda Darnell (1940) ; *Zorro le vengeur masqué* (*Zorro's Black Whip*) de Spencer G. Bennet et Wallace Grissell avec George J. Lewis et Linda Stirling (1944) ; *Le Fils de Zorro* (*Son of Zorro*) de Spencer G. Bennett et Fred C. Brannon avec George Turner et Peggy Stewart (1947) ; *Le Fantôme de Zorro* (*The Ghost of Zorro*) de Fred C. Brannon avec Clayton Moore et Pamela Blake (1949) ; *L'Héritier de Zorro* (*Il sogno di Zorro*) de Mario Soldati avec Walter Chiari (1952) et *Zorro se démasque* (*La montaña sin ley*) de Miguel Lluch avec José Suárez et Isabel de Castro (1953). Compte tenu des lettres visibles du titre, il pourrait donc s'agir ici d'un des films de 1947 ou de 1949.

À l'affiche du cinéma Agaca (p. 5), on devine le titre *Enquête à Chicago*, de Lewis Allen, sorti en 1949. Franquin nous livre sans doute une de ses sources d'inspiration, lui qui orienta plusieurs de ses bandes dessinées vers le polar… Le policier du récit (p. 20) est inspiré du commissaire Maigret. Les romans à succès de Georges Simenon ont déjà été adaptés au cinéma plusieurs fois à cette époque, tels *La Nuit du carrefour* (1932), réalisé par Jean Renoir ; *Le Chien jaune* (1932), réalisé par Jean Tarride ; *La Tête d'un homme* (1933), réalisé par Julien Duvivier ; *Picpus* (1943), réalisé par Richard Pottier ; *Cécile est morte* (1944), réalisé par Maurice Tourneur ; *Les Caves du Majestic* (1945), réalisé par Richard Pottier ou *Brelan d'as* (1952), réalisé par Henri Verneuil.

En fond d'image (p. 61), on distingue encore l'affiche de *La Ruée vers l'or*, avec la silhouette de Charlot, en hommage au maître.

Les Galeries du Bon Bazar, le rêve de la ménagère

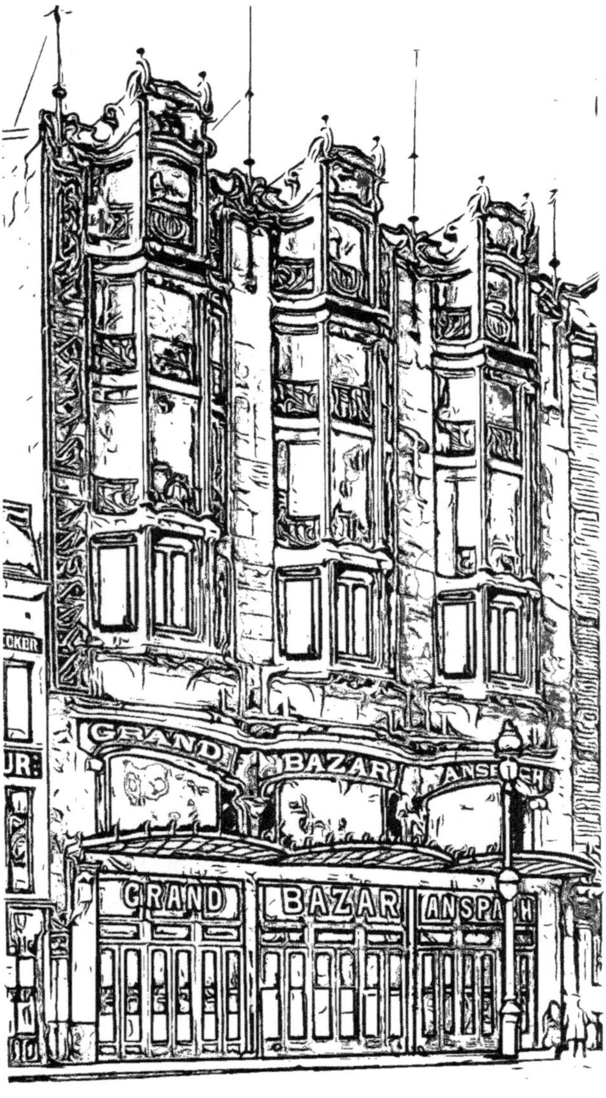

Le Grand Bazar Anspach.

Franquin fait ici référence au glorieux passé des « Galeries et Grand Bazar du Boulevard Anspach », créées en 1898, souvent appelées « Grand Bazar » de Bruxelles, reliant le boulevard Anspach à l'angle de la place de la Monnaie et de la rue des Fripiers. L'autre trésor des Trente Glorieuses est le confort promis à la femme pour alléger les tâches domestiques, grâce à des technologies toujours plus performantes... L'intrusion dans les coulisses d'un grand magasin nous permet de redécouvrir « le rêve de la ménagère » : l'aspirateur Pad'frott ; un service Cristal 32 pièces ; les cuisinières O-Tom-Atic ; les bienfaits de la « cuisine à l'électricité »... le tout assorti de force « soldes », « garanties » et « facilités de paiement »...

La passion des animaux

Franquin dessine à la perfection zèbres, girafes, éléphants, gazelles, rhinocéros... Il nous donne aussi son opinion sur la chasse et le braconnage. Spirou et Fantasio empêchent un Africain de tuer une gazelle (p. 41) : « C'est du joli ! N'êtes-vous pas honteux ?... Vouloir assassiner ainsi un charmant animal qui ne vous a rien fait !!!! »

Clins d'œil

Dans la première case du récit, on remarque un tableau accroché au mur de l'appartement de Fantasio, représentant une pastèque et un poivron, comme dans le tableau *Nature morte aux pastèques et poivrons* de Jean Peské (1870-1949). Tandis que chez Spirou, on peut voir un tableau inspiré des portraits de Picasso (p. 4).

Franquin réalise ici une véritable mise en abyme du *Moustique*. C'est à la fois le journal dans lequel il publie lui-même, l'employeur de Fantasio et le moteur de cette intrigue. Un panneau de publicité géant interroge encore une fois le lecteur (p. 23) : « Avez-vous lu *Le Moustique* ? »

Mais Franquin fait aussi un nouveau pied de nez à la censure. Dans l'avion (p. 25), les malfrats lisent le magazine *Oh !,* déjà aperçu dans *Les Voleurs du Marsupilami*. Là encore, la couverture fictive de Franquin est bien éloignée de la réalité...

On découvre (p. 30) une publicité qui reviendra à de multiples reprises pour « Marzano, l'apéritif au quinquina » (encore un mot-valise contenant Martini et Cinzano). L'écorce de quinquina était appréciée pour le goût légèrement amer qu'elle apportait aux apéritifs des années 1950.

Sur le bateau qui les ramène en Europe (p. 59), Spirou lit… le magazine *Spirou*. Et de retour chez lui, il demande « As-tu lu dans *Le Moustique* l'article de Seccotine sur l'affaire Turbot ? » (p. 59). Au cas où le lecteur n'aurait toujours pas enregistré le message, Franquin ajoute un dernier panneau (p. 61) : « En tout cas, lisez *Le Moustique* »…

Porte entrouverte pour un gag à venir

L'honorable J. W. Dryskin, membre éminent de la société zoologique internationale, fait une découverte qui le rendra célèbre (p. 53). On le voit noter sur son calepin : « Je puis donc affirmer qu'il existe ici une sous-espèce de rhinocéros, qui se distingue par la couleur jaune vif de la corne nasale… »

Le Dictateur et le champignon

60 pages. Publié dans le journal Spirou,
du n° 801 du 20 août 1953 au n° 838 du 6 mai 1954,
puis en album, en 1956.
Scénario et dessins : André Franquin,
sur une idée de Maurice Rosy.

Le comte de Champignac a mis au point le métomol, un gaz extrait de champignons capable de ramollir tous les métaux. Mais par jeu, le Marsupilami vaporise le produit partout en ville, provoquant incidents et catastrophes.
Spirou et Fantasio décident alors de le reconduire en Palombie, son pays natal. Sur place, ils croisent la limousine du général Zantas, le « Libérateur de la Palombie », qui a pris le pouvoir à la faveur de la révolution, et impose sa dictature au pays. Spirou et Fantasio découvrent avec stupéfaction que Zantas n'est autre que le cousin Zantafio, qui était resté en Palombie à la fin de l'épisode *Spirou et les héritiers.*
Il veut conquérir le pays voisin du Guaracha dont il convoite les richesses naturelles. Il propose aux deux héros de rejoindre son armée avec le grade de colonel. Spirou et Fantasio refusent d'abord, puis ils acceptent afin de saboter les plans de Zantafio par l'intérieur. Pour cela, ils envisagent d'utiliser le métomol avec l'aide de Seccotine, qui se trouve, elle aussi, en Palombie. Ils parviennent finalement à mettre en déroute l'armée de Zantas et peuvent enfin reconduire le Marsupilami dans sa forêt.

L'animal est d'abord heureux de retrouver son pays natal, mais il comprend qu'il est trop attaché à ses amis et les rejoint dans l'intention de ne plus les quitter...

Contexte de création

Maurice Rosy, futur directeur artistique des éditions Dupuis, a préparé un synopsis qu'il soumet à Franquin, toujours ouvert aux nouvelles propositions. Dans son projet, le comte de Champignac a mis au point un gaz à base de champignons qui ramollit le métal. L'idée séduit Franquin, qui comprend ce qu'il pourrait tirer de cette situation et reconstruit un récit à sa manière.

C'est aussi l'occasion pour le dessinateur de remettre en scène d'anciens personnages secondaires, comme le comte de Champignac, le maire du village, Zantafio... Il saisit l'opportunité que lui offre ce récit pour exprimer ses sentiments antimilitaristes et son opposition farouche aux dictatures de toutes sortes. Les modèles ne manquent pas. Comme Hergé le montrait déjà en 1937 dans *L'Oreille cassée*, les coups d'États et les républiques bananières éclairs se succèdent dans l'Amérique latine des années 1950. Stroessner, pour ne citer que lui, s'empare du pouvoir de façon despotique au Paraguay à cette époque.

La balade du Marsupilami nous fait encore découvrir le petit monde campagnard de la Belgique des années 52-53 où il fait bon vivre, avec ses commerces anciens, son square à musique, son orphéon, ses maisons de caractère...

Caricature de Hitler

Zantafio en dictateur est une parfaite caricature d'Adolf Hitler. Sa gestuelle est directement inspirée de celle de Charlie Chaplin dans *Le Dictateur* (1940). Cette satire politique n'a pas vraiment enthousiasmé l'Espagne franquiste, où la bande dessinée a été interdite.

Au lendemain de la Seconde Guerre mondiale, des « cadres » SS ont proposé leur « savoir-faire » à de nombreux régimes totalitaires qui les ont accueillis à bras ouverts. Zantas symbolise aussi le recyclage de cette élite nauséabonde en Amérique latine.

Dès leur arrivée en Palombie, les héros croisent des camions, chars et jeeps remplis de militaires armés. Spirou constate (p. 11) : « Oh Ho ! Ce sont les grandes manœuvres en Palombie ? ... » La population et les militaires saluent le passage de la Mercedes du dictateur (p. 27) en posant un pouce sur le haut de leur crâne, parodiant le salut nazi. L'aigle de Zantas évoque celui de Hitler (p. 28). Son discours est inspiré des siens. La croix de Zantas, noire sur fond vert, évoque la croix gammée.

En attendant les Picaros

Cet épisode nous donne encore l'occasion de constater l'étonnant dialogue existant entre les œuvres de Franquin et d'Hergé. Ce récit reprend le thème des dictateurs de l'Amérique centrale, traité par Hergé dans *L'Oreille cassée*. La grande image de dernière page évoque inévitablement la couverture de l'album d'Hergé.

Mais le récit de Franquin préfigure aussi *Les Picaros*. Spirou et Fantasio découvrent que le dictateur Zantas n'est autre que Zantafio qui a espagnolisé son nom. En cette période de guerre froide, l'heure est à l'espionite aiguë et aux micros espions. « N'oublie pas que les murs ont des oreilles ! » prévient Spirou (p. 39). Dans *Les Picaros*, la scène de la Mercedes qui convoie Tintin et Haddock (TP, p. 20) à travers les rues remplies de militaires évoque en tout point la parade de Zantas. Tintin et Haddock découvrent que le bras droit du dictateur Tapioca n'est autre que leur vieil ennemi le colonel Sponsz. Tintin et Haddock découvrent aussi qu'ils sont aussi espionnés : « C'est truffé de micros, capitaine ! » (TP, p. 22).

Mais il y a plus étonnant... Rosy confia : « La fin de l'album, telle que Franquin l'a dessinée, n'est pas celle que j'avais écrite. Mon idée était de terminer par une grande scène de carnaval. Les troupes attaquaient le pays dans des décors très colorés qui auraient permis des scènes foisonnantes. [...] Les clowns et les gens déguisés auraient été mêlés aux militaires avec leurs fusils qui pendouillaient sans qu'on sache bien si c'était du lard ou du cochon. [...] Je voyais ce final comme une espèce de satire[1]. » Comment ne pas penser à la scène finale de carnaval imaginée par Hergé dans *Les Picaros*? (TP, p. 59-60). Hergé connaissait-il le projet de Rosy? Ou s'agit-il d'une « coïncidence miraculeuse » de l'intertextualité, comme se plaisait à dire l'auteur de Tintin?

La mondialisation

C'est le début de la mondialisation des grandes marques. Dès cette époque, une bonne partie du monde consomme souvent des produits américains qui se sont imposés dans leurs vies et leur quotidien de façon presque naturelle. Franquin n'est pas dupe. La multiplication des publicités dans ses bandes dessinées dénonce le matraquage publicitaire de masse que subit quotidiennement le consommateur.

Dans le bar, les publicités sont écrites en espagnol, mais ne diffèrent pas beaucoup de celles de la Belgique. « *Tome Cola-Cola bien fria* » (p. 23) signifie « Buvez Cola-Cola bien frais » ... Ou encore, sur une affiche (p. 24), une jolie Palombienne en costume local vante le « *Cola-cola refrescante* » (« Cola-Cola rafraîchissant »)... sans oublier les marques locales, telle la Tequila Jose Cuervo (p. 48), bien réelle, dont l'origine remonte à 1795.

Une corrida peut en cacher une autre...

Au mur du bar où se déroule la bagarre (p. 25), et sur les murs de la ville (p. 48), on découvre une affiche de corrida où sont mentionnés les noms de Perez et Moreno (p. 48). Deux toreros portant les noms de Manuel Benitez Perez et Manuel Jimenez Moreno ont bien existé. Mais les corridas auxquelles Franquin fait référence ne sont pas forcément celles que l'on imagine...

Morris, alors au Mexique avec Franquin, raconte : « Et le soir, avec Franquin, on passait sous les barbelés pour aller voir des corridas à

1. *La Véritable Histoire de Spirou*, *op. cit.*, p. 241.

Tijuana[2]. » Jijé confirme : « J'ai d'ailleurs entendu dire plus tard que la corrida était pour eux un nom de code pour désigner une autre activité, bien plus inavouable, mais ça faisait partie des choses qui ne se disaient pas chez nous. [...] J'ignorais alors complètement ce qu'était Tijuana, où il n'y avait que des tripots et des bordels. Ça justifiait vraiment de faire le mur... »

House of Wax

L'affiche de film présenté au ciné Rio en fond d'image (p. 10) est *House of Wax* (*L'Homme au masque de cire*) d'André de Toth, sorti en 1953, au moment où Franquin dessine ce récit. Le film d'horreur est un genre relativement nouveau, à la fois attirant et effrayant pour le public d'après-guerre, qui a le sentiment de vivre avec une épée de Damoclès au-dessus de la tête. Nul doute que ce genre influencera Franquin pour ses *Idées noires*...

Monument au travail

Le Marsupilami passe devant un monument, « Le Travail », représentant un forgeron martelant le métal sur une enclume. Il existait bien un « monument au travail » initialement installé au square Jules-de-Trooze[3] et inauguré en 1930 à l'occasion des fêtes du centenaire de la Belgique. Celui-ci fut démonté en 1949 et remonté en 1954, au moment où Franquin dessine cet épisode, au quai des Yachts, de l'autre côté du canal.

Toutefois, la statue représentée par Franquin est plutôt inspirée de l'une ou l'autre des nombreuses sculptures de forgerons, tels celles de Louis et François Moreau, ou d'Adrien Étienne Gaudez... Malheureusement, le Marsupilami fait également fondre « Le Travail », tout un symbole pour celui qui s'apprête à créer Gaston Lagaffe !

---

2. *La Véritable Histoire de Spirou*, *op. cit.*, p. 95.
3. Square bruxellois situé à hauteur du Canal, à l'angle de la rue du Palais et de l'avenue de la Reine.

Encore une de ces fameuses « coïncidences » : Hergé dessine pratiquement la même statue, intitulée « Gloire au travail », dans le gag de Quick et Flupke « Le petit débrouillard[4] ».

Clin d'œil

Pendant la traversée de l'Atlantique, Spirou lit (p. 18-19) *Le Châtiment de Basenhau*, un album de Johan, dessiné par Peyo, l'ami de toujours de Franquin.

Et comme toujours, il y a profusion de publicités un peu partout : « Garçon, une Hic… » pour une boisson alcoolisée ; « Croc, dentifrice violet à l'aniline » ; « Pfuit, le rasoir au gaz » (p. 10)…

---

4. https://www.bdfugue.com/quick-et-flupke-t-5-chacun-son-tour

La Mauvaise Tête

53 pages. Publié dans le journal Spirou,
du n° 840 du 20 mai 1954 au n° 869 du 9 décembre 1954,
puis en album, en 1957.
Scénario et dessins : André Franquin

Fantasio est furieux : il vient d'être licencié du *Moustique*, et s'est fait voler une série de six photos d'identité au format passeport. Spirou recueille le témoignage d'un bijoutier qui prétend que Fantasio l'a agressé et lui a volé des chronomètres de valeur. Une heure plus tard, il assiste en direct à la télévision au vol du masque en or de Nefersis[1] par Fantasio, au musée d'histoire. Le commissaire Chevelu perquisitionne son domicile et retrouve des pièces des vols de la veille (dont un fragment du masque d'or). Mais Fantasio prend la fuite avant d'être arrêté.
Spirou mène son enquête et découvre bientôt que le vrai voleur porte un masque à l'effigie de son ami (p. 24) : « Dans la maison d'en face, ils étaient trois : un chef, un Chinois et un sculpteur : c'est le Chinois qui a commis les deux vols avec ta tête sur les épaules !! »
Il remonte la piste des escrocs jusqu'à Montauris, dans le midi de la France.

1. Le masque d'or évoque le masque funéraire de Toutânkhamon ; quant au nom de Nefersis, c'est encore un mot-valise créé en combinant Néfertiti et Osiris…

Arrivé au repaire des malfaiteurs, il découvre que le chef de la bande est Zantafio, qui veut se venger de son échec en Palombie. Après bien des péripéties, Spirou apporte la preuve de l'innocence de Fantasio.

Contexte de création

Nous l'avons vu, Franquin était passionné par le cinéma noir et policier. Deux films ont pu inspirer ce récit... *Copie conforme* (1947), de Jean Dréville, avec Louis Jouvet : un modeste représentant en boutons, Gabriel Dupon, ressemble comme deux gouttes d'eau au cambrioleur Manuel Isamora. Ce dernier a l'idée d'utiliser Dupon comme alibi. Et *L'Ennemi public n° 1* (1953), d'Henri Verneuil, avec Fernandel : alors qu'il est au cinéma, Joé Calvet – représentant en matériel de camping notoirement myope – emporte par erreur le pardessus d'un gangster. Il est alors pris pour l'ennemi public n° 1 et se retrouve entraîné dans une suite de péripéties.

L'idée de changer de visage pour commettre des crimes n'est pas nouvelle. Le célèbre Arsène Lupin de Maurice Leblanc était même passé maître en la matière. Mais, en période de guerre froide, les espions rivalisent d'imagination, n'hésitant pas à changer d'apparence en recourant à la chirurgie esthétique.

Le scénario visionnaire de Franquin anticipe de dix ans ceux du cinéaste André Hunnebelle dans la série parodique *Fantômas* (1964), servie par l'excellent trio Louis de Funès, Jean Marais et Mylène Demongeot.

Couleur locale

Au début du récit, la grande villa aux murs couleur ocre (p. 6), voisine de celle de Fantasio, est inspirée des maisons de la commune de Watermael-Boitsfort, dans la région de Bruxelles-Capitale, où l'auteur emménagera quelques années plus tard. Le centre-ville typiquement bruxellois (p. 9) s'inspire de la place de Brouckère et de la porte de Namur. Et la gare d'où part Fantasio évoque celle de Bruxelles-Midi, avec ses pylônes de fer et ses escalators menant directement aux quais.

Le tour de France

Franquin n'était pas un passionné de vélo, mais il confia avoir dessiné la longue séquence de course cycliste, très cinématographique, uniquement pour le mouvement (p. 28-30). Elle nous permet de redécouvrir l'ambiance du tour de France des années 1950, en particulier les étapes de montagne dans le Sud. Le speaker annonce (p. 35) : « Je vois deux coureurs… Je ne distingue pas très bien… Mais ce ne peut être que Martino Cinzini et le jeune Kublet… » On comprend bien le jeu de mots de Martino Cinzini, en revanche, lors du tour 1954, le coureur suisse Ferdy Kübler est arrivé deuxième au classement général.

On peut encore deviner de nombreuses réminiscences filmiques dans cet épisode. Par exemple, Spirou s'accroche à la roue arrière de la voiture de Zantafio (p. 40), comme Buster Keaton dans *Fiancées en folie* (*Seven Chances*), 1925.

Clins d'œil

Il y a toujours autant de marques, plus ou moins réelles, qui apparaissent parfois de façon quasi subliminale, et d'autres fois de façon plus évidente. Si Franquin en fait un *running gag*, il nous rappelle aussi certaines marques aujourd'hui oubliées : (p. 11) les montres suisses « Alpha » des années 1950 ; (p. 29) Spirou se déplace dans une bouteille de « Pchitt » publicitaire géante pour passer inaperçu. La boisson gazeuse aromatisée à l'orange et au citron Pschitt est créée en 1954 par le groupe Perrier Vittel. Elle doit son nom au slogan imaginé par Jean d'Avray en 1946 : « Perrier, l'eau qui fait pschitt » ; (p. 34) la voiture bleue de la caravane de la course cycliste porte une pub pour *Le Moustique* ; etc.

Le Repaire de la murène

60 pages. Publié dans le journal Spirou,
du n° 871 du 23 décembre 1954 au n° 904 du 11 août 1955.
puis en album, en 1957.
Scénario et dessins : André Franquin.

Spirou et Fantasio découvrent une annonce dans le journal (p. 6) : « Xénophon Hamadryas, le richissime armateur, vient de créer un prix dont le lauréat touchera la coquette somme de 6 000 dollars. Ce prix récompensera l'inventeur qui trouvera le moyen de descendre dans la mer à plus de 200 mètres et d'effectuer, à cette profondeur, un travail quelconque en toute sécurité. » Ils répondent à l'annonce avec le comte de Champignac et fabriquent un mini-sous-marin.

Dans le sud, ils rencontrent Xénophon Hamadryas, qui leur apprend l'existence du *Discret*, un de ses cargos qui a coulé[1], dont le capitaine était John Helena (p. 37) : « J'eus recours au sondeur à ultrasons : le *Discret* gît par 200 mètres de fond au pied du Cap... Messieurs, vous comprendrez que c'est en souvenir du capitaine John Helena que j'ai fait de cette épave le but à atteindre par les concurrents de mon prix. Je récompenserai donc celui qui atteindra l'épave et le prouvera, soit par une série de photos, soit en ramenant un fragment du bateau... »

1. Franquin s'inspire d'un petit navire similaire au *MS Bleichen*.

Spirou plonge avec le mini-sous-marin et inspecte l'épave du *Discret* (p. 46 et ss). Il découvre bientôt qu'elle sert de base sous-marine à John Helena, qui est toujours vivant. Ce dernier s'en sert de lieu de stockage pour entreposer de la drogue qu'il convoie par sous-marin depuis l'Italie.
Helena est arrêté et jeté en prison. Hamadryas aussi, pour une tout autre raison : il voulait récupérer l'or entreposé dans les fausses cloisons du cargo à l'insu de John Helena (p. 58) : « Une fortune colossale, en lingots d'or : tous les lingots de la banque d'Alger et tout ce que je possédais en Afrique du Nord il y a cinq ans, quand la police est devenue menaçante ! Et c'est le bateau qui contient ça que tu as envoyé par 200 mètres de fond, grand nigaud !! »

Contexte de création

Quand sa mère avait disparu prématurément, Franquin, très affecté, avait cessé momentanément de dessiner Spirou. Jijé avait donc repris le flambeau pour assurer la continuité des aventures de Spirou, avec *Spirou et les hommes-grenouilles*, paru dans *Spirou* n° 686 du 7 juin 1951 au n° 692 du 19 juillet 1951. Ce récit avait intéressé Franquin qui se passionnait déjà pour l'exploration sous-marine.

Le 1er janvier 1954, Auguste Piccard avait publié *Au fond des mers en bathyscaphe*, chez Arthaud, et Franquin ne ratait rien des exploits du savant, qu'il suivait aussi dans les revues auxquelles il était alors abonné. Quand Fantasio croise le facteur Zénobe[2] (p. 3) : « Ah ! Mes revues ! J'ai cru qu'elles n'arriveraient jamais ! — Ouais, M. Fantasio… Il y a encore vos journaux habituels… », c'est Franquin lui-même qui s'exprime, impatient de recevoir ses chers journaux, sources inépuisables d'inspiration et de documentation. L'un des titres se termine par les lettres « ERN », probablement le magazine allemand *Die Stern*, créé par Henri Nannen en 1948. Sur un autre, on distingue les lettres « SUND » et « AY », probablement en référence au magazine anglais

2. Franquin emprunte le prénom Zénobe à l'inventeur belge Zénobe Gramme (1826-1901).

à grande diffusion *The Sunday*. Cela laisse supposer la diversité des sources d'information de Franquin.

Fantasio lit *Le Jour* (qui existe également) (p. 20) : « Une mystérieuse explosion détruit le laboratoire du professeur Pinçard. Le savant qui mettait au point un appareil nouveau de plongée sous-marine est gravement blessé. » Le portrait du professeur laisse peu de doute sur l'inspiration de Franquin. Il s'agit bien du professeur Piccard, celui-là même dont Hergé s'était inspiré pour créer le professeur Tournesol. La filiation entre *Le Trésor de Rackham le rouge* et *Le Repaire de la murène* est donc évidente. Franquin avait également lu *L'Exploration sous-marine* de Dimitri Rebikoff, sorti aussi chez Arthaud, le 1er janvier 1952.

Franquin décide aussi de reprendre quelques idées de *Spirou et les hommes-grenouilles* (l'action se passe dans le sud de la France, les hommes-grenouilles utilisent déjà un matériel autonome, les dessins des fonds marins sont mystérieux et inspirants, etc.) et de développer son propre récit. Peut-être a-t-il aussi enregistré, consciemment ou pas, les dessins de la bande dessinée de Thillieux, *Les 3 croix*, parue dans *Héroic-Albums* en avril 1954. La scène où Spirou plonge jusqu'à l'épave du *Discret*, évoque fortement celle dessinée par Thillieux. Dans les deux cas, les plongeurs pénètrent dans les épaves et se retrouvent face à face avec des bandits, cachés au sec à l'intérieur[3].

Et bien sûr, le repaire sous-marin et les sous-marins torpilles sont d'actualité en pleine guerre froide. En cela, le scénario de Franquin préfigure les films d'espionnages de James Bond, tel *L'Homme au pistolet d'or*, de Guy Hamilton (1974).

Quant au trafic de drogue, il n'a rien d'imaginaire. Là encore, Franquin s'appuie sur des faits d'actualité bien réels. Depuis les années 1930, la French Connection (littéralement « filière française » [de la drogue]), est solidement implantée à Marseille. Les gangsters marseillais d'origine corse Paul Carbone et François Spirito mettent d'abord en place des laboratoires illégaux à une échelle assez restreinte. Puis le marché se développe dans les années 1950 et 1960. Le gangster italo-américain Lucky Luciano (que Franquin mettra en scène dans *La Foire aux gangsters*), exilé à Naples, structure le trafic, passant d'une tonne/

---

3. ebay.fr/itm/202639068419

an dans les années 1950, à 5-10 tonnes/an dans les années 1960. Pour déjouer les contrôles portuaires et assurer le transit de la drogue depuis l'Italie vers Marseille, Paul Carbone, recrute des passeurs parmi les marins. L'opium est conditionné dans des sacs étanches lancés à la mer à l'approche du port et réceptionné par des pêcheurs marseillais. Une épave de cargo, coulé à dessein, aurait parfaitement pu servir de lieu de stockage de la drogue.

Un événement important se produit cette année-là, qui affectera la carrière de l'auteur. Suite à une mésentente financière avec Charles Dupuis, Franquin décide de quitter *Spirou* et signe, le 15 avril 1955, un contrat de cinq ans avec le *Journal Tintin* pour une nouvelle série : *Modeste et Pompon*. Mais Charles Dupuis parvient à réintégrer « son » auteur, et Franquin doit alors produite de front les aventures de Spirou et les gags de Modeste et Pompon… Pour l'heure, la charge de travail est encore acceptable, mais quand arrivera Gaston, elle deviendra insoutenable, comme nous le verrons par la suite…

Les sous-marins

Pour le sous-marin du comte, Franquin s'inspire d'un petit sous-marin vu dans la revue *Science et Vie* n° 419 du mois d'août 1952[4]. L'auteur a potassé le sujet et s'exprime par la voix du comte (p. 11) : « Le scaphandrier à casque est appelé à disparaître. […] L'avenir, messieurs, est à l'homme-poisson qui se déplace librement dans toutes les directions. »

Une case explique le fonctionnement du petit sous-marin (p. 41), qui est plutôt une « moto aquatique ». Et le récit est complété par une annexe de deux pages d'explications techniques : « Une conférence de Monsieur de Champignac répondant aux questions "À deux cents mètres de profondeur, comment Spirou n'est-il pas écrasé par la pression de l'eau ?" et "Comment le sous-marin de Spirou tournerait-il, puisqu'il n'a pas de gouvernail ?" »

4. https://www.leslibraires.fr/livre/18696646-sience-et-vie-n-419-collectif-bureau-de-la-revue

Le sous-marin des bandits (p. 45) évoque plutôt les torpilles humaines, Neger ou Marder, utilisées par les Allemands durant la Seconde Guerre mondiale pour couler les vaisseaux ennemis.

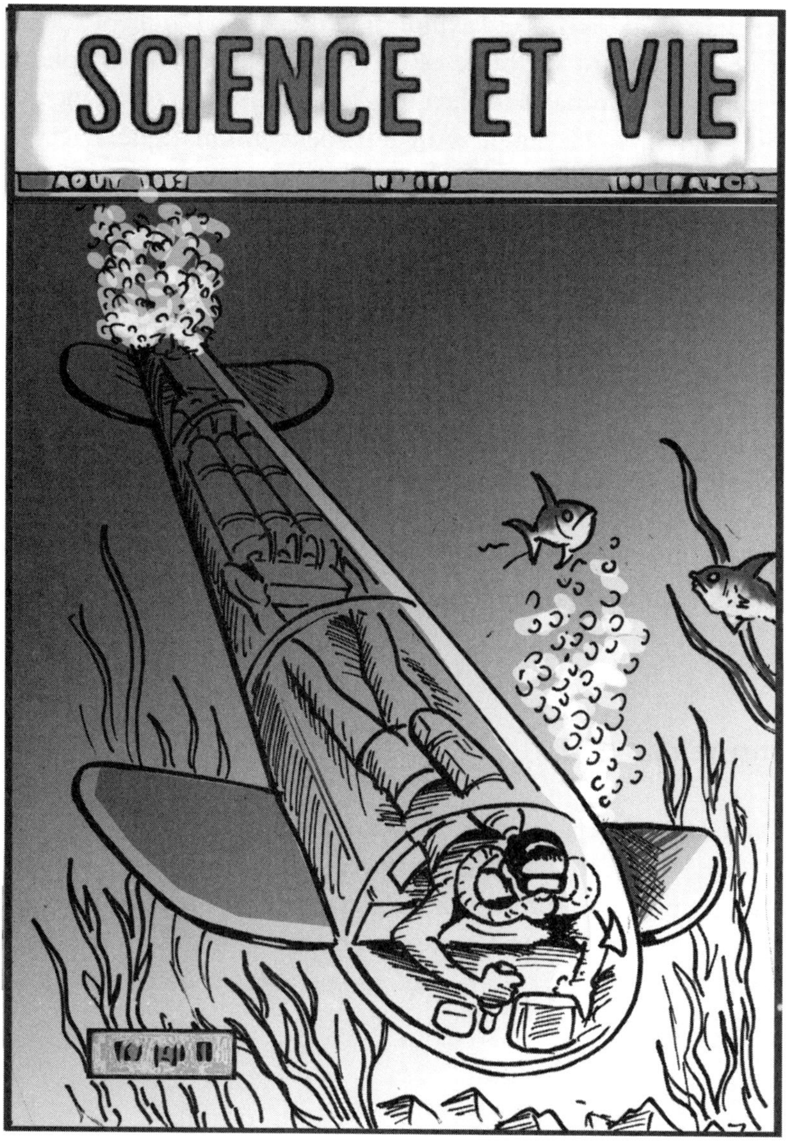

Le petit sous-marin de la revue *Science et Vie*.

Chasse aux trésors

Le bateau du Grec envoyé par le fond contient (p. 57-58) « une fortune colossale en lingots d'or » ... L'autre grande passion de l'époque est la chasse aux trésors et l'exploration d'épaves. L'archéologie sous-marine connaît un véritable essor dès 1943, grâce au scaphandre autonome du commandant Jacques-Yves Cousteau et de l'ingénieur Émile Gagnan, qui le dotent d'un détendeur automatique. L'accès aux épaves en Méditerranée est alors possible.

Cousteau mène des fouilles avec Philippe Tailliez sur l'épave de Mahdia en 1948. Puis il dirige seul une partie de celles du Grand-Congloué à partir de 1952. De son côté, Tailliez dirige celles de l'épave du *Titan* dès 1954. À l'occasion de ces deux premières fouilles françaises, l'archéologue Fernand Benoît pose les bases de l'archéologie sous-marine, suivant l'exemple de l'Italien Nino Lamboglia au début des années 1950. Mais, suite à une fuite d'informations, l'épave du *Titan* est localisée. Des plongeurs commencent à piller ses amphores et les revendent au marché noir. Il s'ensuit une affaire rocambolesque pour retrouver les pillards et les empêcher de poursuivre leur activité. Le public se passionne pour ce genre d'affaires que Franquin transpose ici.

Peinture flamande

Nous avons déjà évoqué le goût de Franquin pour la peinture classique. On découvre dans le bureau du comte de Champignac (p. 10), un portrait représentant un personnage tenant un parchemin roulé dans sa main. Le tout évoque une peinture flamande de Rembrandt, *Portrait d'homme portant un chapeau noir à larges bords* (1634).

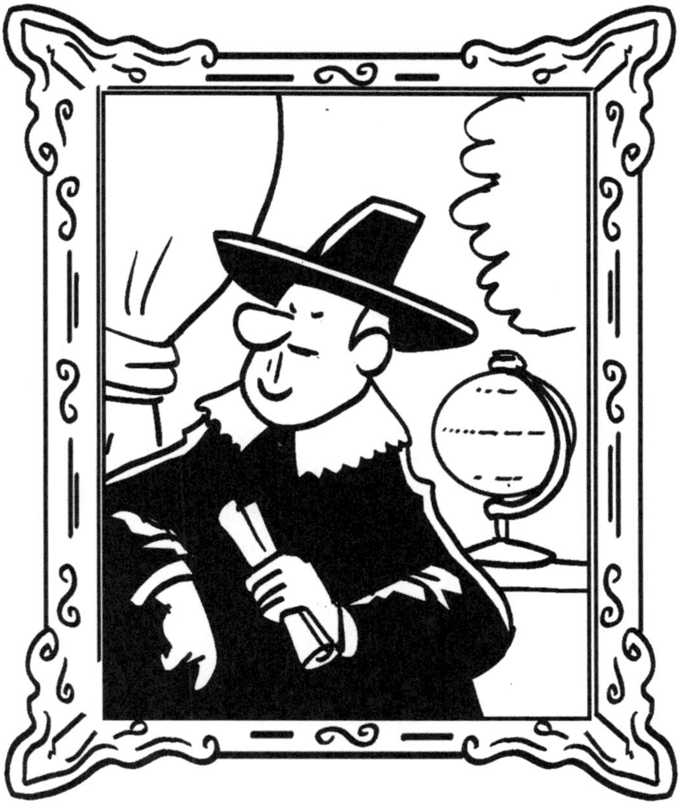

Évocation du *Portrait d'homme portant un chapeau noir à larges bords.*

Je vous parle d'un temps…

Le camion glacier « Glaces Antonio, galettes et cornets » (p. 19) est conforme à ceux qui sillonnaient la France, la Belgique et les Pays-Bas à cette époque. Hergé représente à peu près le même dans *L'Affaire Tournesol* (p. 13). Sous l'effet de son produit, le X4, le comte entonne la chanson (p. 10) *Une demoiselle sur une balançoire,* écrite par Jean Nohain et Mireille, et enregistrée pour la première fois en 1951 par Yves Montand. Ce n'est pas la première fois que le nom de Montand apparaît dans les bandes dessinées de Franquin… Façon de lui rendre hommage ?

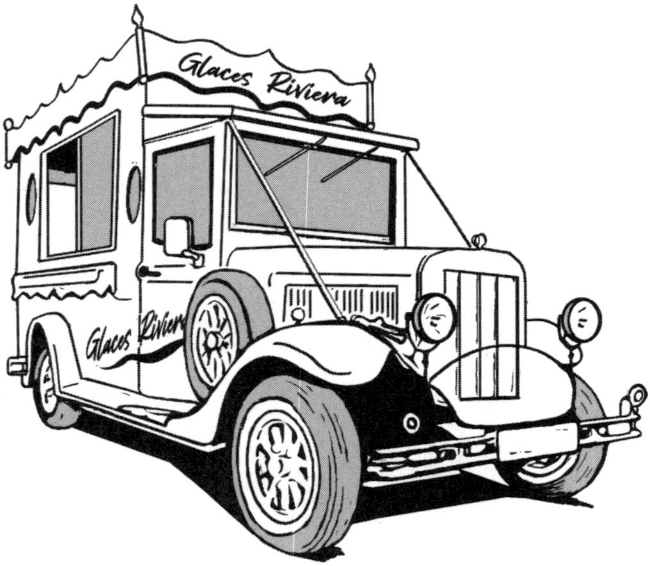

Camion-glacier du milieu des années 1950.

À la devanture du marchand de journaux (p. 24), on aperçoit *Le Midi* et *Le Matin*… Le magazine du bas pourrait bien être le *Paris Match* n° 270 du 29 mai 1954, dont la couverture est une des rares à présenter une photo de mariage.

La réclame, « C'est une Belga » (p. 24), recommande cette marque de cigarettes belges bien réelles, commercialisées de 1923 à 2014. À côté, une autre affiche pour le Grand prix auto de Cocochamps rappelle subtilement aux lecteurs le récit *Spirou et les héritiers*, qui se déroulait en partie à Francorchamps…

Plus tard, le malfrat dit à Spirou (p. 49) : « Vous grillez une cigarette et vous disparaissez », en lui jetant un paquet de Lucky Strike, très reconnaissable à son texte inscrit en noir dans un cercle rouge.

Fantasio reçoit un paquet (p. 3) : « Mon tabac ! Magnifique ! Impossible, évidemment, de trouver au village ce tabac américain, et je n'en ai plus que pour quelques pipes ! » Le Marsupilami ouvre le paquet et on devine la marque Tobacco, bien réelle, inscrit sur la boîte cylindrique (p. 4-5). Ce que l'on ignorait en revanche, c'est que l'intrépide animal adorait dévorer le tabac !

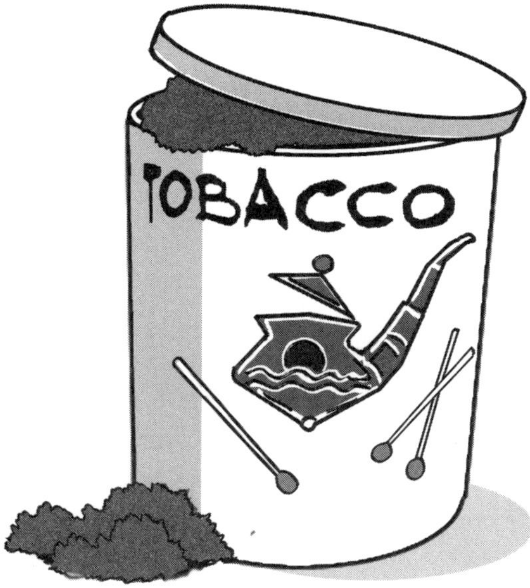

Boîte de tabac Tobacco vers 1955.

Docteur Jekyll et Mister Champignac

Le comte explique (p. 7) : « … Je ne vous assommerai pas d'explications scientifiques, mais sachez que cet extrait de champignon, en excitant la couche corticale du cerveau, accélérera puissamment le travail de celui-ci ! La mémoire, l'imagination, la vivacité du raisonnement, se trouveront multipliées par dix !! » Cette découverte préfigure les *smart drugs* ou « drogues intelligentes » actuelles, censées améliorer les performances cognitives, et particulièrement prisées des cadres surmenés, des étudiants en période d'examen ou des militaires surentraînés… Mais, comme le X4, les *smart drugs* auraient des effets secondaires : agitation, palpitations et manque de sommeil. Gare aux apprentis sorciers…

Le comte décide de se faire lui-même une piqûre du fameux produit X4. Il est son propre cobaye, comme dans *Docteur Jekyll et M. Hyde* (1941), le film de Victor Flemming. Et devient de ce fait une sorte de monstre mutant soumis aux effets secondaires d'un produit qu'il ne maîtrise pas encore totalement. On se souvient du résultat catastrophique de ses expériences dans *Il y a un sorcier à Champignac*. Le lecteur peut donc s'attendre au pire avec ce fameux X4…

The Wolf Hunters

En fond d'image, on devine sur une affiche (p. 22) « The Wolf… », illustrée d'un homme portant un chapeau de cow-boy. Franquin fait probablement référence au film américain *The Wolf Hunters*, d'Oscar Boetticher, sorti en 1949. Dans ce western, le caporal Rod Webb de la police montée du Nord-Ouest enquête sur le meurtre de quatre trappeurs et le vol de leurs fourrures. Ce film s'ajoute à la longue liste des westerns en vogue à cette époque, et auxquels Franquin rend hommage dans *Les Chapeaux noirs*.

La part intime

Comme souvent, Franquin se livre à travers ses personnages. Dès l'ouverture du récit, il nous redit par la voix de Fantasio sa passion pour le monde campagnard (p. 3) : « D'accord, ce sont les vacances idéales… à condition de revenir, corps et âme, à cette rusticité de la vie des champs ! … Enfin, regarde-moi ! Ici à Champignac, je redeviens l'indigène, l'homme des bois ! » Plus que jamais, Franquin aspire à se retirer du monde trépident de la ville, et garde la nostalgie de la ferme de sa tante préférée.

Clins d'œil

Le nom « Port-mérou » évoque le « Cap-Roux » situé dans l'Estérel.

Le vrai nom du chef des bandits, surnommé La Murène, est John Héléna. Or, le nom savant de la Murène commune est *Muraena helena*. Ceci explique cela. Franquin a-t-il pensé au capitaine Haddock en créant ce nom ? En effet, le capitaine et le haddock sont deux catégories de poissons de la même famille.

Les marques improbables de Franquin sont toujours présentes, comme autant de *running gags* entêtants : « Chien blanc » (p. 13) ; « Marzano » (p. 22 et 39) ; « Cigarette boule d'argent » en référence aux cigarettes belges « Boule d'or » des années 1950 (p. 27) ; ou encore « Tonsavon au yoghourt » (p. 27)…

La Quick super

16 pages. Publié dans le journal Spirou, *du n° 907 du 1er septembre 1955 au n° 915 du 27 octobre 1955, puis dans l'album* Les Pirates du silence, *en 1958. Scénario et dessins : André Franquin*

M. Content, des entreprises du même nom, concessionnaire automobile Quick, est furieux : les compagnies d'assurance enquêtent sur des vols de voitures venant de son entreprise, et il fait partie des suspects.
Spirou et Fantasio, qui disposent d'une de ses voitures à l'essai, rencontrent le détective des compagnies d'assurances qui leur révèle (p. 51) : « En deux mois, douze "Quick" » provenant des Établissements Content ont été volées. [...] Les voleurs ont chaque fois fait leur coup soit le jour même, soit le lendemain de la livraison du véhicule à son acheteur... »
Le détective leur apprend également que Monsieur Content a travaillé au cirque Zabaglione, un « repaire de bandits » notoires croisés dans *Les Voleurs du Marsupilami*. Après quelques péripéties, Spirou découvre le stratagème des filous : c'est le directeur du personnel du cirque, un nain, qui se cache dans un compartiment secret du coffre arrière, et qui dérobe le véhicule après la vente.
Le voleur avoue : « C'est Content qui a mis tout ça au point. [...] C'est lui qui fait les gros bénéfices ! Pensez donc : voilà deux mois qu'il revend toujours la même voiture. »

Contexte de création

Avec ce court récit, Franquin renoue avec un genre qu'il affectionne, l'enquête policière, dans un contexte qu'il affectionne tout autant, le monde de l'automobile.

Le détail poussé au paroxysme

Le concessionnaire auto de la première case du récit est inspiré du garage Wismeyer situé rue Vanderkindere à Bruxelles, qui était à l'origine une concession General Motors et vendait plusieurs modèles américains. Il est renommé ici R. Content & Cie S.A. Genial Motors et affiche une immense enseigne « Quick ». Quick est Buick, à une lettre près. Tandis que Genial Motors évoque évidemment General Motors. Mais si l'on pousse plus loin l'analyse de cette première case, on découvre une multitude de détails, comme autant de clins d'œil adressés par l'auteur à ses lecteurs les plus attentifs, qui racontent chacun leur histoire, véritable tranche de vie bruxelloise.

Au premier étage du bâtiment, une jeune femme – vraisemblablement une employée des Ets R. Content – est accoudée, bras croisés à une fenêtre. À la fenêtre voisine, un homme – lui aussi employé de la même entreprise – semble l'interpeller. Sa tête est entourée de trois petits cœurs rouges. On comprend qu'il est amoureux de la demoiselle. Mais derrière lui se tient un petit bonhomme aux sourcils froncés. Est-ce le mari de la jeune femme, ou juste le chef de l'employé amoureux, ou les deux à la fois ? En tout cas, il n'a pas l'« R. Content » …

Dans la rue, un policier indique son chemin à un monsieur qui le remercie de la main. Un automobiliste demande au pompiste de remplir d'essence Vroup le réservoir de sa voiture. Dans sa voiture, un gamin sourit au passage d'une DKW bleue claire, conduite par Franquin, avec son épouse Liliane assise à sa droite. Les a-t-il reconnus ? À moins qu'il n'ait aperçu Fantasio et Spirou, qui passent au même moment dans leur Turbotraction : « C'est ici, nous y sommes, Spirou ! »

Un écolier rentre chez lui, cartable sous le bras.

Un couple observe la Quick, dans la vitrine. La femme aimerait bien que son époux achète ce rêve américain. En fond d'image, on devine le cinéma Rio et la grande affiche du film qu'il projette. Juste derrière, l'enseigne verticale du grand magasin Monopol parodie Monoprix. Et encore une publicité pour *Le Moustique*...

Au mur d'un bâtiment, une jeune femme au grand sourire exhibe un tube de produit, avec ce message : « Je ne lave plus, je teins mon linge en blanc », qui parodie les promesses publicitaires outrancières des lessiviers.

Un homme traverse la rue en courant, terrorisé à l'idée de se faire renverser par un des bolides rutilants qui circulent sur le boulevard. En fond d'image, le trafic est intense, la foule sur les trottoirs ne l'est pas moins.

Peut-on mieux résumer l'effervescence des Trente Glorieuses ?

Clins d'œil

Franquin reproduit dans ses bandes dessinées le matraquage publicitaire que les citadins subissent au quotidien. Sur une seule page (p. 50) : le magasin « Vilprix » propose ses soldes ; les publicités vantent « Risque tout », « Philips », « Coca-Cola », « dentifrice Gnagna » et « Milbul »... Plus loin (p. 60) : « Stella », « Milbul », « Moustic », « *Le Matin* », « Vroup-Oil », « Cerfeuil (orthographié Cerfeiul) lave plus vert que tout », clin d'œil à la marque de lessive Persil...

Autre apparition de l'auteur : c'est Franquin lui-même qui crie « Chiqué » dans la foule, devant le stand des « phénomènes » (p. 58). Ailleurs, Spirou fredonne (p. 54) *Le Cheval blanc* de Georges Brassens (sortie en 1952), mettant en musique le poème de Paul Fort[1]. Peut-être une chanson entendue à la radio au moment où Franquin dessine cette scène...

1. *La Complainte du petit cheval blanc, Vers et prose*, 1909..

Les Pirates du silence

44 pages. Publié dans le journal Spirou,
du n° 916 du 3 novembre 1955 au n° 940 du 19 avril 1956,
puis en album, Les Pirates du silence, *en 1958.*
Scénario : Maurice Rosy ; dessins : Franquin ;
décors : Will (Willy Maltaite).

Revenu en grâce au *Moustique*, Fantasio annonce à son ami Spirou « *Le Moustique* m'envoie faire un reportage… Incognito City ! Rends-toi compte : la ville la plus surveillée du monde ! La ville où les célébrités, les stars, les milliardaires viennent se mettre à l'abri des journalistes ! » Le reportage sera exclusivement écrit, puisqu'il est interdit de prendre des photos (p. 13) : « Défense absolue d'entrer dans la ville avec des appareils photographiques ou cinématographiques. »
En se rendant à Incognito City, Spirou et Fantasio font la connaissance de Juan Corto dos Orejas y Rabo, chauffard mondain résidant de cette ville pas comme les autres. Lors de leur rencontre, le Marsupilami ramasse un étui contenant une fiole appartenant au chauffard. Spirou décide aussitôt de rendre cet objet à son propriétaire. Mais le Marsupilami et Spip ne sont pas admis dans les luxueux hôtels d'Incognito City. Heureusement, les héros rencontrent le sympathique Alphonse Minet, vieux célibataire radio-amateur qui accepte de les héberger.

Les héros découvrent qu'un audacieux pillage se prépare à Incognito City, en endormant tous les habitants avec un gaz soporifique mis au point sous la contrainte par le comte de Champignac.
Au terme de quelques péripéties, ils parviennent à déjouer le plan des bandits et à les arrêter.

Contexte de création

Après l'idée du *Dictateur et le champignon*, Maurice Rosy propose ici un nouveau scénario à Franquin, que ce dernier adopte aussitôt. Rosy s'inspire des *gated communities* (quartiers fermés), lieux de vie surprotégés qui voient le jour aux États-Unis dans les années 1950 en lien avec la hausse du sentiment d'insécurité. À cette même époque, des résidences surveillées apparaissent dans les pays en voie de développement, avec la volonté de protéger les riches et les membres de la classe moyenne nouvellement constituée.

En toile de fond, toujours la guerre froide… L'opération Paperclip est encore dans tous les esprits. Les films d'espionnage envahissent les écrans de cinéma. Spirou avait déjà été enlevé dans *Les Plans du robot* par des gangsters qui voulaient récupérer les microfilms.

Hergé a commencé à publier *L'Affaire Tournesol* dans le *Journal Tintin*, le 22 décembre 1954 (la publication se terminera le 22 février 1956). Les thèmes des deux bandes dessinées sont donc une fois de plus intimement liés, et dans l'air du temps. Ici, le comte de Champignac est également enlevé (p. 36) : « Ces bandits m'ont enlevé et m'ont volé la formule du gaz soporifique ! »

À l'ère de l'espionnite, Seccotine prenait des photos avec son poudrier, Fantasio prend les siennes avec sa montre et sa pipe.

Quand la ville dort

Quand la ville dort (*The Asphalt Jungle*) est un film noir américain de John Huston (1950) adapté du roman éponyme de William R. Burnett

(1949). À peine sorti de prison, le gangster « Doc » Riedenschneider projette un cambriolage de bijouterie qui devrait rapporter un demi-million de dollars. Il recrute le briseur de coffre-fort Louis, le chauffeur Gus, le bailleur de fonds Emmerich et le solide homme de main Dix Handley. Le plan établi par le cerveau doit être infaillible, et tout se passe d'abord comme prévu, mais de petits incidents viennent gripper la mécanique.

Le récit n'est pas sans analogie avec la bande dessinée. Le plan est millimétré (p. 37) : « À quatre heures précises les deux camions mettront en action leurs lances à gaz et partiront : l'un du point A – l'autre du point B – voyez le plan de la ville – pour se rejoindre au carrefour central après avoir visité les établissements dont vous avez la liste. S'occuper surtout de la bijouterie Tarcier -1- et de la Banque générale -2. » Et le cerveau a réuni une équipe qui ressemble à celle de « Doc » Riedenschneider. Là aussi, un grain de sable vient enrayer la belle mécanique et faire échouer le projet…

L'affaire Tournesol *vs* l'affaire Champignac

Les deux savants sont donc enlevés par des malfrats qui veulent récupérer leurs inventions respectives afin d'accomplir leurs sombres desseins. Mais un autre détail attire l'attention… Dans *L'affaire Tournesol*, Tintin et Haddock croisent la route d'un chauffard mondain au nom à rallonge : Arturo Benedetto Giuseppe Pietro Archangelo Alfredo Cartoffoli de Milan, qui provoque un accident. Ici, le play-boy chauffard au nom à rallonge est espagnol (p. 9) : « Je suis Juan Corto Dos Orejas y Rabo… » (littéralement : « [a] coupé deux oreilles et une queue », ce qui est le trophée des toreros victorieux) et il provoque aussi un accident avec Spirou et Fantasio…

Arturo Benedetto apparaît dans le *Journal Tintin* n° 363 du 6 octobre 1955. Juan Corto apparaît dans le journal *Spirou* n° 921 du 8 décembre 1955. Sacrée coïncidence…

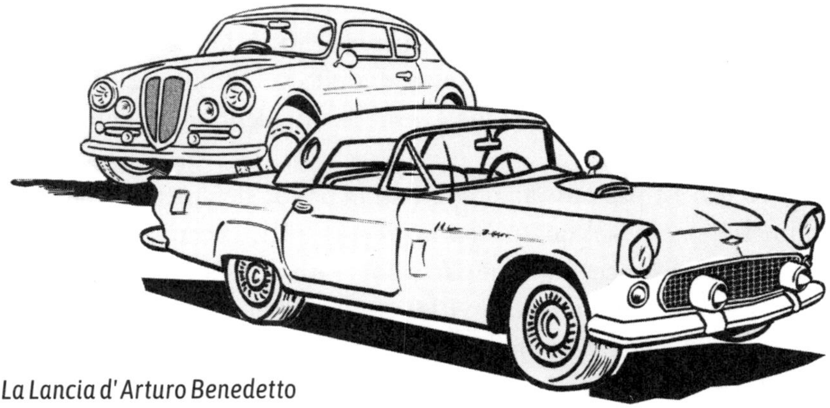

La Lancia d'Arturo Benedetto et la Ford Thunderbird Juan Corto

Fantasio, Gaston Lagaffe avant l'heure

On l'a vu, en commettant une série de gaffes, Fantasio préfigure Gaston, qui fera son apparition un an plus tard dans les pages du journal *Spirou*. Spirou lui lance, ironique (p. 5) : « Ce que j'ai toujours admiré chez toi, c'est ton adresse ! » Franquin expérimente le potentiel comique d'un personnage qui serait à la fois inventeur, gaffeur et maladroit.

Clins d'œil

On découvre une nouvelle affiche pour le Grand Prix de Cocochamps sur une vitre de la station d'essence Vroup (p. 11). Sur la même page, une publicité pour la très réelle marque de batteries de voiture Varta. La banque Crésus (p. 15) a toute sa place dans l'environnement élitiste d'Incognito City, fait de palaces, boutiques de luxe, de casinos, de bâtiments à l'architecture moderne et de statues abstraites dignes du sculpteur Antoine Poncet (p 44).

La boutique Gladys est bien réelle (p. 27). Elle porte le nom de Gladys Parker, créatrice de mode et rare femme à dessiner des comics dans les années 1950.

La bijouterie Tarcier (p. 40) est l'anagramme de la célèbre marque Cartier.

Et encore... les pneus Dunlop (p. 13) ; une pub géante pour Coca-Cola (P. 46) qui est décidément implanté partout ; une affiche pour le film *Joe Cactus* (p. 46), en référence aux nombreux westerns du moment...

Le Gorille a bonne mine

40 pages. Publié dans le journal Spirou,
du n° 944 du 17 mai 1956 au n° 966 du 18 octobre 1956,
puis dans l'album Le gorille a bonne mine, *en 1959.*
Scénario et dessins : André Franquin.

Spirou et Fantasio partent en expédition à Molomonga avec le Marsupilami pour photographier des gorilles sur le mont Kilimakali.
Sur place, ils sont hébergés par Monsieur Badman, et font la connaissance de Leblond et Lebon, « ingénieurs de cette misérable mine ».
Les indigènes terrorisés refusent de travailler à la mine, affirmant que les gorilles enlèvent les gens pour les manger. Un vieil original, le docteur Zwart, a d'ailleurs disparu…
Ils partent en expédition dans la brousse. Le Marsupilami découvre un mystérieux émetteur-récepteur radio caché dans un tronc d'arbre. Il y a bien des gorilles, qu'ils parviennent à approcher. Mais ils découvrent aussi que le fameux docteur Zwart exploite une mine d'or clandestine.

Contexte de création

Le gorille est une des stars du cinéma depuis les années 1930-1950 avec des films comme *King Kong* (1933), *Le Fils de Kong* (1933),

Le Gorille (1939), *Le Singe tueur* (1940), *L'Homme singe* (1943), *Jim la jungle dans l'antre des gorilles* (*Mark of the Gorilla*, 1950), *Bride of the Gorilla*, de Curt Siodmak (1951), *Jungle Jim le tueur de la jungle* (Killer Ape, 1953), *Panique sur la ville* (*Gorilla at Large*, 1954), etc.

Dans les années 1950, les propriétaires de zoos n'ont pas d'état d'âme pour récupérer des animaux rares. Il suffit de payer un chasseur pour aller se servir sur place. C'est ainsi qu'un Américain, qui a adopté le glorieux pseudonyme de Gorilla Bill, monte une expédition en 1950 dans le but de capturer de jeunes primates. Pour cela, il décime plusieurs familles de gorilles et finit par en capturer trois. Le patron du zoo de Columbus achète un des deux mâles, Macombo, et une femelle, Millie, pour 10 000 dollars, dans l'espoir qu'ils se reproduisent en captivité. Et c'est exactement ce qui se produit en 1956. La maman gorille connaît une grossesse heureuse sous l'œil ému des visiteurs, et le zoo fait les gros titres de la presse en annonçant que Millie met au monde un bébé gorille, Colo, le 22 décembre 1956, deux mois après la fin du récit de Franquin…

Avec leur expédition photographique, Spirou et Fantasio devancent de sept ans l'expédition de Dian Fossey en 1963, journaliste au *National Geographic*, qui deviendra célèbre avec son livre *Gorilles dans la brume*.

Tranche de vie bruxelloise

Une fois encore, Franquin propose un véritable instantané de la vie en Belgique, qui semble être le négatif de la première case de *La Quick super*. Tout n'est pas rose dans la société de consommation des Trente Glorieuses. Car pour acheter, il faut travailler et se lever de bonne heure.

« Au crépuscule, les rues des villes sont pleines de gens indifférents et mornes… Ils ont le dos rond et l'œil éteint par la routine… » Les travailleurs matinaux sont entassés, maussades et contrariés, dans un autobus bien reconnaissable de la toute nouvelle STIB (Société des transports intercommunaux de Bruxelles), portant une publicité pour… Dupuis.

Les passants blasés ne regardent plus les affiches et enseignes lumineuses publicitaires qui envahissent les rues : une pub « Snack » ; le magasin « Alpha » ; le rasoir « Fil » ; « Ciné Éden » qui diffuse *La Panthère*, peut-être en clin d'œil à *La Féline* de Jacques Tourneur (1942) ; une pub « Ils lisent

Risque-Tout », le nouveau journal bien réel publié par Dupuis, qui ne survivra que cinquante semaines, de novembre 1955 à novembre 1956, au moment même où Franquin publie *Le gorille...*

Kilimakali

Comme à son habitude, Franquin imagine un joli mot-valise. Le Kilimandjaro est une montagne de Tanzanie. Et le macali est un arbre tropical originaire de la région du Yucatán, au Mexique, où Franquin a séjourné quelques années plus tôt.

Si l'on en croit la carte de l'Afrique peinte sur la 2CV (p. 5), les héros sont au Congo, et probablement même au Congo belge. L'ingénieur Leblond tente de les dissuader (p. 9) : « Non, messieurs, vous perdez votre temps ici... Descendez vite cent kilomètres plus au sud avant la pleine saison des pluies : faites l'ascension du Karisimbi : là, vous avez des chances... » Cette information nous permet de situer l'action plus précisément. Le mont Karisimbi fait partie de la chaîne des Montagnes de la Virunga, qui sera précisément le champ d'investigation de Dian Fossey. L'action se déroule donc près de la ville congolaise de Butembo, à environ 100 km au nord du mont Karisimbi.

Dans un souci de vérisme, Franquin fait parler les populations locales en swahili. Pour cela, il s'est appuyé sur le *Petit cours de kiswahili pratique* de A. Verbeken, édité par les Imprimeries et papeteries belgo-congolaises Imbelco en 1951.

Quant à Molomonga, c'est une transcription phonétique de « mollo, mon gars » ... Ce qui sonne d'autant plus africain que le molo est le nom d'une guitare traditionnelle d'Afrique de l'Ouest, et que Monga est une localité réelle du sud-ouest de la Côte d'Ivoire.

Dialogue Franquin/Hergé

Le docteur explique : « Peu importe qui je suis... J'ai renoncé à la civilisation et ça me regarde... Je vis en bon voisinage avec les wagundus et j'ai un peu d'influence sur eux... » On a l'impression d'entendre

Ridgewell (OC, 48) : « J'ai décidé de ne plus jamais retourner dans le monde civilisé. Je suis heureux ici, parmi les Arumbayas dont je partage la vie… »

Plus tard, Fantasio se déguise en gorille (p. 32) ce qui effraie Spirou, alors que Tintin se déguisait en singe au Congo, ce qui effrayait son petit boy (TC, 19) : « Allons, Coco, sois sans crainte : c'est moi, en chair et en os. »

En découvrant le pot aux roses (p. 41) : « Voyez-vous ça ! Le docteur Zwart a des esclaves ! ! À quelle époque vous croyez-vous ? Nous devrions vous livrer à la justice !… Vous allez nous conduire immédiatement à ces pauvres types… En avant ! » Spirou et Fantasio libèrent les esclaves africains, précédant de peu Tintin et Haddock dans *Coke en stock*, dont la publication commence dans le *Journal Tintin* quelques jours après la fin de publication de ce récit.

Le Nid des Marsupilamis

41 pages. Publié dans le journal Spirou,
du n° 969 du 8 novembre 1956 au n° 991 du 11 avril 1957,
puis en album, en 1960.
Scénario et dessins : André Franquin.

Ce récit fait suite au *Gorille a bonne mine.* De retour de leur voyage en Afrique, Monsieur Du Randubois, le directeur des conférences « Découverte de notre monde », propose à Spirou et Fantasio de donner une conférence sur les gorilles. Mais Du Randubois se ravise quelques instants plus tard, car on lui propose un « reportage extraordinaire ».
Le soir même, Spirou et Fantasio apprennent que c'est Seccotine qui a proposé une conférence sur sa découverte : elle est parvenue à filmer la vie d'un Marsupilami dans son milieu naturel, en Palombie.
Le déroulement du film de Seccotine constitue alors l'essentiel de l'histoire : un Marsupilami rencontre une femelle, fonde un foyer et a trois petits qu'il doit protéger des multiples dangers de la forêt palombienne.

Contexte de création

Le journal *Spirou* aime les effets d'annonce, et excelle dans ce que l'on appelle aujourd'hui le *teasing.* Le journal n° 967 du 25 octobre

1956 annonce qu'« on vient de faire une découverte importante concernant le Marsupilami ! Nous tiendrons les lecteurs au courant ». Et dans le numéro suivant : « Oui, il y a du nouveau, à propos du Marsupilami ! [...] Pour ceux qui s'intéressent au Marsupilami, la prochaine aventure de Spirou sera le *Film de l'année.* »

Le terme de « film » n'est pas anodin. Le cycle de conférences « L'exploration du monde » est créé en 1950 en Belgique. Il se déroule dans les cinémas de Bruxelles et connaît rapidement un engouement exceptionnel. La première, donnée par Roger Frison-Roche le 5 décembre 1950, emmenait les spectateurs sur la piste des Mille Kilomètres dans le Grand Désert. Les conférenciers les plus prestigieux se sont succédé à la tribune : Haroun Tazieff, qui entraîne les salles avides de découverte au milieu des cratères en feu ; Léopold III (pas le souverain, mais l'explorateur qui a sillonné Bornéo et l'Irian Jaya) ; Alain Bombard, le navigateur solitaire ; Maurice Herzog, le vainqueur de l'Annapurna ; Edmund Hillary, le vainqueur de l'Everest, et tant d'autres.

Du Randubois évoque J.W. Dryskin – l'explorateur de *La Corne de rhinocéros* qui était persuadé avoir découvert une sous-espèce de rhinocéros à corne d'or (p. 4) : « Imaginez mon embarras ! J.W. Dryskin me promet une conférence sur "Les tigres mangeurs d'hommes". Bon... il part en Malaisie pour se documenter et tourner son film, et plus de nouvelles !... Il disparaît ! Sans penser à moi qui ai annoncé la conférence... À mon public qui a loué les places ! » On comprend que le fameux Dryskin a surtout disparu dans la panse d'un des fameux « tigres mangeurs d'hommes » et qu'il n'est pas près de donner des nouvelles...

Une nouvelle fois, on peut lire la réalité historique en filigrane. Le tigre mangeur d'homme du Bengale existe bel et bien. Au début 1900, une tigresse avait tué 200 personnes près de la ville indienne de Champawat, avant d'être repoussée vers l'Inde où elle avait fait 230 victimes de plus, pour être finalement abattue par le chasseur Jim Corbett en 1907. Celui-ci raconte sa traque de l'animal dans ses ouvrages *À l'affût des tigres mangeurs d'hommes* (Le Seuil, 1949), *Match avec un léopard mangeur d'hommes* (Le Seuil, 1950) et *Mangeurs d'hommes dans l'Himalaya* (Stock, 1956), sorti l'année où Franquin dessine ce récit.

Récit autobiographique ?

Le Nid des Marsupilamis possède également une dimension plus intimiste pour Franquin. Il l'a en effet dessiné pendant la grossesse de son épouse Liliane et la naissance de sa fille Isabelle.

Incompris à sa sortie, même par Jijé qui estime « qu'il emmerde son monde que ce n'est pas possible », *Le Nid des Marsupilamis* sera le best-seller de la série. Nul n'est prophète au pays de Spirou… Et c'est une fois de plus l'occasion pour Franquin de dessiner les animaux qu'il affectionne tant : tapir, lézards, serpents, sanglier, jaguar, singes, éléphant, etc.

Un autre événement surgit, le 27 février 1957, dans l'univers de Franquin. Il s'appelle Gaston Lagaffe. C'est un anti-héros « sans emploi » qui erre et divague de façon un peu anarchique dans les pages de *Spirou*. Gaston n'est pas destiné à durer, et encore moins à devenir un personnage de bande dessinée. Son créateur ignore alors l'importance qu'il va bientôt prendre. Mais ceci est une autre histoire, qui mérite bien qu'on lui consacre un chapitre entier…

Franquin sexiste ?

Comme Hergé, Franquin a eu droit à son couplet sur son prétendu « sexisme ». On lui reproche d'avoir donné à Seccotine un look « garçonne » et de l'avoir fait conduire une Vespa de façon désastreuse, ce qui dégraderait l'image des femmes…

Sans déployer des trésors d'imagination, on comprend que l'intention de Franquin est au contraire de mettre en scène une jeune femme libre, déterminée, intelligente, indépendante, qui a le sens de la repartie, qui tient tête plus d'une fois aux héros et leur vole même la vedette dans ce récit. Quant à sa conduite en Vespa, elle n'est pas toujours désastreuse. Les accusatrices de Franquin ont sans doute oublié un passage de *Vacances sans histoires* où Fantasio manque de renverser Seccotine à un feu rouge, alors qu'elle circule précisément sur sa Vespa (p. 46) : « Chez Monsieur Fantasio, le feu vient de passer du vert au rouge pour vous… Je vais vous expliquer ce que cela signifie… » Elles ont aussi oublié les nombreux accidents de voiture commis par des hommes dans la série (Fantasio, puis le nain dans *La Quick super*, le playboy Juan Corto dans *Les Pirates du silence*, le cheik Ibn-Mah-Zoud – le plus mauvais chauffeur du monde – dans *Vacances sans histoires*, etc.)

Quand Fantasio lui lance ici : « Seccotine ! Vous ne remonterez pas sur ce scooter avant que je vous aie appris le code de la route ! », elle se paye franchement sa tête : « Hihihi ! Il n'a pas changé, Fantasio ! Toujours à donner des conseils... comme mon grand-père ! Mais vous avez raison, c'est dangereux ! Les gens conduisent si mal !... Il y a dix minutes, j'avais derrière moi un fou en voiture qui klaxonnait de toutes ses forces !... Oh ! L'animal ! Mais que voulez-vous dire ? Le... quoi ? Le "code de route" ?... Vous savez, je reviens tout juste à la civilisation, je ne suis pas au courant des dernières trouvailles... » Plus loin Fantasio en prend encore pour son grade : « Dites, c'est gentil, chez vous !... Évidemment, des célibataires ne savent pas mettre en valeur un intérieur... Je viendrai changer tout ça un de ces jours... J'ai une foule d'idées... »

Franquin éludera les critiques quelques années plus tard en déclarant : « Les clivages en tous genres – racisme, antiracisme, machisme, féminisme, etc. – sont la source de la ségrégation. »

Jours du monde

La revue *Jours du monde* évoque *Autour du monde*, hebdomadaire consacré aux voyages et à l'exploration qui ont marqué la fin du XIXe siècle. Elle évoque aussi *Jours de France*, le magazine féminin lancé par Marcel Dassault en 1954 et consacré à l'actualité des célébrités.

Mélanisme

Trois bébés Marsupilamis voient le jour. L'un d'eux est tout noir (p. 32). « Vous savez que chez les panthères il naît parfois, au sein d'une famille normalement colorée, un individu tout noir ! Nous constatons ici le même phénomène – que les savants appellent "mélanisme" – or les panthères noires sont plus féroces que les autres ; l'avenir nous dira s'il en est de même chez les Marsupilamis… » Cette manifestation, bien réelle et bien connue des scientifiques, provient tout simplement d'un excès, d'origine génétique, de la mélanine, pigment de couleur noire.

Clins d'œil

Au début du récit, la publicité est toujours plus envahissante : réclame géante « *Risque-tout* » et « *Moustic* » (p. 4) ; au bistrot « Coca-Cola » sous son vrai nom ; une pub quasi subliminale (p. 6) : « Lisez *Le Mo…* » : le lecteur retrouve facilement les lettres manquantes…

Mais Franquin adore aussi faire des « gags dans les gags » qui s'adressent à ses lecteurs les plus attentifs. Le scooter de Seccotine traverse un chantier, signalé par un panneau (p. 5). Sauf que le travailleur dessiné en ombre chinoise sur le triangle est… Gaston, endormi une pelle à la main devant un tas de terre.

Running gag

Franquin est un des maîtres du *running gag*. Dans la première partie du récit, un gorille photographiait Spirou par mégarde. Ce gag est repris ici dans la première case. Du Randubois lit dans le magazine *Jours du monde* l'article « Au pays des gorilles. Le gorille a photographié l'explorateur », digne des plus belles pages de *Paris Match* (p. 3) : « Et ceci ! L'épisode du gorille photographiant par hasard Monsieur Spirou qui s'enfuit!… ça ne manque pas d'humour… » Le lecteur amusé découvre alors la fameuse photo (en noir et blanc) prise par le gorille !

Le Voyageur du Mésozoïque

47 pages. Publié dans le journal Spirou,
du n° 992 du 18 avril 1957 au n° 1018 du 17 octobre 1957,
puis en album, en 1960.
Scénario et dessins : André Franquin.

Le comte de Champignac, parti en expédition dans l'Antarctique, a découvert un œuf congelé de platéosaure qu'il ramène au château. Puis il convie ses amis et quelques collègues scientifiques à assister à l'éclosion.
Le Marsupilami renverse par maladresse dans le premier repas du bébé dinosaure un produit extrait de champignon qui accélère la croissance. Dès le lendemain matin, l'animal a acquis sa taille adulte, et s'évade du parc, semant la terreur dans Champignac.
Après de multiples péripéties, le Marsupilami parvient à assommer l'animal, qui perd connaissance sur un plateau isolé, entouré de falaises inaccessibles.
Spirou demande alors à l'entreprise de construction E. Longtarin de dynamiter la partie reliant encore le plateau au reste du pays, et de construire un pont mobile basculant. Les citoyens sont rassurés. Le dinosaure coule des jours heureux sur son plateau, et attire même une foule de touristes.

Contexte de création

Au moment où Franquin dessine ce récit, Gaston de Gerlache de Gomery conduit la deuxième expédition antarctique belge dans le cadre de l'Année géophysique internationale 1957-1958. La base Roi-Beaudouin est alors construite et verra se succéder de nombreuses missions.

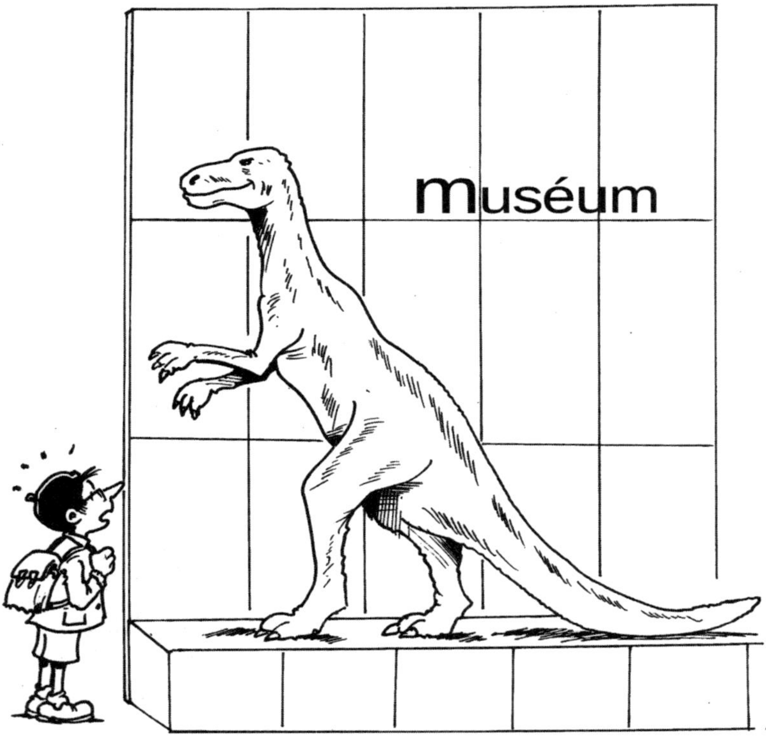

Le petit André découvrant un dinosaure au musée.

De son côté, Paul-Émile Victor, explorateur polaire, scientifique, ethnologue et écrivain, réalise son premier voyage en terre Adélie en 1956. Ses livres et récits passionnent les lecteurs. Tout reste à découvrir sur ce dernier continent largement inexploré. Ici, les sauveteurs du début du récit (p. 4) utilisent un Waesel, engin à chenille spécialisé dans l'exploration polaire.

Franquin se souvient aussi d'avoir visité très jeune le musée royal d'histoire naturelle de Bruxelles, qui abrite une superbe collection d'iguanodons découverts au XIXe siècle dans la mine de charbon de Bernissart. Il confiera plus tard : « Ces énormes animaux du musée étaient merveilleux, ils ont fait travailler mon imagination bizarrement » (*Le Soir* du 20 octobre 1993). Le Mésozoïque du titre désigne une ère géologique appelée aussi autrefois ère secondaire durant laquelle apparaissent de nombreuses espèces de dinosaures.

Mais surtout, l'auteur lit *Hibernatus*, de Jean Bernard-Luc, publié le 1er janvier 1957, qui l'amuse énormément. L'histoire se passe en 1970. Un homme congelé dans les glaces du pôle Nord est retrouvé miraculeusement vivant au bout de 65 ans par une expédition polaire franco-danoise. Après enquête, il s'avère qu'il s'agit d'un jeune homme de 25 ans nommé Paul Fournier, parti en exploration en 1905, et parfaitement conservé. Il est alors progressivement réanimé par le professeur Loriebat, spécialiste mondial de l'hibernation artificielle... Édouard Molinaro en tirera le célèbre film éponyme, avec Louis de Funès, qui reste encore aujourd'hui pour grand nombre de Français une référence absolue.

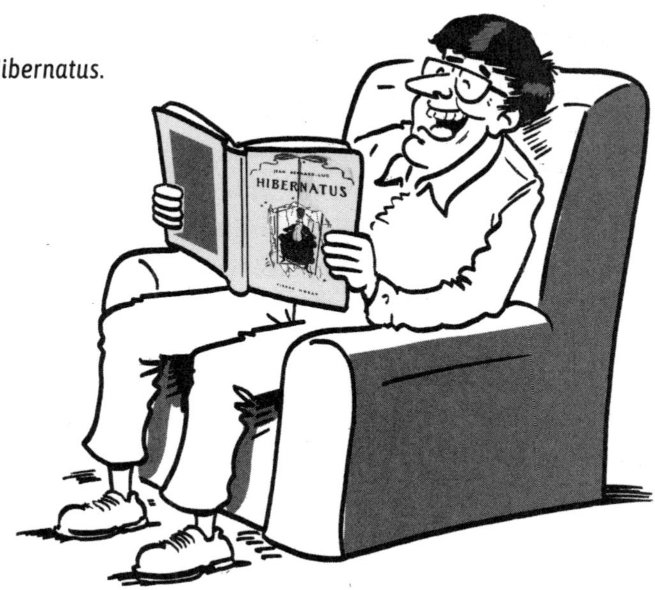

Franquin lisant *Hibernatus*.

L'ombre de King Kong

La population est terrorisée par ce dinosaure en liberté qui provoque la désolation. L'état-major est aussitôt alerté. L'armée de terre est bientôt déployée, accumulant les gaffes et les erreurs (p. 38). L'aviation rentre en jeu (p. 39) : « Leader à Nic et Nac : cessez de jouer ! ! Le dinosaure doit être dans les environs. » L'allusion à Nic et Nac ne serait-elle pas un clin d'œil volontaire de Franquin à ses lectures d'enfance ?

Quoi qu'il en soit, les images des forces armées partant à l'assaut du dinosaure évoquent inévitablement le *King Kong* de Cooper et Schoedsack, en 1933.

D'un activisme à l'autre

La radio annonce : « La Société protectrice des animaux proteste contre la décision de l'armée de détruire le dinosaure de Champignac. » Dès la page suivante, des manifestants sont couchés en travers de la route et empêchent les chars d'avancer (p. 43) : « Si vous voulez détruire le dinosaure, il faudra d'abord nous passer sur le corps ! ... »

L'image du manifestant couché en travers de la chaussée, bloquant l'avancée du char, est elle aussi quasi prémonitoire... Les auteurs ont parfois cette faculté d'anticiper la réalité avec une incroyable justesse. Dès mai 68, ce type de manifestation deviendra courant...

Alexandre Spécimen, du musée d'histoire naturelle, insiste : « Colonel, au moment d'exécuter l'animal, veillez surtout à ne pas endommager son squelette, lequel prendra place dans nos collections, à côté de nos magnifiques varanosaurus, de nos splendides ophiacodons et autres saltoposuchus... » Les noms ne sont pas inventés par Franquin. Tous existent réellement. Au passage, Franquin laisse entrevoir le peu d'estime qu'il a pour le pouvoir en général et pour l'armée en particulier.

Le Meccano, madeleine de Proust

L'homme qui prend l'appel aux Éts Longtarin (p. 46), spécialisés dans les « ponts ordinaires, ponts mobiles, ponts roulants, ponts suspendus, etc. » possède une magnifique grue (tractopelle) en Meccano sur son bureau. Le jouet existe réellement.

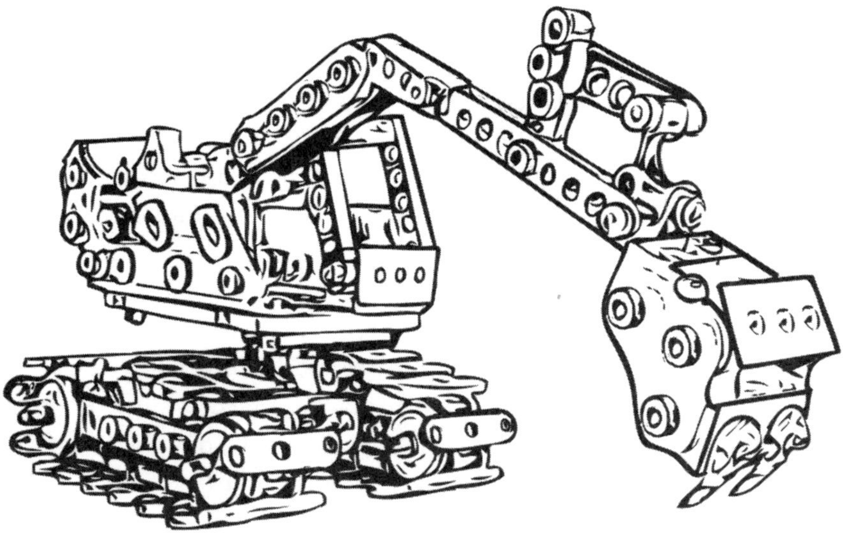

La tractopelle en Meccano.

Franquin cite encore la fameuse marque dans un gag de Modeste et Pompon (*Journal Tintin* n° 532 du 1er janvier 1959). Pour occuper ses petits-neveux dont il a la garde, Modeste annonce : « J'ai acheté un Meccano de mille pièces pour les gosses… » Il est certain de faire le bonheur des enfants. Et sans doute le Meccano faisait-il aussi celui du petit André…

Le monde perdu de Franquin

Au début des années 1909, la découverte de nombreux squelettes de dinosaures en Afrique attise la fascination populaire pour ces animaux mystérieux et encore méconnus. En 1911, le colonel et explorateur Percy Fawcett, de retour d'une exploration dans le parc de Madidi, affirme lors d'une conférence avoir aperçu sur un haut plateau un animal ressemblant à un dinosaure sauropode. Des dinosaures pourraient encore se déplacer sur ces plateaux inexplorés, emprisonnés et protégés par des falaises infranchissables.

Il n'en faut pas plus pour attiser l'imagination de Conan Doyle, plus connu pour son mythique personnage Sherlock Holmes. En 1912, il publie le premier volet des aventures du professeur Challenger : *Le Monde perdu*, un roman d'aventures fantastiques, qui raconte l'expédition du savant sur un haut plateau coupé du monde moderne et totalement préservé, peuplé de créatures préhistoriques bien vivantes.

Franquin reprend l'idée dans son récit. À la suite d'un effondrement d'un bloc de montagne, le comte de Montignac parvient à confiner le dinosaure sur une sorte de plateau inaccessible et entouré de falaises escarpées (p. 47) : « Ces garçons sont des artistes de la dynamite ! Voilà l'animal isolé comme sur une île ! Le pays n'a plus rien à craindre de lui ! » Dans la toute dernière image, Franquin le nomme l'« animal du bout du monde » ... Peut-être un clin d'œil au fameux livre de Conan Doyle...

Jurassic park avant l'heure

En 1922, le paléontologue américain Roy Chapman Andrews découvre les premiers œufs de dinosaures fossilisés à Bayanzag, dans le désert de Gobie, contenant des bébés sur le point d'éclore.

Dans le récit de Franquin, un dinosaure reprend vie sous le regard fasciné de savants. Franquin anticipe par de nombreux détails le *Jurassik Park* de Steven Spielberg. Dans l'image finale de cet épisode, on découvre un immense panneau publicitaire placé à l'entrée du village : « Champignac, la perle de la cambrousse dans un cadre sylvestre, ses promenades, son dinosaure vivant. » Une longue queue de voitures forme un embouteillage. Spirou commente : « En tout cas, le dinosaure fait recette, dis donc ! Regarde les touristes ! »

Plus tôt dans le récit, une autre séquence préfigurait une scène bien connue du premier épisode de *Jurassic Park*. Le savant atomiste Sprtschk, l'esprit constamment plongé dans ses équations, lance soudain (p. 21) : « J'ai trouvé ! C'est effroyable ! Ha ! Ha ! Ha ! » On comprend qu'il vient de trouver la formule d'une « superbombe à l'hydrogène ». C'est précisément le moment que choisit le dinosaure pour le dévorer par mégarde. Sa disparition ne semble pas émouvoir ses collègues. Dans le film de Spielberg, Dennis tente de rejoindre un bateau avec les échantillons qu'il a volés. Mais en chemin, il tombe en panne et se fait dévorer par un dinosaure. Dans les deux cas, le « méchant » est en quelque sorte puni par le karma…

Correspondance avec Hergé

Pour dessiner Sprtschk, qui apparaît pour la première fois en page 11 avant de disparaître définitivement un peu plus tard dans la gueule de l'animal préhistorique, Franquin prend modèle sur le célèbre Jacques Bergier, futur concepteur de la revue *Planète*, et grand promoteur en France du paranormal et de théories pseudo-scientifiques. Neuf ans plus tard, en 1966, Hergé le ressuscitera en Mik Ezdanitoff, directeur de la revue *Comète* et grand initié des extraterrestres.

Fantasio, enfermé par mégarde dans le camion frigorifique, a été congelé. Spirou lui fait ingurgiter une bouteille entière de cognac, comme Haddock le fait avec du whisky dans *Le Temple du soleil* (TDS, p. 32). Il décongèle donc, mais on se doute de l'effet secondaire. Pris de boisson (p. 11), il entonne la chanson *Quand je monte chez toi*, écrite Jean Broussolle et Henri Salvador, qui l'interprète pour la première fois en 1956. C'est la deuxième cuite mémorable de Fantasio sous la plume de Franquin.

Clins d'œil

Fantasio demande à Spirou (P. 6) : « Dis, tu aimes le fromage ? Parce que... Heu... Je viens d'acheter mille boîtes du délicieux Vache rieuse à tartiner. » La Vache rieuse, dont on découvre le logo sur un camion frigorifique (p. 7), est un clin d'œil appuyé à la célèbre Vache qui rit. Si la marque existe depuis les années 1920, elle apparaît pour la première fois dans des films publicitaires en dessins animés au cinéma dans les années 1950, comme *Le Congrès du rire*, d'Henri Lacam (supervisé par Paul Grimault) en 1950, ou le film *Cordon bleu*, avec Pauline Carton, la même année. Peut-être y a-t-il sous cette allusion un jeu plus mercantile[1] ?

Bien d'autres marques, emblématiques ou inventées, témoins d'une époque révolue, s'affichent encore ici, telle (p. 8) : « Les bières Slurp... on s'en lèche les babines ! »

À la devanture de la boutique *Les Nouvelles* (p. 26), on aperçoit quelques quotidiens. Le cerveau du lecteur restitue les lettres manquantes des titres, et l'on devine les quotidiens belges néerlandophones *[Br] usseltje* (que l'on pourrait traduire par *Le Petit Bruxellois*) ; *Het Laatste Niews* (*Les Dernières Nouvelles*) ; *[Het Nieuwssbl] ad* (littéralement : « La feuille de nouvelles ») ... Et juste à droite, une bande dessinée *Bob & [Bobette]*, la célèbre série de bande dessinée belge en langue néerlandaise créée par Willy Vandersteen. Petit mystère : pourquoi Franquin a-t-il représenté ici des journaux néerlandais, que l'on trouverait plutôt à Bruxelles que dans un petit village francophone ? Et pourquoi la BD de *Bob & Bobette* figure-t-elle sous son titre français, alors que son titre original est *Suske en Wiske* ? Sans doute l'auteur a-t-il voulu mélanger intentionnellement les deux cultures pour n'en faire qu'une...

Puis encore (p. 29), on lit sur le store orange de la boutique : « De Beuckelaer, biscuits au chocolat. » Edward Jacobus De Beukelaer était un industriel belge fondateur et dirigeant de la biscuiterie-chocolaterie du même nom. Il démarra la production de ses biscuits sur des terrains achetés au zoo d'Anvers ! Il inventa le Petit-Beukelaer – le petit-beurre –,

---

1. Toujours est-il que l'on trouvera plus tard des cartes « Gaston Lagaffe » dans les boîtes de Vache qui rit, et même un album *Lagaffe qui rit* (édition publicitaire des Fromageries Bel, Dolci Promotion, 1985). https://www.bdparade.com/bande-dessinee-gaston-lagaffe-qui-rit-pub-la-vache-qui-rit-1985

et fabriqua des barres de chocolat, des caramels, des toffees et du spéculos. Est-ce un hommage gourmand de la part de Franquin ?

Un bout d'affiche de film laisse deviner « Gina Lollobrigida » (p. 33), grande star de l'époque ; tandis que « Cintini Vermouth » (p. 34) laisse facilement deviner le liquoreux apéritif Contini Vermouth ; (p. 41) Le cinéma sur la gauche diffuse un western, *Texas* ; et on distingue encore les marques Philips, Marzano...

Gaston fait maintenant partie du décor, à condition d'ouvrir l'œil... Il lit le journal, sur son vélo (p. 41), cigarette aux lèvres. Sur la page suivante, il porte un sparadrap et tient son vélo délabré en main. L'ellipse se passe de commentaire.

Plus subtil, sur le panneau « Attention travaux » (p. 30), nous l'avons vu, Gaston roupille dur. Plus tard, le dessin du triangle a changé (p. 48). Le personnage s'en va. Gaston estime sans doute qu'il a assez dormi au travail et rentre se reposer chez lui...

Vacances sans histoires

19 pages. Publié dans le journal Spirou, *du n° 1023 du 21 novembre 1957 au n° 1033 du 30 janvier 1958, puis dans l'album* Le gorille a bonne mine, *en 1959. Scénario et dessins : André Franquin.*

Se remettant d'un gros rhume, Fantasio décide de prendre des vacances au soleil en Turbotraction avec Spirou. Arrivés dans le Sud, Fantasio laisse par distraction la clé de contact sur la voiture.
Le richissime roi du pétrole Ibn-Mah-Zoud, « plus mauvais chauffeur du monde » et daltonien, confond leur voiture (qui est bleue) avec sa propre Turbotraction (qui est rouge). Fidèle à sa réputation, il provoque plusieurs accidents et finit par détruire la voiture.
Pour remplacer la Turbotraction, Fantasio utilise la vieille De Dion-Bouton de son oncle, qu'il truffe de gadgets aussi ingénieux que fantaisistes.
Ibn-Mah-Zoud réapparaît avec leur vieil ami Roulebille, des automobiles Turbot. En guise de dédommagement, l'émir leur offre le dernier modèle de la marque, la Turbot 2. En échange, Fantasio lui offre sa De Dion-Bouton bricolée. Ibn-Mah-Zoud est ravi : avec une telle voiture qui ne dépasse guère les 40 km/h, il n'aura plus d'accident.

Contexte de création

Après le scandale de 1952, et trois semaines avant la sortie de la DS au Salon 1955, *L'Auto-Journal*, encore lui, présente un descriptif technique très précis des nombreuses innovations de la DS. L'ambiance n'est pas au beau fixe entre le journal et le constructeur, mais l'engouement du public est énorme pour cette voiture révolutionnaire.

Spirou lit *L'Auto-Journal*, dont on distingue parfaitement le titre (p. 54). Franquin voulait « rajeunir » la Super Quick de Spirou et Fantasio. Il s'adresse alors aux lecteurs de *Spirou* pour leur demander d'envoyer au journal la voiture idéale selon eux.

Ibn-Mah-Zoud et Walter

Comme souvent, l'univers de Franquin semble faire écho à celui d'Hergé… et réciproquement. Le richissime Ibn-Mah-Zoud est absolument ignoble avec son chauffeur. Il évoque le maharajah capricieux et tyrannique du Gopal, de *La Vallée des cobras*, une aventure de Jo et Zette publiée en 1939 dans le magazine *Cœurs Vaillants*.

Spirou dit à Fantasio sur un ton contrarié (p. 56) : « Oh ! Zut ! C'est ce raseur de Walter… Et il nous a vus ! Nous sommes bons pour le blablabla… » alors que Séraphin Lampion, le raseur préféré du capitaine Haddock, vient tout juste de faire son entrée dans *L'Affaire Tournesol…*

Fantasio 007

Fantasio améliore la De Dion-Bouton 1912 de son oncle avec de multiples accessoires insolites. Elle n'a certes pas la puissance de l'Aston Martin de James Bond, mais en termes de gadgets, elle a quatre ans d'avance sur la sortie du film *Dr No*, de Monty Norman de 1962. L'histoire ne dit pas si le célèbre « Q », l'inventeur des gadgets de James Bond, lisait *Spirou…*

Clins d'œil

Franquin nous laisse une carte postale vivante d'une ancienne ville de province du sud de la France. Les publicités sont toujours omniprésentes : « Pernod 45 » (p. 48), les « Livres Spirou », le « Dentifrice Gnagna » (p. 50), le savon « Milbul » (p. 55), le camion Dupuis (p. 57) qui existait vraiment, etc. Mais aussi le cinéma Luxor (p. 61) ; le ciné Gogo diffuse *Gambler*, sans doute en référence au western *Frontier Gambler*, réalisé par Sam Newfield et sorti en 1956. On distingue aussi « Biscuit choc... » « De Beu... », évidemment ceux de De Beukelaer, déjà vu dans *Le Voyageur du Mésozoïque*.

Enfin, Franquin apparaît à nouveau, aux côtés de son épouse Liliane, dans une rue de la ville tandis que Roulebille fait une démonstration de la Turbot 2 à Spirou et Fantasio (p. 61).

Et Gaston Lagaffe passe encore à vélo (p. 46), en s'allumant une cigarette...

La Foire aux gangsters

21 pages. Publié dans le journal Spirou, *du n° 1034 du 6 février 1958 au n° 1045 du 24 avril 1958, puis dans l'album* Le Nid des Marsupilamis, *en 1960. Scénario et dessins : André Franquin ; décors : Jidéhem*[1].

Un étrange individu asiatique, Soto Kiki (saute au kiki), se rend chez Spirou et Fantasio, après s'être débarrassé de deux gangsters qui voulaient le kidnapper.

Dès son arrivée, il se jette sur les héros et procède à plusieurs prises de judo[2]. Mais Soto Kiki leur explique que son but était seulement de leur enseigner quelques techniques et qu'il est venu les solliciter pour l'aider à protéger le bébé du riche américain John P. Nut, enlevé par la bande du gangster Lucky Caspiano.

Quelques jours plus tard, Soto Kiki appelle Spirou en lui demandant de se rendre à la baraque des boxeurs de la foire de la place Saint-Pancrace, où le bandit retient le bébé. Spirou parvient à récupérer le bébé. En rentrant, il apprend que l'enfant est en réalité le fils du milliardaire Honeysuckle et

---

1. Franquin racontera plus tard : « Il [Jidéhem] mettait alors la couleur sur les calques des décors, et il me rentrait des calques absolument incroyables, des couleurs à tout casser. J'étais obligé de reculer pour les voir... Jusqu'au jour où j'ai appris qu'il était daltonien ! »
2. Il préfigure Cato (joué par Herbert Kwouk), le domestique japonais de l'inspecteur Clouseau (joué par Peter Sellers) dans la série *La Panthère rose* de Blake Edwards dans les années 1960.

que Soto Kiki est un gangster, rival de Caspiano, qui cherchait aussi à enlever le bébé. Spirou prévient aussitôt la police qui jette les gangsters en prison. Le bébé est en sécurité et les héros reçoivent un gros chèque du milliardaire Honeysuckle reconnaissant.

Contexte de création

L'enlèvement d'enfants contre rançon était une pratique courante et sordide des gangsters aux États-Unis dans les années 1930. L'enlèvement, le 1er mars 1932, du bébé de Charles Lindbergh, alors au faîte de la célébrité, contre une rançon de 50 000 dollars, est « l'affaire du siècle ». Elle tient toute l'Amérique de la Grande Dépression, et une bonne partie du monde, en haleine pendant de longues semaines jusqu'à son tragique épilogue. Beaucoup plus tard, Lionel White s'en souvient encore et sort le roman policier *Rapt* en septembre 1955 dans la « Série noire » de Gallimard, qui raconte le kidnapping de l'enfant d'une riche famille américaine.

La pratique est quasiment inexistante en Europe. Mais le récit de Franquin s'avère pourtant tristement visionnaire. Le mardi 12 avril 1960, le petit-fils de Jean-Pierre Peugeot, Éric, âgé de 4 ans, est enlevé au golf de Saint-Gond. C'est une première en France. En s'attaquant à la famille du grand patron des automobiles Peugeot, les kidnappeurs espèrent toucher le pactole. Le père de l'enfant décide d'agir seul, rencontre les kidnappeurs, paye la rançon et récupère son fils. Après onze mois d'enquête, en mars 1961, la police arrête les ravisseurs, Pierre-Marie Larcher et Robert Rolland, dans une station de sports d'hiver et à Bourg-en-Bresse. Ils sont condamnés à vingt ans de réclusion criminelle. Larcher avoue avoir eu l'idée de l'enlèvement du petit Éric Peugeot en lisant… le roman de Lionel White.

La foire du Midi

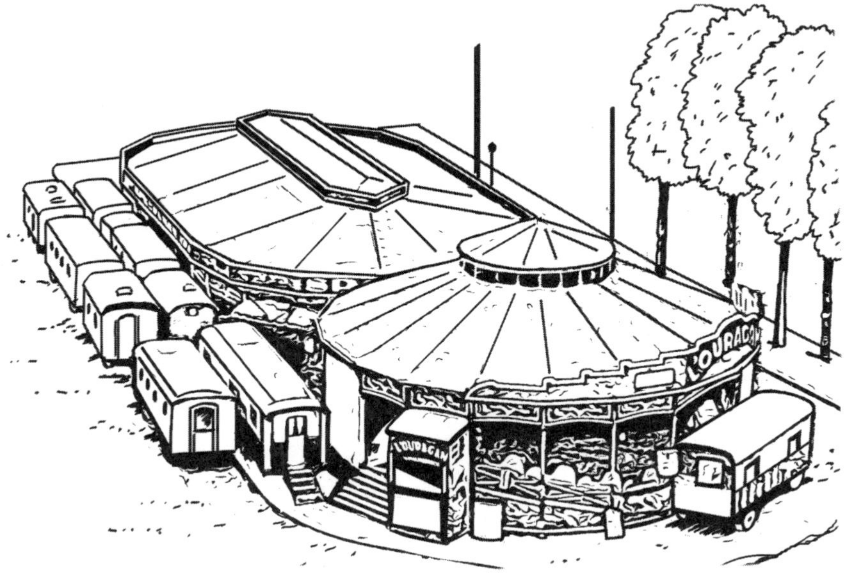

La foire du Midi à la fin des années 1950.

Pour se documenter sur les foires, Franquin visite la foire du Midi de Bruxelles, la plus importante fête foraine bruxelloise, qui se tient chaque année durant les mois de juillet et d'août entre la porte de Hal et celle d'Anderlecht. Au fil des années, la foire a évolué et s'est adaptée au développement technologique. Les baraques de lutteurs, les diseuses de bonne aventure, les carrousels à vapeur et autres orgues de Barbarie ont cédé leur place à des attractions purement techniques, tels les auto-scooters, les montagnes russes, les grandes roues, etc.

La foire ne se tient donc pas place Saint-Pancrace, comme l'indique Soto Kiki dans le récit. En revanche il existe bien une église Saint-Pancrace, située sur le territoire de la commune belge de Kraainem, dans la province du Brabant-Flamand.

La boxe, encore

Le monde de la boxe est de nouveau à l'honneur après les combats Spirou/Poildur et le combat Champignac/Reg Couguar Gangbingson… Les boxeurs sont les hommes de main du gangster Lucky Caspiano. Certains n'ont pas d'état d'âme. Mais l'un d'eux s'attache au bébé, le pouponne, lui prépare sa phosphatine et le nourrit avec tendresse (p. 50-57). Spirou parvient sans trop de mal à le convaincre de renoncer (p. 57) : « Un kidnapping, ça ne réussit jamais, Bertrand ! »

Gaston

Le célèbre gaffeur a pris vie un an plus tôt, le 27 février 1957, dans le journal *Spirou*. Il ne fait pas seulement de la figuration dans ce récit, mais y prend une part active. Cornet de frites à la main, il reconnaît Spirou (p. 53-54) alors que ce dernier tente d'agir incognito : « Plus un mot, Gaston ! Vous ne me connaissez pas ! » Plus tard, Gaston est enlevé par les gangsters (p. 61) : « Dis donc, je t'ai vu parler ce soir avec un jeune homme habillé en groom… C'est ton ami ? Tu connais son adresse ? […] Tu vas nous y conduire. » Et en dernière image, il se retrouve en prison avec les malfrats (p. 61) : « Eh ben, la prochaine fois que quelqu'un me demande le chemin, je lui répondrai [insultes en symboles]. » Mais il est finalement libéré sous le regard suspicieux des passants et du gardien.

On assiste ici à une sorte de passage de flambeau, comme si Franquin prévenait ses lecteurs : voici mon personnage et il va falloir faire avec ce gaffeur. Nous verrons dans *Bravo les Brothers* que Gaston a autant d'importance que Spirou, au point qu'il est difficile de dire si ce récit est une aventure de Spirou ou une aventure de Gaston.

De Lucky Luciano à Lucky Caspiano

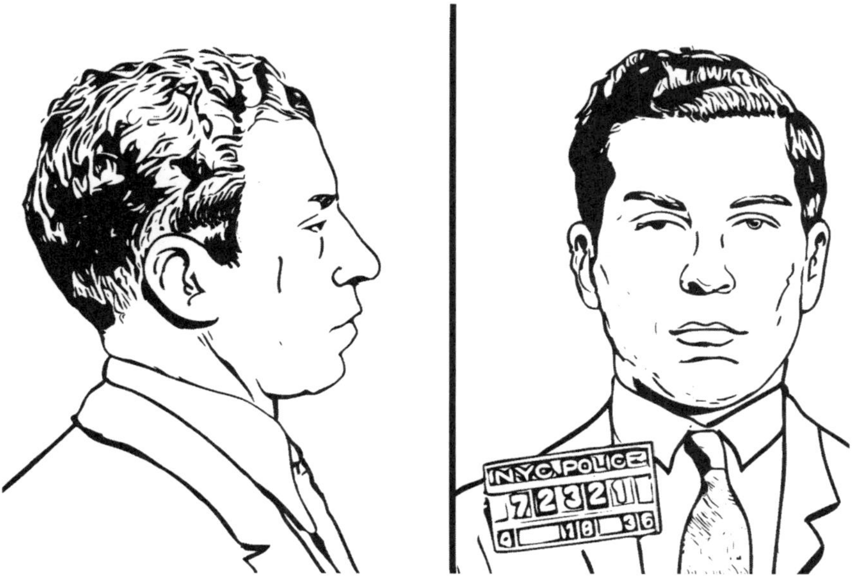

Lucky Luciano, modèle de Lucky Caspiano.

Le chef de la bande, Lucky Caspiano, est inspiré d'un célèbre mafieux italo-américain, Lucky Luciano, pseudonyme de Charles Luciano (1897-1962), considéré comme le père du crime organisé moderne aux États-Unis. Le gangster est devenu tellement connu qu'un film aurait dû lui être consacré en 1962. Il en avait approuvé le script, et Cameron Mitchell était pressenti pour interpréter son rôle à l'écran. Mais l'acteur reçoit des menaces de la part de vrais gangsters. S'il joue Luciano, ils enlèveront son propre fils, Cameron Jr. On ne change pas une formule qui gagne !

Dans le journal *Spirou*, la fin du récit est différente de celle de l'album : Soto Kiki, sorti de l'hôpital, dépose une bombe dans la voiture de Caspiano qui meurt dans l'explosion. Puis il est lui-même arrêté par la police. Cette fin, jugée trop violente, a été coupée lors de la publication en album.

Souvenirs de *Tintin en Amérique*

Une fois encore, il est impossible de ne pas faire la relation entre ce récit et les épisodes d'enlèvements de Tintin, puis de Milou (contre rançon) dans *Tintin en Amérique*, qui surviennent exactement au moment où le bébé de Charles Lindbergh est enlevé. Dans cet album, Tintin affronte Al Capone, soupçonné un temps par les médias d'être l'auteur de l'enlèvement. *Le Vingtième Siècle* du 23 avril 1932 titrait alors : « Le gangster Al Capone serait en possession de petit Lindbergh. Pour le restituer, il pose ses conditions au gouvernement des États-Unis ! » L'article, qui tient plus du fantasme que de la réalité, affirmait qu'Al Capone, alors en prison, tentait de négocier sa libération contre celle du bébé. Le bandit qui essaie de corrompre Tintin, Bobby Smile (le rival d'Al Capone dans la bande dessinée), est inspiré du gangster Georges « Bugs » Moran, qui était l'ennemi juré de Capone dans la réalité.

Clins d'œil

La publicité, témoin de l'époque, est toujours aussi envahissante… Dans la première case du récit (p. 43), on trouve une grande affiche publicitaire pour le journal *Le Matin* ; une affiche « Cette semaine : *Lucky Luke* » au ciné Gogo, clin d'œil de Franquin à son ami de toujours, Morris ; (p. 44) « Rasio, la musique qui rase – Le rasoir musical pour écouter de la musique en se rasant. 6 transistors. GO – PO – OC » : voilà bien une innovation digne de Gaston Lagaffe… ; (p. 45) posé sur la table du salon, le magazine *Life* (Franquin s'est probablement inspiré du *Life* du 5 mars 1956 représentant l'actrice Kim Novak munie d'un parapluie) et un numéro du journal *Spirou* avec une BD en première page, conforme à la présentation du journal à cette époque ; (p. 50) une publicité pour Kodak…

Le Prisonnier du Bouddha

61 pages. Publié dans le journal Spirou,
du n° 1048 du 15 mai 1958 au n° 1082 du 8 janvier 1959,
puis dans en album, en 1961.
Scénario : Greg ; dessins Franquin ; décors Jidéhem.

En arrivant dans le parc du comte de Champignac, Spirou et Fantasio découvrent des plantes géantes et des cellules de détection. Le comte, d'abord très secret, finit par leur expliquer qu'il héberge le scientifique Nicolas Nicolaïevitch Inovskyev, qui a mis au point le GAG, une machine capable de faire pousser des plantes, d'annuler la gravité ou encore de créer des tempêtes de neige. Des espions soviétiques tentent de s'emparer du GAG, mais sont arrêtés. Ils révèlent alors que le cocréateur de l'invention, l'Américain Harold W. Longplaying, est détenu en Chine. Des agents secrets anglais leur confirment par la suite qu'il est détenu dans la vallée des sept bouddhas, et que le gouvernement souhaite utiliser le GAG à des fins militaires.
Spirou et Fantasio s'y rendent et parviennent à exfiltrer Longplaying, avec l'aide du Marsupilami et du GAG.

Contexte de création

Ici encore, la guerre froide se lit en filigrane. Les blocs Ouest et Est s'affrontent dans une guerre d'espions, où chacun tente de s'approprier à des fins militaires les scientifiques et les inventions mortifères de tous crins. Sous couvert de gag et d'humour, Franquin et Greg dénoncent l'escalade de l'armement. Le comte de Champignac prévient (p. 13) : « Nicolas possède, au stade expérimental, tous les éléments d'une puissance extraordinaire. Mais le plus grand secret doit être gardé : certaines convoitises sont dangereuses. [...] Vous n'imaginez pas le pouvoir dévastateur que pourrait prendre cet appareil dans des mains malveillantes ou inexpérimentées. » Puis (p. 16) : « Mais songez un instant que le principe du GAG permettrait des applications militaires aussi dévastatrices et plus économiques à construire que les armes actuelles... Nicolas ne veut pas que ses découvertes soient employées pour détruire... »

La suspicion règne chez les espions russes Alexandre et Boris, qui observent les agissements du savant (p. 17) : « Si Nicolas Nicolaïevitch Inovskyev est venu dans ce pays avec son appareil... c'est sûrement pour le vendre aux militaires ! Alexandre, nous devons sauver notre pays d'un grave danger ! »

Il faut ici aussi compter avec la Chine qui retient prisonnier le savant Longplaying (p. 42) : « Cet Américain se paye notre tête ! Il refuse de nous communiquer ses calculs pour la fabrication de l'appareil appareil anti-apesanteur ! Messieurs, tous vos systèmes de persuasion ont lamentablement échoué ! Et pendant ce temps-là, le bloc d'en face a réussi ! Les rapports de nos services sont formels : un GAG a été expérimenté en Europe !!! Avec une telle arme, nous devons redouter l'agression. Notre seul moyen de l'éviter serait d'obtenir la collaboration de ce Longplaying et d'opposer un GAG à nous à celui d'en face... »

La grande innovation de ce récit est l'appareil qui permet de vaincre la pesanteur. Dans les années 1950-1960, les scientifiques américains se posent sérieusement la question. L'US Airforce conduit des recherches sur la question. Le secteur privé s'intéresse aussi de près au sujet avec la création en 1956 de la Gravity Research Fondation. Plus troublant, *Science et vie* n° 488 de mai 1958 publie un article intitulé « La pesanteur vaincue », au moment même où débute la publication de ce récit... La guerre froide se joue aussi dans la course à l'espace, rappelée dans un dernier clin d'œil en fin de récit. Le maire de Champignac envoie par mégarde sa propre statue dans l'espace. Le comte commente (p. 63) : « Voilà qui est extraordinaire, monsieur le maire : un satellite artificiel révolutionnaire vogue maintenant à près de mille kilomètres, et il est à votre effigie !... »

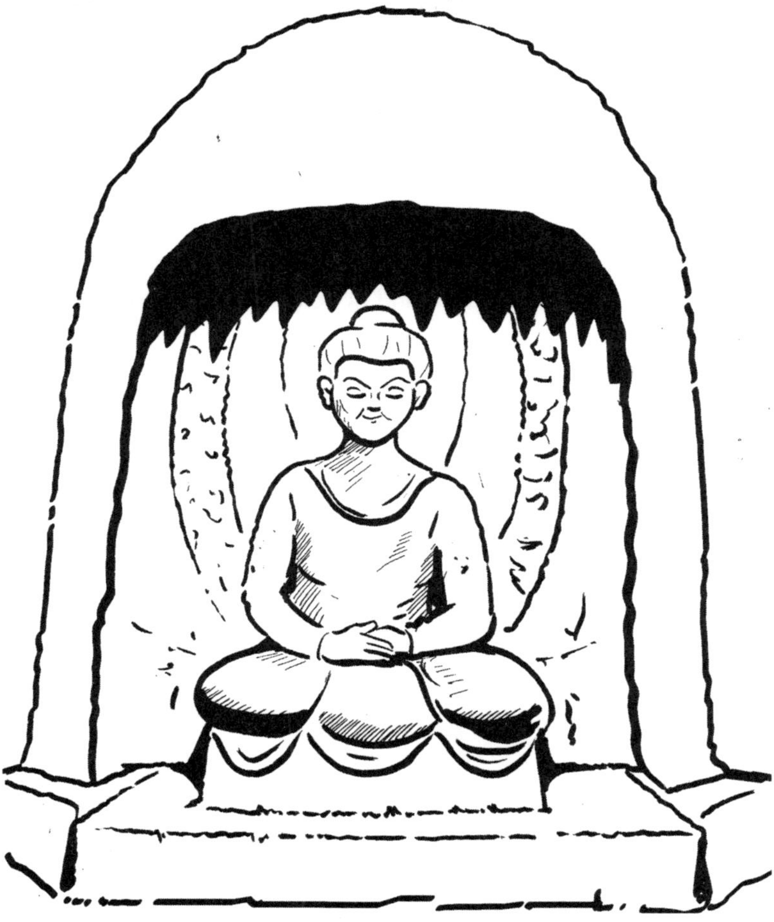

Bouddha central des grottes de Longmen.

À cette époque, Franquin est un lecteur assidu du *National Geographic*. Il découvre dans le numéro de mars 1951 un article intitulé « The Caves of the Thousand Buddahs », avec 36 illustrations, dont 22 photographies de Franc et Jean Shor, consacré aux grottes des Mille Bouddhas de Bezeklik, en Chine. Fasciné, il décide de s'inspirer de ce décor pour ce nouvel épisode et met ses personnages en abyme quand ils arrivent devant les statues (p. 35) : « Les sept bouddhas ! La vallée des sept bouddhas ! Nous y sommes ! — C'est fantastique ! — N'oublions pas le métier ! Ces photos feront un reportage du tonnerre... » Les sept bouddhas de la bande dessinée sont directement inspirés du bouddha central des grottes de Longmen, situées sur les deux rives du fleuve Yi. Tandis que les bâtiments où logent les gardes font penser aux monastères suspendus de Xuankongsi. Et la falaise rappelle les grottes de Matisi.

Sur le plan personnel, Franquin est fatigué. Il doit faire face à une importante charge de travail, menant de front la publication de Modeste et Pompon dans le *Journal Tintin*, Gaston Lagaffe dans *Spirou*, et les aventures de Spirou. Il demande donc au jeune scénariste Greg, qui n'est jamais à court d'idées, de lui trouver un bon gag pour son nouveau récit. Greg le prend au mot et imagine (p. 13) : « Le générateur atomique gamma. On dit le GAG par abréviation. »

James Bond avant l'heure

Si le personnage de Bond a été créé par Ian Flemming en 1953, le premier film *Dr No* ne sera tourné qu'en 1963. Le scénario imaginé par Greg, et mis en images par Franquin et Jidéhem, est le chaînon manquant entre les deux et pourrait parfaitement servir de story-board à un film du célèbre espion des services secrets britanniques. Tout y est : les héros s'introduisent dans le camp adverse à l'aide de stratagèmes astucieux, les scènes de cascades à flanc de montagne sont vertigineuses, le gadget est révolutionnaire, et bien sûr ils parviennent à exfiltrer le savant américain dans des conditions rocambolesques...

Est et Ouest

Le savant russe Nicolas Nicolaïevitch Inovskyev doit à l'évidence une partie de son nom au grand-duc Nicolas Nikolaïevitch de Russie (1856-1929), lui-même fils du noble et militaire russe Nicolas Nikolaïevitch (1831-1891). Le nom Inovskyev évoque phonétiquement celui du révolutionnaire bolchevik Zinoviev (1919-1929). Mais il peut encore être un mot-valise : *innovatsii* signifie « innovation » en russe (ce qui sied bien à un inventeur) et *Kyev* évoque la ville de Kiev, qui fait alors partie de l'URSS.

Quand au patronyme très anglophone du savant américain Harold Longplaying, il peut aussi s'expliquer. Harold W. McCauley (1913-1977) est un peintre et illustrateur de *pulp magazine*s américain, dont Franquin est friand ; et Long-Playing, souvent abrégé en LP, désigne les disques vinyles 33 tours lancés par Columbia Records en juin 1948 aux États-Unis, qui font fureur dans les années 1960.

De même, le nom de l'université de Vlakysgrad (p. 11) peut avoir été construit à partir de Vladivostok (ville du sud-est de la Russie) et de Leningrad (nom soviétique de la ville de Saint-Pétersbourg, située à 365 km au nord-ouest de Moscou).

Franquin *vs* Hergé

Les plantes géantes du parc du comte de Champignac évoquent celles de *Voyage au centre de la terre* de Jules Verne. Un gland se décroche d'un chêne aux pieds de Fantasio, stupéfait (p. 7) : « Un gland ! Un gland comme une citrouille ! … » Et les gigantesques champignons rouges et blancs font évidemment penser à ceux de *L'Étoile mystérieuse*, comme ceux du récit *Il y a un sorcier à Champignac*.

La très éthylique fanfare municipale de Champignac « montre l'exemple » à celle de Moulinsart qui l'imitera en 1961 dans les pages du *Journal Tintin*. Franquin adresse un clin d'œil aux Dupondt d'Hergé à travers son binôme d'espions russes gaffeurs.

Hoïnk-Oïnk ou Hong Kong ?

Nicolas confie aux héros où peut se trouver son ami : « Derrrnière fois que j'ai entendu parler, il était à Hoïnk-Oïnk… » Les espions anglais Douglas et Harvey précisent plus tard (p. 26) : « Longplaying serait détenu quelque part dans la vallée des sept Bouddhas, tout à fait en dehors de notre juridiction… » Et quand les héros accostent en bateau (p. 30), Spirou estime : « C'était la meilleure solution… Nous évitons l'enclave continentale européenne… Ils ne nous auraient jamais laissés passer ! » Il est clair que les héros ont fait escale sur l'île asiatique de Hong Kong, enclave militaire britannique proche du continent.

Clins d'œil

Dès la première image, sous le commentaire « À Champignac-en-Cambrousse, une paisible fin de matinée comme toutes les autres… » du bandeau-titre du récit, on reconnaît le petit Noël, qui marche dans la rue en consultant une feuille de papier qui s'avérera être la liste des courses qu'il va faire à la papeterie A. Tachetoux pour le maire. Depuis la dernière case du *Voyageur du Mésozoïque*, Champignac semble donc définitivement renommé Champignac-en-Cambrousse.

Sur le mur, derrière l'enfant, on devine l'incontournable publicité pour le savon Milbul. Dans la même page, la publicité « Exigez la Pointe Bique », illustrée d'une biquette, joue sur la consonance des mots et parodie la fameuse pointe Bic.

Devant le comptoir, on retrouve le présentoir de la presse locale qui sent bon le terroir : *L'Écho de Champignac*, *La Terre*, *L'Heure*…

Tandis que les héros s'enfuient dans un camion à la suspension douteuse, Spip pense (P. 6) : « Moi, je prendrai un croquis de la suspension pour la documentation de "Starter" ! », c'est-à-dire la chronique auto tenue par Jacques Wauters dans le journal *Spirou*, déjà évoquée pour *Spirou et les héritiers*.

La Peur au bout du fil

13 pages. Publié dans le journal Spirou,
du n° 1086 du 5 février 1959 au n° 1092 du 19 mars 1959,
puis dans l'album Le voyageur du Mésozoïque, *en 1960.*
Scénario : Greg; dessins Franquin ; décors : Jidéhem.

Par distraction, le comte de Champignac avale un résidu extrêmement nocif de son fameux élixir X4, réalisé à base de champignons, qui décuple les facultés intellectuelles. Il a juste le temps de prévenir par téléphone Spirou et Fantasio de son erreur avant de perdre la raison.
Les héros préviennent aussitôt le biologiste pour tenter de trouver l'antidote qui sauvera le comte. Tandis qu'ils s'affairent à Champignac, le comte – devenu grossier et irascible – multiplie les incivilités. Il fomente le projet de détruire la nouvelle statue du maire en vissant sur celle-ci une bombe au métomol.
Le comte est guéri avant d'avoir pu déclencher l'explosion. Mais le Marsupilami saute sur le détonateur par facétie et la statue du maire se ramollit…

Messieurs les ronds-de-cuir

Outre son aspect cinématographique et l'enchaînement des gags générés par la folie du comte, Franquin fait ici une sérieuse satire du petit personnel administratif, que Georges Courteline appelait les ronds-de-cuir, en particulier du postier, qui fait perdre un temps précieux à Spirou, alors qu'il doit envoyer un télégramme urgent au biologiste.

L'héritage de Disney

La folie du comte, qui se réfugie en haut d'un arbre (p. 60-61), est inspirée de la bande dessinée de Floyd Gottfredson : « *La Peur au bout du fil* vient d'un souvenir de Walt Disney. J'avais lu dans *Mickey*, quand j'étais moutard, une histoire où Horace le cheval devenait fou, et on le voyait hurler à la cime des arbres ; et ça m'avait emballé au point que je m'en suis inspiré avec Champignac qui perd la tête[1]. » La bande dessinée évoquée par Franquin est *Mickey en camping. Les malheurs de Chrysostome*, publiée dans *Le Journal de Mickey* n° 24, du dimanche 31 mars 1935.

---

1. *Et Franquin créa la gaffe*, *op. cit.*, p. 239.

Z comme Zorglub

61 pages. Publié dans le journal Spirou, *du n° 1096 du 16 avril 1959 au n° 1136 du 21 janvier 1960, puis en album, en 1961.*
Scénario : Greg ; dessins : Franquin : décors : Jidéhem.

Un homme étrange à l'allure de robot apporte chez Fantasio un paquet qui s'avère contenir un sèche-cheveux. Fantasio le teste sur ses quelques cheveux rebelles, mais aussitôt après, il se comporte lui-même comme un somnambule. Il est en fait victime des pouvoirs hypnotiques du mystérieux sèche-cheveux. Quand il reprend conscience, il est assis à l'arrière d'une DS orange, circulant sans chauffeur, et télécommandée par un certain Zorglub[1].

Fantasio parvient à se sortir d'affaire, mais plus tard, c'est Spirou qui est enlevé, et à son tour transformé en somnambule semblant obéir à une force invisible. Quand il réapparaît, il se souvient d'un message étrange, adressé au comte de Champignac, qu'on a glissé dans sa mémoire (p. 15) : « Champignac, Zorglub t'attend ! Les zorglhommes sont en marche ! Viens avec eux vers la gloire ! Sous le signe du Z, que l'intelligence vienne au génie. »

---

1 Greg s'est sans doute souvenu de la voiture télécommandée du professeur Samovar de *Radar le robot*, mais peut-être aussi d'un autre récit qui préfigure son scénario de façon troublante : la 53e aventure de Mandrake, *Le Taxi du mystère* (Lee Falk et Phil Davis, 1949), dans laquelle un puissant voleur enlève ses victime au moyen d'un taxi sans pilote, télécommandé à distance.

Peu de temps après, le fameux Zorglub, un ancien camarade d'université du comte, débarque chez ce dernier de façon théâtrale pour lui proposer une association visant à s'assurer « la propriété de toutes les planètes du système solaire ». Le comte le jette dehors et Zorglub repart dans un étrange objet volant qui évoque une soucoupe.
Plus tard, Zorglub réitère sa proposition avec insistance pour tenter de décider le comte à le rejoindre dans son entreprise mégalomaniaque. Comme le comte refuse toujours, Zorglub décide le lendemain de faire une démonstration de sa puissance. Il manipule la population de Champignac par ondes radio et la dirige contre le comte et son château. Mais les héros parviennent à les neutraliser.
Ils découvrent finalement le projet de Zorglub : créer des villes peuplées d'une armée de zorglhommes asservis qui (p. 50) « ignorent la faim, le froid, la fatigue ». Alors qu'ils pensent avoir anéanti les projets de Zorglub, ce dernier parvient à déclencher le lancement de dizaines de fusées à partir de plusieurs bases réparties sur Terre. Il a fait écrire en rouge sur la lune « AcoC-aloC ».
Mortifié par son erreur, Zorglub renonce à tous ses projets.

Contexte de création

La guerre froide bat son plein. La course à l'espace aussi… Le 3 novembre 1957, l'URSS envoie dans l'espace la petite chienne bâtarde Laïka, à bord de *Spoutnik 2*. L'animal, qui ne survivra que quelques heures, devient le premier être vivant à aller dans l'espace.

Zorglub a mis au point un vaisseau spatial habitable. Spirou découvre son projet avec horreur (p. 53) : « Le Marsupilami !! Il veut envoyer le Marsupilami dans la Lune !! » Et Franquin, l'ami des animaux, dit à ses lecteurs qu'aucun projet ne justifie le sacrifice d'un animal.

En réaction, aux États-Unis, le président Eisenhower décide fin 1958 d'investir à long terme en créant la NASA (National Aeronautics Space Administration). De son côté, l'URSS poursuit son programme avec une bonne longueur d'avance. Dès le 2 janvier 1959, la sonde Luna-1 sort de l'orbite terrestre et survole la Lune. Le 13 septembre, Luna-2 atteint sa cible en se posant sur le satellite de la Terre. Et moins d'un mois plus tard, Luna-3 fait découvrir à l'humanité la face cachée de la Lune. L'objectif des Américains comme des Russes n'est évidemment pas d'inscrire une publicité en grosses lettres sur la surface de la lune, mais de montrer leur supériorité en y posant un homme... Une « publicité » encore plus marquante aux yeux de l'Humanité.

C'est aussi l'époque des ovnis... Les héros apprennent par la radio (p. 60) : « Le mystère de l'espace : Jodrell Banks affirme que les centaines d'objets non identifiés repérés dans l'espace par les radars du monde entier sont sur le point d'atteindre la Lune ! On ignore toujours l'origine de ces... » Jodrell Bank est l'un des premiers observatoires de radioastronomie au monde créé en 1945 et situé au nord-ouest de l'Angleterre, dans une campagne exempte d'interférences radio. Il a été utilisé en 1957 pour suivre le lancement de *Spoutnik 1* et trouve toute sa place dans ce récit.

Dans ce contexte, les populations sont à la fois fascinées et terrorisées par les objets volants non identifiés, sans que l'on sache très bien s'il s'agit d'engins mis au point par l'ennemi ou s'ils sont d'origine extraterrestre. Cette thématique fait les choux gras de la littérature pseudo-scientifique, du cinéma ou de la bande dessinée.

Science et vie n° 488 de mai 1958 (déjà cité pour l'article « La pesanteur vaincue ») consacre un article aux « jeeps de l'air » où l'on apprend que « les techniciens américains sont en train de créer la voiture tout-terrain qui se moquera du sol, parce qu'elle n'aura pas besoin de le toucher ». La Zorglumobile (p. 19) s'inspire directement de l'engin dessiné sur la couverture de ce numéro. Le thème est encore traité dans *Sciences et Avenir* n° 141, de novembre 1958, qui annonce : « L'aviation commerciale s'apprête à aborder l'ère du décollage verticale » illustré d'un drôle d'engin volant qui ne déplairait pas à Zorglub[2].

2. Il suffit de consulter les magazines *Sciences & Avenir* des années 1950, dont les titres sont « Dans quelques mois, la fusée habitable », « Le navire interplanétaire de Von Braun », « Surveyors, la machine qui va se poser sur la Lune », « Comment l'URSS a gagné la course aux fusées », « Qu'allons-nous trouver sur la Lune ? » (les dessins de la Lune p. 61 et p. 64 de *Z comme Zorglub* semblent calquées sur la couverture de ce numéro), « L'ère du décollage vertical », « L'hélicoptère individuel pour le prix d'une motocyclette », mais aussi « L'électro-encéphalographie sur le point de lire nos pensées », pour constater à quel point le récit de Franquin s'inscrit dans les préoccupations de l'époque.

Sous couvert de cette farce, mettant en scène un génie mégalomane, le propos de Franquin est toujours pacifiste. Le zorglhomme Otto Paparapap, aux nom et prénom palindromiques, est une caricature pitoyable des nostalgiques de la guerre.

Les fusées de Zorglub

Un mois avant le début de publication de ce récit, les 10 et 12 mars 1959, deux fusées-sondes Véronique sont lancées depuis le désert saharien. Mais les médias s'intéressent à cette première campagne de tir scientifique depuis longtemps. Dès le 23 février 1959, *L'Aurore* annonce qu'il « apparaît déjà que des fusées françaises valent – si elles ne les dépassent pas – les engins étrangers de la même catégorie ».

La conquête de l'espace n'est plus un domaine réservé aux grandes puissances. La couverture médiatique est impressionnante : journaux quotidiens, magazines scientifiques ou grand public, etc. La « petite Véronique » est même en première page couleur de *Paris Match* du 21 mars. Les fusées de Zorglub doivent beaucoup à la notoriété de la fusée française Véronique.

Sur le plan graphique, les fusées de l'inventeur mégalomane (p. 59) sont fortement inspirées de celles que l'on peut voir en couverture du magazine *Sciences et Avenir* n° 146, titré « Comment l'URSS a gagné la course aux fusées », qui sort en Belgique quinze jours seulement avant le début de ce récit.

Batman, Mandrake et Zorro

Le bat-signal fait son apparition en 1941 dans *Detective comics* n° 60. C'est un projecteur utilisé par la police de Gotham pour appeler Batman à l'aide. Bob Kane s'était lui-même inspiré du film *The Bat Whispers* de 1930. Il décline ensuite ces objets et lieux avec le préfixe bat : batcave, batmobile, etc. Zorglub aura le zorgléopthère, la zorglumobile, les zorglondes et les zorglhommes...

La 33e histoire de Mandrake, *The Mirror people*, de Lee Falk et Phil Davis, est publiée du 9 octobre 1944 au 16 décembre 1944. C'est une des plus insolites de la série. Mandrake, sa fiancée Narda et son serviteur Lothar traversent le miroir et rencontrent leurs doubles négatifs Ekardnam, Adran et Rahtol, dans un monde où tout est inversé par rapport au monde réel, y compris le langage. Greg s'est-il inspiré de cet épisode pour créer la zorglangue (identique dans la forme au langage du peuple des miroirs) ?...

Mais le titre de l'album convoque un autre imaginaire : le personnage de Zorro, créé par Johnston McCulley en 1919, porté maintes fois à l'écran[3], et que les Studios Disney diffusent en noir et blanc sur le réseau ABC entre le 10 octobre 1957 et le 2 avril 1961. Le vengeur masqué signe d'un Z. Et le rapprochement avec Batman n'a rien de surprenant quand on se souvient que Bob Kane, reconnaissait lui-même s'être inspiré de Zorro pour créer l'homme chauve-souris. Autant de références que connaissent bien Greg et Franquin.

Zorglangue *vs* novlangue

Attardons-nous un instant sur cette fameuse « zorglangue » ... En créant un langage qui lui est propre, et qu'il impose à ses adeptes, Zorglub marche dans les pas d'un des plus grands manipulateurs : Hitler.

Le philologue Victor Klemperer explique dans son livre *LTI, la langue du Troisième Reich*[4], en 1947, comment la novlangue[5] nazie, orchestrée par Goebbels, devint le moyen de propagande du régime, pour orienter et contraindre la pensée. Klemperer écrit : « Le nazisme s'insinue dans la chair et le sang du grand nombre à travers des expressions isolées, des tournures, des formes syntaxiques qui s'imposaient à

---

3. On se souvient que Franquin y fait d'ailleurs directement allusion dans *La Corne de rhinocéros*.
4. « LTI » signifiant en latin : *Lingua Tertii Imperii*, la langue du Troisième Reich.
5. La novlangue est la langue officielle d'Océania, inventée par George Orwell dans son roman d'anticipation *1984*, publié en 1949. Elle consiste en une simplification lexicale et syntaxique d'une langue destinée à rendre impossible l'expression d'idées potentiellement subversives et à empêcher toute formulation critique à l'égard du pouvoir officiel.

des millions d'exemplaires et qui furent adoptées de façon mécanique et inconsciente. Les mots peuvent être comme de minuscules doses d'arsenic : on les avale sans y prendre garde, ils semblent ne faire aucun effet, et voilà qu'après quelque temps l'effet toxique se fait sentir. »

La zorglangue contribue un peu plus à la lobotomisation des troupes téléguidées par Zorglub. Les zorglhommes se reconnaissent et communiquent entre eux dans le seul langage officialisé par le maître. Greg la ridiculise et la rend quasiment inintelligible en inversant les mots. À tel point que Franquin décide d'en donner une traduction en bas de cases.

L'homme invisible

Fantasio reprend conscience dans une voiture qui semble conduite par une simple paire de gants posés sur le volant, sans pilote (p. 7) : « Non ! Non ! ça, ce n'est pas possible !!! L'homme invisible, ça n'existe pas ! » L'idée de la voiture sans pilote avait déjà été utilisée dans *Radar le robot*. Mais au moment où il dessine cet épisode, la série télévisée *L'Homme invisible* (26 épisodes de 25 minutes en noir et blanc), inspirée du roman d'H.G. Wells, et créée par Ralph Smart, est diffusée entre le 14 septembre 1958 et le 5 juillet 1959 sur le réseau ITV. Franquin en a certainement eu connaissance et joue sur cette ambiguïté pour attiser l'imagination du lecteur.

Plus anecdotique : Franquin confiera plus tard que l'idée de poser des gants sur le volant provenait d'une de ses habitudes consistant à laisser ses gants en évidence sur le volant de sa propre voiture quand elle était à l'arrêt.

Les voleurs de corps

Au plus fort de la guerre froide, la paranoïa de l'Ouest – en grande partie vis-à-vis du communisme – prend des formes étonnantes, qui se manifestent souvent dans les films de l'époque. L'une de ces peurs se traduit dans le genre cinématographique « Body Snatcher » (Voleur de corps), où d'autres entités (qu'elles viennent de l'au-delà, qu'elles soient extraterrestres ou qu'elles possèdent des technologies inconnues) prennent le pouvoir du corps et de l'esprit des populations pour mieux les asservir. Dans *Les Envahisseurs de la planète rouge* (*Invaders from Mars*) de William Cameron Menzies (1953), un gamin passionné d'astronomie voit atterrir une soucoupe volante près de chez lui. Il prévient aussitôt son père, un scientifique qui met au point une fusée expérimentale à propulsion atomique pour une mission secrète. Le père part à leur rencontre, mais à son retour, il a une étrange marque sur la nuque, le regard vague et il est devenu irascible. Les extraterrestres prennent bientôt le contrôle de la population.

La même idée est reprise dans *Invasion of the Body Snatchers* (*L'Invasion des profanateurs de sépultures*), de Don Siegel (1956), tiré du roman de Jack Finney, *The Body Snatchers*, paru en 1955. Ici, les habitants d'une petite ville de Californie sont pris pour des fous car ils affirment que des membres de leur famille ou des amis ont été dépossédés de leur identité. On apprend que des graines de l'espace dérivent vers la Terre, procèdent à la copie d'êtres humains dépourvus d'émotion, et entament le processus de colonisation de la planète entière. Cette histoire est encore alimentée par les craintes de la « menace rouge ». Beaucoup de personnes sont inquiètes à propos de leurs proches, à la fois semblables à eux d'un point de vue physique et très différents dans leur personnalité.

D'autres films ont décliné ce thème, comme *La Marque* (*Quatermass 2*) de Val Guest (1957). Ici, le professeur Quatermass tente d'obtenir des subventions gouvernementales pour son projet de colonisation de la Lune, mais ses recherches l'orientent vers de petites météorites venues coloniser la Terre. Là encore, les Terriens contaminés portent une marque.

Ici Zorglub, avec sa zorglonde, transforme les humains en zorglhommes dépourvus de leur libre arbitre et manipulables à loisir.

Le contrôle des cerveaux

Le contrôle du corps passe d'abord par celui du cerveau. C'est un thème que l'on retrouve plusieurs fois chez Franquin, dans *Le Repaire de la murène*, *Les Petits Formats* et bien sûr dans ce récit. Là encore, l'idée n'est pas nouvelle, et loin d'être saugrenue.

Dès les années 1920, les États-Unis travaillent sur les techniques de manipulation mentale, en parallèle de l'essor de la psychologie et de la publicité. Pendant la Seconde Guerre mondiale, l'Office of Strategic Services (OSS) américain mène des recherches visant à créer un agent chimique capable d'influencer le comportement humain et de contraindre un individu à divulguer des informations sensibles. Le TD (« *Truth Drug* » : drogue de la vérité), un extrait de cannabis très puissant, sous forme liquide, n'ayant ni goût ni odeur, est mis au point et testé par l'armée américaine avant d'être utilisée de manière opérationnelle. De leur côté, les nazis se livrent à des expériences abominables dans les camps de concentration, dont le but est l'assujettissement mental des populations.

Après la Seconde Guerre mondiale, l'armée américaine est persuadée que les Soviétiques sont parvenus à contrôler la volonté de certains individus par des techniques de « lavage de cerveau ». Le procès du cardinal József Mindszenty à Budapest, en 1949, et la retransmission publique de ses aveux de trahison finissent de les convaincre.

La CIA lance alors son propre programme de recherches en 1949 sur l'utilisation du LSD comme arme chimique, dans le but de créer « une altération exploitable de la personnalité » à des fins de renseignement. À partir de 1953 (et jusqu'en 1972), elle mène un autre projet, nom de code MK-Ultra, visant à développer des techniques de contrôle et de programmation de l'esprit. D'autres études sont menées à différentes époques aux États-Unis, en Corée, etc. Toutes ont pour but de contrôler et manipuler le cerveau humain.

Clins d'œil

Franquin dévoila l'origine de la silhouette de Zorglub : « Je dois dire que s'il n'est pas une caricature, il ressemble cependant à un gars que je connaissais et qui jouait un rôle dans la direction d'un grand magasin de Bruxelles. J'étais en rapport avec lui pour un travail quelconque, et c'est un gars qui me faisait rire énormément. Il était fort bavard, avec un accent assez puissant, et il était coiffé comme Zorglub ; ce n'était pas un vieux beau, mais on sentait tout de même qu'il soignait son apparence, et surtout sa chevelure noire qui bouclait derrière. Je suppose qu'il voulait plaire aux femmes. Il était vraiment étrange et, quand j'ai dessiné Zorglub, j'ai pensé à lui, sans en faire du tout une caricature "personnelle"[6]. »

Au mur de la chambre de Fantasio (p. 5), un portrait de femme assise, bras croisés, ressemble à un tableau de Modigliani. Posée négligemment au sol, on reconnaît la pochette du disque de Frank Sinatra, *Live at Montecarlo « Sporting club »* du 14 juin 1958[7].

On devine « une superproduction en cinémascope. Le trésor du… » à l'affiche du cinéma Luxor (p. 8). Peut-être un clin d'œil au western de John Sturges, *Le Trésor du pendu*, sorti en 1958. Sur la même page, on devine aussi le cinéma le Ritz, qui avait ouvert ses portes en 1956 dans le quartier de Jette. Emblématique des années 1950 avec son style architectural exceptionnel, le Ritz était équipé pour cinémascope et avait une programmation très commerciale. Vestige d'un passé voué au 7e art, il ferma en 1969, pour devenir un bowling…

---

6. *Et Franquin créa la gaffe*, *op. cit.*, p. 256.
7. Le crooner est très apprécié des jeunes lecteurs. Le journal *Spirou* n° 1264 du 5 juillet 1962 consacre une page entière (p. 2) à « Frank Sinatra à Paris » dans la rubrique « Écouter voir ».

Tembo Tabou

30 pages parues dans Le Parisien libéré *en septembre 1959, puis dans Spirou, du n° 1721 du 8 avril 1971 au n° 1723 du 22 avril 1971, et dans l'album* Tembo Tabou, *en 1974. Scénario : André Franquin, Greg; dessin : André Franquin, Jean Roba.*

On apprend au début du récit que « remontant vers les sources du Labatou-Tobou, ils [Spirou, Fantasio et le Marsupilami] pénètrent dans le Kwakildila (Quoi qu'il dit là ?), pour y rejoindre le célèbre écrivain de l'Afrique Oliver Gurgling Thirstywell, déjà sur place ».
Dans la jungle, ils découvrent son camp piétiné, et rencontrent des éléphants peints en rouge, dressés à effrayer les touristes. Puis des Pygmées de la région leur avouent posséder une grande quantité d'or, et que des bandits les menacent avec les éléphants s'ils refusent de payer une taxe régulière en or.
Les héros retrouvent et capturent les bandits, et délivrent également Thirstywell qu'ils retenaient.

Contexte de création

Ce récit est l'une des trois histoires courtes proposées par Dupuis au *Parisien libéré* pour accroître la visibilité de *Spirou* en France. Il peut être lu comme une suite de la bande dessinée *Spirou chez les Pygmées* (1949) avec laquelle il présente plusieurs analogies.

Franquin, débordé, constitue un petit studio avec son fidèle décoriste Jidéhem, qui œuvre déjà sur Spirou et Gaston, le jeune Roba, qui a six ans de moins que lui, et l'éternel Greg. Le scénario imaginé avec Greg évoque *Au cœur des ténèbres* de Joseph Conrad (1902), dans lequel une expédition remonte un fleuve serpentant au cœur du continent africain pour retrouver et ramener en Europe un membre de leur compagnie, Kurtz.

C'est aussi l'occasion pour Franquin de mettre en scène ses animaux fétiches : les éléphants.

Dans les pas de *Tintin au Congo*

« Au cœur de la grande forêt africaine, les rives du Labatou-Tobou retentissent du chant rythmé des pagayeurs... Sur chaque embarcation, le chef de nage scande l'effort de ses hommes aux accents d'une mélopée indigène. »

Le Labatou-Tobou (là-bas tout au bout) ressemble au Congo... Mais au lieu du chant de *Tintin au Congo* (TC, p. 36), ils chantent « Gondo-o-o... Gondo-o-o... Gondo-li-heeee... », tiré de la chanson *Gondolier*, composée l'année précédente, en 1957, pour Dalida...

Le méchant Noir se présente (p. 23) : « Alors comme ça, on a voulu jouer au plus fin ? Un peu jeunots, les héros, pour mater le grand Matuvu ! Ah ! Ah ! Ah ! » Matuvu est un clin d'œil au nom de la tribu d'Hergé les M'Hatouvou (TC, p. 29), ennemis héréditaires des Babaoro'M (respectivement inspirés des tribus Matuwu et Babaolong). Enfin, vieux poncif colonial, les Pygmées (présents dans *Tintin au Congo* et ici) sont supposés admirer les héros (p. 20) : « Grands Blancs courageux ! — Oui ! Pas comme nous ! » Ces propos font écho à ceux des villageois (TC, 63) : « Moi plus jamais y en verrai boula-matari comme Tintin !... »

Henry Morton Fantasio

Fantasio retrouve l'écrivain et lui demande (p. 30) : « Mister Thirstywell, je présume ? » en clin d'œil à la célèbre phrase de Henry Morton Stanley lors de son improbable rencontre, le 10 novembre 1871 près du lac Tanganika, avec le docteur David Livingstone que tout le monde pensait disparu.

Tarzan, encore

Après *Spirou sur le ring* et *Les Petits Formats*, Franquin fait une nouvelle allusion à Tarzan, qui n'en finit plus de séduire les spectateurs de cinéma. *Tarzan, l'homme singe* de Joseph M. Newman sort au même moment, avec le très athlétique Denny Miller dans le rôle-titre. Spirou se casse la figure en utilisant une liane, et dit à Fantasio (p. 6) : « Les films de Tarzan, c'est du chiqué ! »

L'Ombre du Z

61 pages. Publié dans le journal Spirou,
du n° 1140 du 18 février 1960 au n° 1183 du 15 décembre 1960,
puis en album, en 1962.
Scénario : Greg ; dessins : André Franquin ; décors : Jidéhem.

Ce récit fait suite à *Z comme Zorglub*. Un petit texte d'introduction rappelle la situation : « Zorglub a été vaincu : le génie scientifique du comte de Champignac et l'énergie de Spirou et Fantasio sont venus à bout du "dictateur électronique" qui régnait sur les milliers d'êtres humains transformés en robots dociles, les zorglhommes. Le coupable ayant juré sur l'honneur de libérer ses victimes et de détruire ses installations, nos amis reviennent à Champignac. »
Un peu plus tard, Zorglub arrive au château et parvient à hypnotiser les héros à l'aide d'un appareil de sa fabrication. Et se présente comme Zug Brol (anagramme de Zorglub. Brol est un mot de vocabulaire belge familier désignant le désordre ou le fouillis), éditeur de *Science et Futur*. Mais le Marsupilami brise l'appareil et il est aussitôt reconnu. Il leur avoue alors qu'il n'a finalement pas renoncé à ses projets et s'enfuit.
Les héros comprennent bientôt qu'il est en Palombie et se lancent à sa poursuite. Sur place, ils constatent que Zorglub utilise sa zorglonde pour forcer les habitants du pays à lui acheter le savon et le dentifrice qu'il fabrique pour financer ses recherches. Puis pour dépouiller les commerçants de leur recette.

Il faut à présent localiser Zorglub. Les héros parviennent à son refuge. Ce dernier avoue les ventes de dentifrice et de savon, mais nie voler les commerçants. Surgit alors Zantafio, *alias* Zantas. C'est lui le coupable et il entend bien se débarrasser de Zorglub le moment venu pour récupérer son poste de dictateur.
Zantafio est arrêté. Mais Zorglub, atteint par l'arme de Zantafio, semble avoir perdu toutes ses capacités physiques et intellectuelles.

Contexte de création

Franquin dénonce la « tyrannie de l'électronique » rendant les gens esclaves de la technologie, ainsi que la société de surconsommation et le pouvoir de la publicité outrancière, qui envahit ses bandes dessinées depuis des années. Les foules saisies de fièvre acheteuse (p. 46) préfigurent les scènes de panique et de délires collectifs vues récemment lors de la mise en vente à bas prix de produits tels que la pâte à tartiner ou des consoles de jeux vidéo. « D'accord, ma zorglonde influence le public... Mais n'est-ce pas là le but de toute publicité ? ... En somme, je fais de la publicité poussée à sa perfection ! ... — Sophisme », rétorque Champignac, furieux.

Aérophotogrammétrie

La photogrammétrie aérienne consiste à déterminer la forme, les dimensions et la situation géographique d'un objet à partir de plusieurs prises de vues. Elle se développe à partir de 1940, en grande partie à des fins militaires. Mais de nouvelles méthodes analytiques et automatiques voient le jour en 1960, l'année de ce récit. Nul doute que Franquin est parfaitement au courant de ces dernières évolutions technologiques qu'il a pu découvrir dans les magazines auxquels il est abonné. *Photo ciné revue* n° 1 de janvier 1960 consacre précisément un article sur « la photogrammétrie au Proche-Orient ».

Le comte a une idée (p. 56) : « Connaissez-vous l'aérophotogrammétrie, mes amis ? — Oui, ces photos aériennes qu'on fait de tout un pays et qui, réunies, donnent une carte très exacte ? [...] J'y suis ! Formidable ! Puisque tout le pays a été photographié, la base secrète de Zorglub figure sur l'un de ces clichés ! » Justement pas... Il manque deux photos, qui n'ont pu être prises par les avions à cause de la zorglonde. De Champignac en déduit donc que le repaire de Zorglub se situe dans le périmètre non photographié.

Clins d'œil

Là encore, les clins d'œil aux marques chères à Franquin ne manquent pas, nous n'y reviendrons pas. On distingue aussi une publicité pour l'insecticide Fly Tox, qui s'est elle-même livrée à un véritable matraquage publicitaire de 1928 à 1960.

Le chef d'orchestre (p. 10) annonce : « Attention, nous attaquons *Poète et Paysan* », en référence à l'ouverture de concert de Franz Von Suppé (1846).

Franquin a confié plusieurs fois sa passion pour la peinture néerlandaise du XVIIe siècle, qui lui a donné le goût du détail. Le comte semble avoir les mêmes goûts que son créateur, en ornant son salon du tableau *Enfants de la famille Van Campen*, réalisé vers 1623-1625 par Frans Hals (p. 21), un peintre flamand qui est considéré, avec Rembrandt et Vermeer, comme l'un des plus importants du siècle d'or.

Enfin, l'hôtesse de l'air tente de faire comprendre à Spirou et Fantasio que les animaux sont interdits dans l'avion, dans un jargon mêlant différentes langues et se concluant par « Schtroumpf » (p. 42).

Spirou et les hommes-bulles

30 pages. Publié dans Le Parisien libéré,
du n° 4781 des 23-24 janvier 1960 au n° 4895 des 4-5 juin 1960[1].
puis en album en 1965.
Scénario : Franquin ; dessins : Franquin et Roba.

Spirou et ses amis apprennent que le célèbre bandit John Helena, dit « La Murène » s'est évadé du pénitencier de Saint-Verrou, probablement dans l'intention de récupérer l'or et la drogue toujours enfermés dans l'épave du *Discret.*
Spirou est hébergé dans le sud chez Herbert d'Oups, un riche notable passionné par le monde sous-marin qu'il voit comme « un refuge contre la vulgarité bruyante de notre époque ».
Lors d'une plongée sur l'épave, Spirou se fait agresser par des individus dans des sous-marins de poche de forme arrondie, les « hommes-bulles ». Mais il parvient à leur échapper grâce aux performances techniques de l'appareil du comte. Soupçonnant D'Oups, Spirou décide de fouiller sa villa. Mais il est assommé. Quand il reprend connaissance, il se trouve en présence de monsieur D'Oups, dans une cité sous-marine de sa création : « Korallion-la-Ville-Bulle ». D'Oups explique son projet : « Avec un groupe d'amis, savants, industriels, artistes, tous gens raffinés, j'ai édifié cette petite ville sous-marine... et si je tiens au secret

1. Toutes les planches originales : http://www.inedispirou.com/bibliotheque/Textes/Etudes/modele_etudes.php ? dir=paris

> à tout prix, ce n'est pas pour cacher un trafic... c'est pour que Korallion-la-Ville-Bulle reste un paradis... Ici, loin des bruits, des musiques barbares, de la frénétique stupidité du monde d'en haut, nous nous entourons d'anémones de mer et de gorgones. » Comprenant qu'ils ont affaire à un honnête homme et à un noble projet, Spirou et ses amis décident de garder le secret.

Contexte de création

Ce récit fait suite au *Repaire de la Murène*, dont le scénario est rappelé dans une longue introduction. À la même époque, *Le Monde du silence*, le film documentaire de Jacques-Yves Cousteau et Louis Malle, sorti en 1956, est auréolé de la palme d'or au festival de Cannes et de l'Oscar du meilleur film documentaire aux États-Unis l'année suivante. Franquin y fait directement référence. Quand la voiture de la Murène sombre dans un fleuve, les gendarmes pensent qu'il s'est noyé. Mais le pharmacien éthylique de service les contredit (p. 5-6) : « Je l'ai reconnu... [...] C'est le commandant Cousteau [...] Avec son co... costume du hips!... du... du monde du hips! Du [...] — SILENCE! — C'est ça. » L'ivrogne a bien vu le chauffard muni de bouteilles de plongée et, pour lui, il ne peut s'agir que du commandant Cousteau.

Au début des années 1960, Cousteau se demande si l'homme pourrait vivre sous la mer, et combien de temps. Il déclare alors : « Nous n'irons jamais vivre dans les plaines abyssales, par trois ou six mille mètres de profondeur. Mais nous pouvons envisager qu'un jour l'humanité colonisera le plateau continental, ce prolongement des continents sous la surface de la mer, entre zéro et deux cent cinquante mètres de profondeur. » Il met son idée en pratique avec les expériences Précontinent I, II et III, qui sont de vrais petits villages sous-marins, et démontre qu'il est parfaitement possible de vivre, de travailler ou d'entretenir une ferme sous la mer. C'est exactement ce que réalise D'Oups.

La détestation du rock

D'Oups déteste le bruit (p. 20) : « Chaque fois que je viens sur terre, je suis exaspéré par ces mille bruits vulgaires, ridicules et inutiles… » Mais il déteste en particulier une nouvelle musique importée des États-Unis qu'on appelle le rock'n'roll. Voyant un guitariste faire la manche à la terrasse d'un bistro, il lui dit (p. 20) : « Prenez cette somme et allez donc hurler à la ville voisine ! Ou plutôt, hâtez-vous d'apprendre un métier décent ! »

Son cas n'est pas unique. En fin des années 1950-début des années 1960, le rock a mauvaise presse. Dans « Les Blousons noirs, amateurs de rock'n'roll et de violence[2] », Sophie Victoire explique que cette musique et ses nouvelles idoles, Elvis Presley, Vince Taylor, Eddy Mitchel ou Johnny Hallyday, sont les modèles des blousons noirs tant redoutés des citoyens. Le rock constitue aussi une rupture générationnelle par rapport aux « chanteurs à la mode » de l'ancienne génération : une chanson de Marino Dorémi (variation sur le nom de Dario Moreno) passe au juke-box (p. 10).

Le rock est ostracisé par une grande partie des médias. Un animateur de radio américain va même jusqu'à organiser un véritable autodafé des 45 tours d'Elvis. En France, Lucien Morisse, responsable de la programmation musicale d'Europe n° 1 et animateur de l'émission *Le Discobole*, casse en direct un disque de Johnny Hallyday et le chanteur a l'interdiction de se produire dans plusieurs villes…

Un récit quasiment autobiographique

Dès la première case de ce récit, Franquin, alors écrasé de travail, rappelons-le, donne le ton. Le comte reconnaît : « Vous avez raison, les amis, je travaille trop. Bonne idée, ce petit voyage de détente… Mais où aller ? Les itinéraires pittoresques sont si nombreux… qu'on ne sait lequel choisir… » Le texte de commentaire – « Champignac-en-Cambrousse, le château au milieu d'un grand parc plein de solitude et

2. Criminocorpus.org.

de mauvaises herbes… » –, est le reflet de l'état d'esprit de Franquin. Il abandonne un peu plus à chaque récit cet univers désuet qui l'ennuie. Il a besoin d'ailleurs, d'explorer de nouveaux univers graphiques, s'interrogeant lui-même sur les prochaines expériences qui éveilleront encore son intérêt… Comme de fait, dans les années à venir, il se réinventera dans plusieurs projets… Et comme D'Oups, Franquin aspire au calme et à la quiétude. En pleine dépression, il veut fuir la « frénétique stupidité » du monde.

Clins d'œil

Le bistro Au père Gola (p. 12) affiche une publicité « Marzano ».

Spirou affirme (p. 28) : « La solution de tout ce mystère, je la trouverai dans cette vieille villa, ici au Cap Rose ». Le « Cap Rose » évoque la « Villa Rose » de Menton, célèbre depuis 1888.

Mais surtout… le deuxième homme-bulle qui poursuit Spirou sur la couverture de l'album ressemble fort aux autocaricatures de Franquin à cette époque !

Les Petits Formats

30 pages. Publié dans Le Parisien libéré, *du n° 4973 des 3-4 septembre 1960 au n° 5087 des 15-16 janvier 1961, puis dans le journal* Spirou, *du n° 1273 du 6 septembre 1962 au n° 1302 du 28 mars 1963.*
Et enfin dans l'album Spirou et les hommes-bulles *paru en 1965.*
Scénario : André Franquin ; dessins : André Franquin et Jean Roba.

Fantasio disparaît lors d'un reportage. Parti à sa recherche, Spirou découvre une étrange statuette à l'effigie de son ami. En l'observant de plus près, il décrète que ce n'est pas une statuette, mais Fantasio lui-même, réduit et statufié car (p. 38) « personne en si peu de temps ne pourrait fabriquer cette petite merveille. [...] Aucun procédé scientifique ne permettrait de réduire ainsi un être humain ! ... »
En recherchant dans les papiers de son ami, Spirou apprend qu'il devait interviewer un certain docteur Solfatare[1] au sujet de sa « grande collection de miniatures ». Spirou se rend donc chez ce fameux docteur qu'il soupçonne d'avoir réduit Fantasio, mais ce dernier lui révèle qu'il achète ses statuettes miniatures chez Flashback, un photographe qui vient de s'installer à Champignac en remplacement du bar tenu par Léon.

---

1. Franquin tire ce nom du Solfatare, un volcan situé près de la ville de Pozzuoli, à l'ouest de Naples. C'est là que les Grecs et les Romains situaient le royaume de Hadès et les portes des Enfers. On serait suspicieux à moins...

Entre-temps, le comte observe la statuette de Fantasio et conclut pour sa part (p. 52) : « Cette statuette, c'est du plastique », c'est (p. 53) « une photo en trois dimensions ». Il s'avère que le photographe Flashback réalise des statuettes miniatures en photographiant ses clients à l'aide d'un appareil révolutionnaire (p. 54) : « Depuis Daguerre[2], c'est l'événement le plus important dans l'histoire de la photographie. »
Toutefois l'engin n'est pas encore au point et provoque l'amnésie des personnes photographiées, y compris bien sûr de Fantasio, ce qui provoque une succession de gags. Mais après quelques rebondissements, tout finit par rentrer dans l'ordre...

Contexte de création

Cette nouvelle publication dans *Le Parisien* fait partie des efforts de Dupuis pour faire connaître *Spirou* en France. Ce récit, qui est assez classique si l'on s'en tient à l'intrigue policière, fait écho à plusieurs univers, qui peuvent interroger le lecteur...

Le folklore populaire a toujours été peuplé d'êtres minuscules : lutins, gobelins et autres gnomes. La littérature regorge de récits sur ces petits êtres. Dans *Les Voyages de Gulliver*, publié en 1726, Jonathan Swift imagine une contrée, Lilliput, peuplée de personnes minuscules. Plus tard, Roald Dahl écrit *The Gremlins* en 1943, mettant en scène des lutins malfaisants et espiègles. Dans *Spirou et les héritiers*, Franquin lui-même écrit que le manoir des Hiboux à Chahumont est hanté par des nutons, des petites créatures très proches des lutins dont ils partagent l'origine étymologique. Mais les modèles réduits humains rappellent d'autres mythes et légendes, depuis les ouchebtis, ces petites statuaires funéraires égyptiennes antiques auxquelles on prêtait d'étranges pouvoirs, jusqu'aux poupées vaudoues.

La miniaturisation fait aussi écho à une réalité au moment où ce récit est écrit. Elle est en effet un des grands enjeux technologiques de la fin des années 1950. Les premiers circuits intégrés apparaissent en

2. Louis Daguerre a longtemps été considéré comme l'inventeur de la photographie.

1959. Avec eux, les équipements sont toujours plus légers et toujours plus puissants. Ils favorisent l'apparition de satellites artificiels et laissent entrevoir les moyens futuristes d'exploration de l'espace. La miniaturisation de l'homme pourrait-elle déboucher elle aussi sur de nouvelles applications et de nouvelles conquêtes ?

À cette époque, la photographie fait également des progrès majeurs. Franquin y fait plusieurs fois référence. Le pharmacien Dupilon, aussi ivre qu'à son habitude, confond le magasin de photo avec le bar tenu par l'ancien propriétaire Léon. Il veut boire le contenu d'un bocal, mais le gérant du magasin l'en empêche à temps (p. 36) : « Malheureux !! C'est de l'hyposulfite !! » L'hyposulfite de sodium est en effet utilisé en photographie comme agent fixateur des procédés argentiques. Il peut être nocif par contact cutané. Donc on imagine les dégâts causés par l'ingestion, même pour un organisme surentraîné à absorber les alcools les plus variés !

Dans le magasin, on trouve une publicité pour un appareil photo 35 mm Praktica (p. 35 et ss) à visée reflex, créé par Kamera Werk (KW) à Dresde, dont le premier modèle est sorti en 1949. On peut encore lire à la devanture de la boutique (p. 35) les « Films KotKot color » dont le nom évoque Kodak color. La firme vient en outre de sortir un appareil photo révolutionnaire muni d'un flash, comme dans le récit de Franquin. Enfin, pour les amateurs de photographie, le « petit format » a une signification très précise : il désigne une technologie mise au point par Leica permettant de réduire considérablement la taille des films.

Mais ici, Franquin est visionnaire, et entrevoit le principe de l'impression 3D vingt ans avant les premiers essais du docteur Kodama !

Le go kart

Un homme lance à sa femme (p. 53) « Hé ! ... Regarde, Marie... C'est sans doute ça, ces machins qu'ils appellent "go kart" ! » Le go kart (ancêtre du karting) est né quelques années plus tôt, en 1956, aux États-Unis. Des militaires américains, qui s'ennuyaient, auraient décidé de créer un petit bolide à quatre roues pour tuer le temps en faisant des tours sur leur base militaire. L'homme n'a pas dû en voir souvent...

National Stylographic Magazine

Chez Fantasio, Spirou lit un exemplaire du *National Stylographic Magazine* (p. 42) dont la présentation est parfaitement conforme au *National Geographic* de l'époque, magazine auquel Franquin est réellement abonné. Spirou y découvre l'article « J'ai percé les secrets des Jivaros réducteurs de têtes » par le Docteur A. Solfatare, allusion directe au livre *Les Jivaros réducteurs de têtes*, du marquis Robert de Wavrin (1941). En découvrant l'article, Spirou est terrifié : « Ce maniaque a perfectionné les méthodes des Jivaros, et il les a appliqués à Fantasio ! ! »

Cette allusion est aussi un flash-back (comme le nom de la boutique) à un des premiers épisodes de Spirou dessiné par Franquin, *L'héritage*, dans lequel Gaspar exhibait une « authentique tête coupée des Jivaros » (p. 29) ramenée de ses voyages par le vieil oncle de Spirou.

Tarzan

Tarzan, déjà évoqué quelques années plus tôt à travers d'improbables affiches de films, hante toujours l'imaginaire collectif. Et on le reconnaît toujours à son cri… « Oh ! Tarzan en civil ! » s'écrie une jeune femme (p. 61) tandis que Fantasio tente de s'accrocher au vol à sa balançoire… « Ouâââ ! » hurle Fantasio en ratant sa cible et perdant l'équilibre… « C'est lui ! C'est son cri ! »

L'Homme qui rétrécit

Spirou dit (p. 39) : « Ça me rappelle un film… un film idiot, d'ailleurs… où les gens étaient changés en statuettes ! … » *L'Homme qui rétrécit*, de Jack Arnold, une fable sur la condition humaine, est sorti trois ans plus tôt, en 1957. À la suite d'une exposition à un nuage radioactif, un homme voit son organisme rapetisser jusqu'à devenir microscopique. Mais en rétrécissant toujours plus, le héros se déshumanise jusqu'à l'effacement.

Mais Franquin fait plus vraisemblablement allusion à un film antérieur, *Les Poupées du Diable*, de Tod Browning (1936), dans lequel un savant a mis au point le moyen de miniaturiser les êtres vivants. Le processus de rapetissement endommage cependant le cerveau des victimes qui ne peuvent plus se contrôler. Autant d'idées que l'on retrouve dans cet épisode de Spirou...

Ces films annoncent d'autres savants fous comme celui qui, en 1986, invente une machine à réduire les humains dans *Chérie, j'ai rétréci les gosses*, de Joe Johnston, ou, l'année suivante, celui de *L'Aventure intérieure*, de Joe Dante, qui injecte un homme microscopique dans un corps humain...

Clins d'œil

Sur le présentoir du libraire, le scandaleux *Lolita* de Vladimir Nabokov, publié en 1955, côtoie *Mein Kampf* d'Adolf Hitler, publié en 1925, et *Les Trois Mousquetaires* d'Alexandre Dumas, publié en 1844. Autant de livres sortant de la bibliothèque de Franquin ?

Et aussi... Roba a laissé sa signature dans ce récit en dessinant ses héros Boule et Bill, avec le papa, au stand de tir de la foire (p. 59 et 60).

QRN sur Bretzelburg

Publié en deux fois dans le journal Spirou.
28 pages, du n° 1205 du 18 mai 1961 au n° 1237 du 28 décembre 1961.
Puis 37 pages, du n° 1304 du 11 avril 1963
au n° 1340 du 19 décembre 1963.
Et dans l'album QRN sur Bretzelburg, *paru en 1966.*
Scénario : Greg; dessins : Franquin ; décors : Jidéhem.

Le Marsupilami avale un émetteur-récepteur radio miniature appartenant à Fantasio. L'appareil aboutit dans son nez où il se remet en marche avec le volume sonore maximum.
Épuisé et excédé par le bruit, l'animal s'assomme lui-même, mais détraque l'appareil qui émet à présent des ondes radio parasites. Ces émissions perturbent le voisin, un radio-amateur nommé Marcelin Switch, en relation par radio avec le roi Ladislas du Bretzelburg, séquestré par le général Schmetterling, et qui lui avait lancé un appel à l'aide.
Tandis que Spirou fait soigner le Marsupilami dans une clinique vétérinaire, Fantasio se rend chez le voisin, et est enlevé par deux agents des services secrets bretzelbourgeois qui le prennent pour Switch.
Spirou comprend vite la situation et décide de se rendre au Bretzelburg avec Switch pour libérer Fantasio. Sur place, les héros découvrent que le général et son acolyte, le médecin du roi, sont en fait des escrocs qui droguent le roi et le contraignent à acheter de fausses armes pour se défendre contre le pays voisin,

le Maquebasta. Schmetterling ne fait qu'un avec le premier ministre du Maquebasta, où les deux escrocs utilisent une tactique similaire.
Au terme de multiples péripéties, les héros font emprisonner les deux hommes, libérant ainsi le Bretzelburg de sa dictature et le réconciliant avec le Maquebasta.

Contexte de création

Pour ce nouveau récit, Franquin a un embryon de scénario : le Marsupilami avale un mini-transistor et sa truffe diffuse de la musique. L'auteur prévoit encore de faire apparaître Zorglub, mais Dupuis ne veut plus de ce personnage, qu'il estime peu en phase avec la ligne éditoriale du journal. Greg trouve alors une autre idée, grâce à un de ses amis, radio-amateur. Le héros emblématique reprend donc la route…

Seulement voilà, harassé de travail, Franquin fait ce que l'on appelle aujourd'hui un burn-out au cours de ce récit (la dernière planche publiée correspond à la page 26 de l'album). Le journal *Spirou* prévient alors ses lecteurs : « Spirou n'est pas au rendez-vous. Non, cette semaine, pas d'aventures de Spirou en première page. Et la semaine prochaine non plus. Et pas plus au cours des semaines à venir. C'est bien à contrecœur que nous vous apprenons la nouvelle : notre ami André Franquin, auteur de *QRM sur Bretzelburg*, est très souffrant. Provisoirement, il ne peut plus travailler. […] C'était beaucoup trop de travail pour un artiste qui passe des heures d'affilée sur une simple petite case et se documente méticuleusement pour chacun des détails qu'il dessine. Malgré l'avis des médecins, il a continué, a un rythme ralenti. Maintenant il lui est impossible de travailler encore. Et pourtant, bien que ce lui soit impossible, il continue : vous pourrez lire chaque semaine, comme à l'accoutumée, les aventures de Gaston, qu'André Franquin réalise avec la collaboration de Jidéhem. Il ne devrait pas dessiner. Il sait qu'en travaillant ainsi, il retarde d'autant sa guérison. Mais il sait aussi que si on l'empêchait totalement de dessiner, il serait très malheureux. Nous avions pensé un moment à supprimer aussi les aventures de Gaston, pour forcer Franquin à une inactivité qui le guérirait plus vite. C'est lui qui n'a pas voulu. Alors, nous nous sommes dit que vous, les lecteurs, vous ne voudriez pas non plus être privés du seul héros sans emploi de toute la presse enfantine... Gaston figurera désormais à la première page du journal. Faut-il dire combien tous, à la rédaction, nous souhaitons qu'André Franquin se rétablisse bien vite et nous apprenne ce qui va arriver à Spirou, Fantasio, le Marsupilami et M. Switch dans le Bretzelburg ! André, mon vieux, repose-toi bien. Et reviens-nous vite. »

La dépression de Franquin est alors aggravée par une hépatite virale. Il parvient néanmoins à poursuivre la publication des gags hebdomadaires de Gaston. Côté récit, Greg reprend l'idée du radio-amateur (Alphonse Minet), déjà mis en scène dans *Les Pirates du silence*.

QRM ou QRN ?

Le titre *QRM sur Bretzelburg* apparaît dans le journal *Spirou* n° 1208. Selon le codage utilisé par les radio-amateurs, Q désigne une question. « QRM à Bretzelburg » qui signifie plus précisément : « Êtes-vous troublé par des interférences, brouillages ? » (dus à l'électricité statique). À la demande de radio-amateurs, Franquin corrige QRM en QRN, plus cohérent par rapport au récit, où il est bien question d'interférences radio. En effet, QRN demande : « Êtes-vous brouillé par des parasites ? » La conversation entre le radio-amateur et le roi utilise d'autres codes (p. 8) : « Épouvantable ! Votre QRK est tombé à 4... — ... QSA 3... Majesté, je... Majesté ? Mais qu'est-ce qui se passe ? ? » QRK signifie : « Quelle est la force des signaux ? » ; et QSA : « Quelle est la lisibilité de mes signaux ? », évalués sur une échelle de 1 à 5.

L'avènement du circuit intégré

Nous l'avons dit lors de l'épisode précédent, l'époque est à la recherche de la miniaturisation. Elle va faire un bond en avant phénoménal en 1958 avec l'apparition des premiers circuits intégrés. Les plus petits « postes à transistors » sont en effet à peine plus gros que des caramels mous... d'où la confusion du Marsupilami qui l'avale tout rond !

L'épreuve du rock

Nous l'avons également vu dans *Spirou et les hommes-bulles*, le rock est décrié par une bonne partie des auditeurs et mélomanes. La radio annonce : « Les amortisseurs Decarton vous offrent leur émission : Les rois du rock'n'roll. » Fantasio commente : « Bah ! Profitons de cette petite épreuve pour nous assurer que nous sommes maîtres de nos nerfs… »

Les autres chansons « entendues » dans cet album sont beaucoup plus classiques, et révèlent une véritable rupture générationnelle : *Aragon et Castille* de Boby Lapointe ; *Je ne suis pas bien portant* de Gaston Ouvrard ; *Faut rigoler*, chanson de Boris Vian et Henri Salvador (1958) ; ou encore *Funiculi Funicula*, une chanson napolitaine composée par Luigi Denza en 1880 sur des paroles du journaliste italien Giuseppe Turco…

Nostalgie, encore, avec les évocations des chansons *Parlez-moi d'amour* de Lucienne Boyer (1930), *Je tire ma révérence* de Jean Sablon (1938) et la chanson enfantine *Jimbo, l'éléphant*, chantée par Colette Mars (1947).

Route de nuit

La radio annonce, tonitruante (p. 7) : « Grâce à *Route de nuit*, vous ne dormirez pas, puisque voici l'un de ces "rocks" made in USA… » La fameuse émission apparaît en 1955 sur la station française Paris Inter. L'autoradio, tout récent, équipe de plus en plus d'automobiles dans un trafic automobile et routier en pleine expansion. L'émission leur tient compagnie pour qu'ils ne s'endorment pas au volant. « Méfiez-vous du sommeil », lance la voix de l'animateur aux héros… qui tentent justement de s'endormir.

Le rock en question est en l'occurrence le célébrissime tube *Rock Around the Clock* interprété par Bill Halley.

Qui est le Dr Kilikil ?

Le personnage du Dr Kilikil est inspiré des « médecins » sadiques nazis, tel Josef Mengele. La chanson *Kili Watch* du groupe belge The

Cousins sort en 1960, et est présente dans la première version du récit. Elle connaît un succès fulgurant auprès de la jeunesse et contribue à installer le rock'n'roll en Belgique. Mais le tube de 1960 ne résiste pas au temps, et Franquin décide de le remplacer par une chanson plus ancienne mais dont les mélodies et refrains sont toujours présents dans les esprits : *Je ne suis pas bien portant*, déjà citée.

Le nom du docteur Kilikil prend alors tout son sens : Kili est une partie du titre tube des Cousins, et kil évoque le mot anglais *kill* (tuer). Pour parfaire le tableau, l'homme de main de Kilikil s'appelle Adolf…

Où sont le Bretzelburg et le Maquebasta ? Où est Krollstadt ?

Le bretzel est une petite pâtisserie salée, un des symboles traditionnels anciens des cultures alsacienne et allemande. Bretzelburg, ville du bretzel, annonce donc par son patronyme sa culture germanique. On apprend (p. 18) : « C'est un pays très fermé… Ils ont un régime militaire très dur et une police d'État, houàlà !… C'est un général qui tient tout dans sa pogne de fer… Schmetterling… Détesté, mais très fort… Même le roi est pratiquement prisonnier ! Tout ce qu'il a pu faire, c'est monter cet émetteur clandestin grâce auquel il m'a contacté… Il me demandait d'alerter l'opinion mondiale… »

Le Bretzelburg possède sa propre police, la Bretzpolizei… « À Schnapsfürmich, l'espion ne peut plus nuire ! » (*Schnaps für mich* signifie « Alcool pour moi » en allemand.) Le château évoque la forteresse de Marienberg, avec le mur du château médiéval de Würtzburg, en Allemagne.

Sur le wagon du train que prennent les héros (p. 23), on lit « Paris – Basel – Zurich – Krollstadt ». Krollstadt se situe donc plus à l'est de Zurich, dans un petit royaume évoquant le Liechtenstein…

La rivière souterraine de 12 km de long permet aux complices de passer discrètement du Bretzelburg au Maquebasta (*Ma che basta* signifie « Mais, ça suffit » en italien), pays italophone voisin. On peut donc situer le Bretzelburg quelque part entre l'Autriche, la Slovénie et l'Italie, non loin de la frontière italienne…

Krollstadt (p. 28) n'existe pas. En revanche, la ville peut avoir plusieurs étymologies. Il existe bien une ville appelée Kröll en Autriche. Mais Franquin a peut-être aussi voulu rendre hommage au grand architecte belge, écologiste et libertaire Lucien Kroll (1927-1022) avec lequel il partageait bien des idées. Plus pittoresque, en flamand, *kroll* signifie « boucle de cheveux ».

Qui est Ladislas de Bretzelburg ?

Son prénom est célèbre de longue date dans l'Europe de l'Est. Saint Ladislas Ier (1031-1095) fut roi de Hongrie. Ladislas II Jagellon (né entre 1351 et 1362 – mort en 1434) fut grand-duc de Lituanie et roi de Pologne. Ladislas IV Vasa (1632-1648) fut roi de Russie, roi de Pologne et grand-duc de Lituanie. La liste serait encore longue... Et le prénom garde une certaine noblesse. Ce n'est pas le comte Pacôme Hégésippe Adélard Ladislas de Champignac qui dirait le contraire...

Le binôme Ladislas et Schmetterling évoque aussi le tandem bien réel formé par le jeune roi Michel Ier de Roumanie et le maréchal Antonescu. Michel Ier monte sur le trône à l'âge de 18 ans, mais il sert de paravent légitimiste au régime pro-nazis du maréchal Antonescu et n'exerce aucun pouvoir. Comme Michel, Ladislas communique secrètement avec l'étranger et a des sympathies pour la résistance. Le 23 août 1944, le roi et les hommes politiques pro-alliés montent un coup d'État contre son encombrant « mentor » qui est emprisonné.

Qui est le général Schmetterling ?

Le général Schmetterling (p. 19) évoque Joseph Ier d'Autriche. Et le tableau qui figure sur un mur des appartements du roi (p. 38) est fortement inspiré de deux portraits de l'empereur François-Joseph d'Autriche, le premier exécuté par Josef Kis (1867-1870) (pour la posture)[1] et le second se trouvant au château de Schönbrunn à Vienne en Autriche (pour la tenue)[2]. Schmetterling signifie aussi « papillon » en allemand...

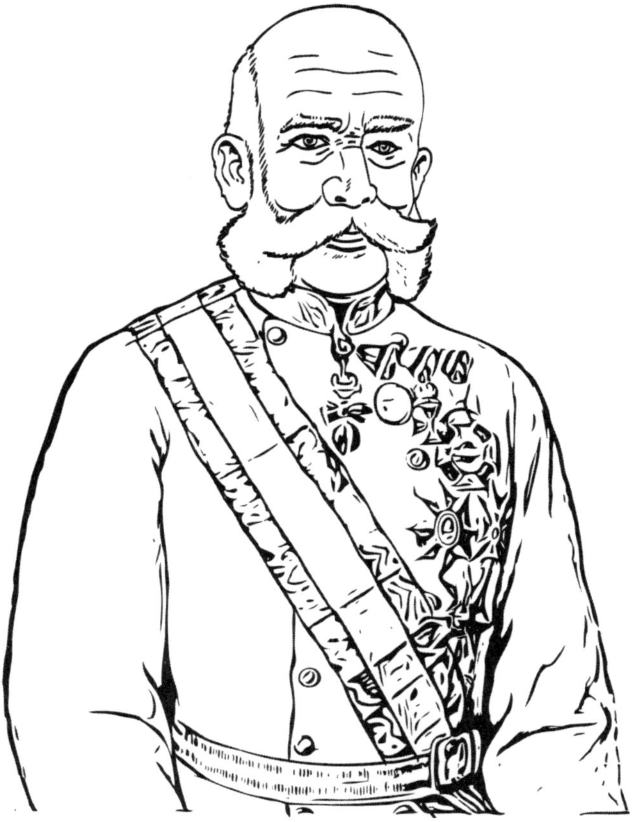

François-Joseph Ier, modèle du général Schmetterling.

1. https://www.alamyimages.fr/photo-image-francois-joseph-francois-joseph-i-1830-1916-empereur-d-autriche-et-roi-de-hongrie-de-la-croatie-et-de-la-boheme-portrait-par-josef-kis-huile-sur-toile-c-1867-1870-135597404.html? imageid=3B1328AF-4CCA-4C91-9336-665C543760F6&p=176541&pn=1&searchId=02c55f30969959d42b377f0e33690049&-searchtype=0
2. https://www.alamyimages.fr/peinture-de-l-empereur-francois-joseph-i-d-autriche-le-chateau-de-schonbrunn-vienne-autriche-image62934800.html

Dialogue avec Hergé

Franquin a lu Hergé… Les deux espions du Bretzelburg (p. 20) sont encore un clin d'œil aux Dupondt. Dans *Les Bijoux de la Castafiore* (prépubliés dans le *Journal Tintin* du 4 juillet 1961 au 13 septembre 1962), le professeur Tournesol fait une démonstration chaotique de sa télévision couleur. Un an plus tard, dans le journal *Spirou* n° 1316 du 4 juillet 1963 (p. 39 de l'album), le roi observe le même dérèglement sur l'écran de sa télévision.

Dans *L'Oreille cassée*, deux pays ennemis héréditaires s'affrontent, pour le plus grand bonheur du marchand d'armes Basil Bazaroff (inspiré du bien réel marchand d'armes grec Basil Zaharoff) qui fournit les deux rivaux. Le général joue le même jeu ici, et pire encore puisque ses armes sont factices (p. 40) : « L'achat de ces fusées est le seul moyen de rétablir l'équilibre des forces, majesté… »

Dans *Le Sceptre d'Ottokar*, vive critique de l'Allemagne nazie, deux pays frontaliers s'affrontent aussi. Ici aussi, tout dénonce l'Allemagne nazie… La misère observée par Spirou à Krollstadt (p. 32) : « les queues devant les magasins » ; les habitants « couverts de haillons » ; les chaussures en carton ; les « costumes taillés dans du papier journal » ; « les cartes de rationnement » ; et (p. 40) : « Vous ne savez pas qu'il est *verboten* de couper une colonne en marche de la Bretzmacht ! ? » Bretzmacht est calqué sur le mot allemand *Wehrmacht* qui signifie « puissance de défense » et qui deviendra le nom officiel des armées du IIIe Reich de 1935 à 1946. Les uniformes rappellent d'ailleurs ceux de la Wehrmacht, et le casque à pointe évoque celui des armées prussiennes.

À la fin du *Sceptre d'Ottokar*, le roi de Syldavie décore Tintin de l'ordre du Pélican d'or « pour le remercier des immenses services » qu'il vient de rendre à la Syldavie (SO, p. 60). Ici, dans la toute dernière image du récit, le roi décore le radio-amateur qui a permis de libérer son pays et a apporté la paix avec l'éternel ennemi (p. 63) : « Je… je suis décoré ? !… La… La médaille bretzelbourgeoise de la bravoure ! C'est… magnifique… »

Mais Hergé a lu Franquin… La simple évocation du docteur Kilikil, émule de Josef Mengele, provoque l'effroi (p. 26). Il préfigure le docteur

Krollspell de *Vol 714 pour Sydney* (publié dans le *Journal Tintin* du 17 septembre 1966 au 28 novembre 1967). Ne viendrait-il pas lui aussi de Krollstadt ?

La grande évasion de Spirou

Franquin dessine le début de la scène d'évasion par le souterrain (p. 54) dans le journal *Spirou* n° 1332 du 24 octobre 1963, un peu plus d'un mois après la sortie en France de *La Grande Évasion*, de John Sturges, le 11 septembre 1963. Le film mythique mettant en scène des acteurs aussi célèbres de Steve McQueen, James Garner ou Richard Attenborough, inspiré de faits réels, raconte comment des prisonniers parviennent à s'échapper d'un camp de prisonniers de la Luftwaffe en creusant des tunnels.

Dans le récit de Spirou, les héros parviennent à s'évader de la forteresse par un tunnel étroit et dépourvu d'éclairage. Fantasio semble paraphraser les fuyards du film (p. 54) : « Si les soldats trouvent l'entrée, nous sommes faits… comme des rats. »

Autoportrait

Plus que dans tout autre récit, Franquin nous livre ici un véritable autoportrait… Le général annonce au roi (p. 38) : « Le prince Farfalla va prononcer ce qu'il appelle un important discours de politique étrangère et… — Je m'en moque, entendez-vous ! Je regarderai *Roquet-belles-oreilles* ! » La série de dessins animés *Huckleberry Hound*, renommée *Roquet-belles-oreilles* dans la version française, créé par William Hanna et Joseph Barbera à la fin des années 1950, est diffusé entre le 2 octobre 1958 et le 13 octobre 1961, puis à partir du 19 mai 1962 en France sur RTF Télévision.

Franquin, passionné de dessins animés américains depuis toujours, est alors dépressif et « soigné » par la « chimie ». Plus tard, il expliquera qu'il pouvait passer des journées entières dans son fauteuil, anéanti, totalement déconnecté de la politique et de la vie sociale. Les propos du roi pourraient être les siens. Spirou semble faire un terrible constat : « Cette drogue diminue ses facultés, j'en suis certain ! »

Pour François Schuiten, « toute l'histoire de QRN raconte la dépression. [...] Tout le monde souffre dans cette histoire. Lorsque le Marsupilami va retrouver ses maîtres à travers les paysages, avec son nez rouge, pas totalement guéri, c'est très beau[3] ».

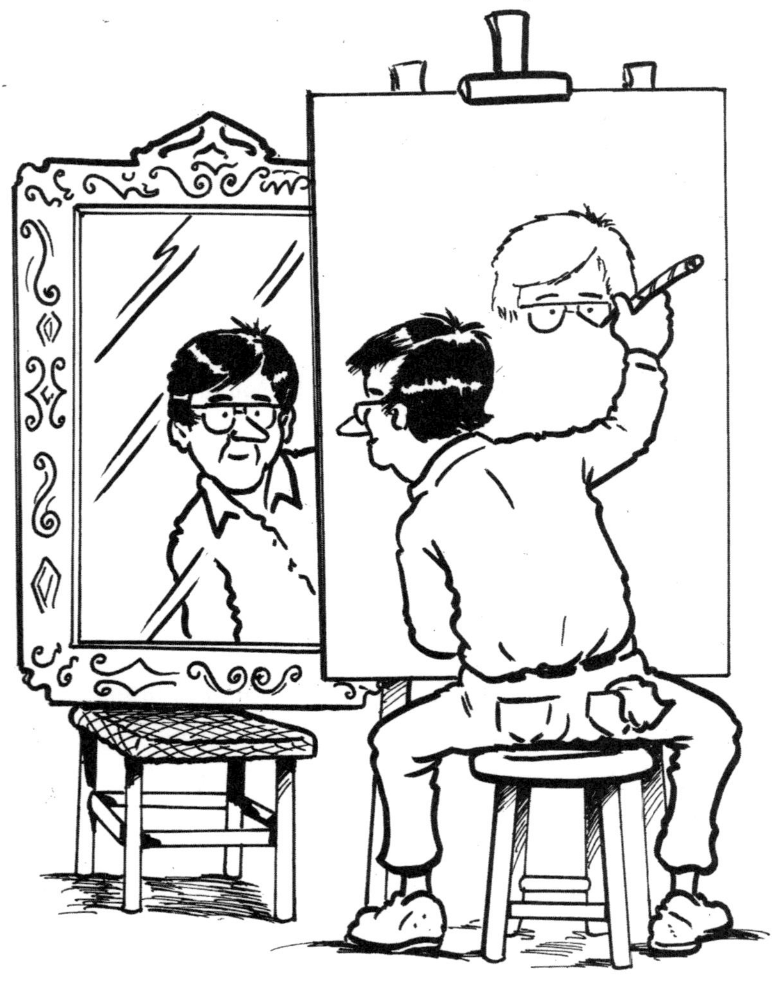

L'autoportrait de Franquin (d'après Norman Rockwell).

3. *Tonnerre de Bulles*, hors-série, n° 4, spécial Franquin-Spirou, p. 30-31.

Mais c'est encore Franquin qui s'exprime à travers les propos du roi, quand il se ressaisit et décide de se remettre au travail (p. 38) : « C'est mauvais... Et vous direz à votre ami le docteur que son médicament m'abrutit... Je n'en veux plus... » Revenu aux affaires, le roi déclare (p. 62) : « Je viens de signer avec la princesse présidente du Maquebasta un accord de désarmement total et définitif, par conséquent, et à partir de minuit... tout uniforme militaire est interdit sur le territoire du Bretzelburg. »

Le cinéma en filigrane

Franquin livre à ses lecteurs ses références cinématographiques, mais il dévoile aussi la chute de ce récit à travers plusieurs allusions qui feront sens le moment venu. Quand Fantasio rencontre pour la première fois le général Schmetterling (p. 21), il se demande : « Quel est ce galonné pour hôtel de cinéma ? » Plus tard, il lance à ses geôliers, le docteur Kilikil et son homme de main (p. 40) : « Tiens, voici Laurel et Hardy. » Tout s'éclaire quand on découvre qui sont les deux escrocs (p. 62) : « Vous nous expliquerez comment un obscur acteur peut arriver à ces brillantes situations... »

Clins d'œil

Franquin adresse au clin d'œil au petit monde de la bande dessinée, qu'il connaît si bien. Cela donne une conversation délirante sur fond d'autodérision entre Marcelin Switch et Spirou (p. 16) : « Je vous avouerai que je n'ai pas le temps personnellement de lire *Mickey*... Mais les gosses de ma sœur, ils se battent quand il arrive ! Je ne vous mens pas !... Leur favori, c'est le cow-boy, là... comment ? Luck... L... Buck Danny !... Et son cheval est irrésistible... Comment s'appelle-t-il son cheval ? — Milou. — C'est ça !... Et il se passionne pour ce pilote américain, là... J'oublie son nom... — Benoît Brisefer !... — Oui ! Et vos aventures, donc !... Ha ! Ha ! Ha ! On se demande comment toutes ces bêtises ont un tel succès !... » Mais, à travers ce dialogue, il n'est pas difficile d'imaginer la lassitude de l'auteur confronté à un public parfois inculte, voire franchement méprisant, lors de séances de dédicaces.

Franquin fait deux allusions à Gaston Lagaffe. Tandis que le Marsupilami s'est abîmé la truffe, Spirou dit (p. 8) « C'est affreux. On croirait voir le nez de Gaston… » ; puis, alors que Fantasio est sur le point d'être torturé (p. 26) : « Fantasio, du cran ! Meilleure méthode : fixer ma pensée sur le vide… Je vais penser à Gaston… »

L'autre clin d'œil récurent consiste à évoquer Charles Dupuis à chaque fois que c'est possible (sans jamais le représenter). Fantasio bafouille, alors qu'il a le « patron » au téléphone (p. 5) : « Spirou ! Éloigne ce Dupuis, je n'entends pas ce que dit Monsieur Marsupilami ! »

Bravo les Brothers

22 pages. Publié dans le journal Spirou,
du n° 1435 du 14 octobre 1965 au n° 1455 du 3 mars 1966,
puis dans l'album Panade à Champignac, *en 1969.*
Scénario : Franquin, Peyo et Gos ; dessins : Franquin ; décors : Jidéhem.

Gaston Lagaffe a acheté trois chimpanzés après la faillite d'un cirque et les offre à Fantasio en cadeau d'anniversaire.
La rédaction du journal *Spirou* sombre dans le chaos dont De Mesmaeker et Monsieur Boulier sont les premières victimes.
Spirou fait alors appel à Noé, l'ancien dresseur des trois singes, pour tenter de ramener le calme dans les bureaux.

Contexte de création

Franquin ne veut plus animer *Spirou*, dont il a hérité de Jijé au début de sa carrière. Ce récit est un passage de témoin entre l'univers de Spirou et celui de Gaston. Il peut à juste titre appartenir à l'une ou l'autre des sagas.

Mais c'est d'abord une satire de l'environnement anxiogène de la rédaction d'un journal avec ses contraintes de délai. « La rédaction était sous pression », commente une scène (p. 41) dans laquelle un article doit être remis pour « avant-hier sans faute ». Fantasio craque (p. 42) : « Oh ! Et puis impossible de travailler dans cette ambiance survoltée ! Je vais finir cet article dans mon bureau… » Dans ce climat, la présence de Gaston apporte une note de fantaisie indispensable (p. 44) : « Avouez qu'on n'a jamais rien vu d'approchant dans ces bureaux !... »

L'autre thème est le cirque. L'économie du cirque est fragile au début du XXe siècle. Le zoo Circus, créé par Jules et Alfred Court, fait faillite en 1932 après quelques années de gloire. Les frères Court doivent alors se reconvertir. Jules trouve un nouvel emploi chez Bureau. Et Alfred entame une brillante carrière de dompteur aux États-Unis et devient directeur de la ménagerie de Barnum. Son parcours ressemble à celui du dresseur d'animaux Noé. Après la Seconde Guerre mondiale, les grands cirques fixes connaissent aussi des difficultés financières. Le cirque Medrano baisse le rideau en 1963...

Même si Franquin prit par la suite ses distances par rapport au monde du cirque, en grande partie en défense de la cause animale, il garda une nostalgie de ce monde merveilleux découvert dans son enfance. Noé, faisant des tours avec les oiseaux du parc pour les enfants, est un pur moment de magie et de poésie (p. 55) : « Un autre tour, m'sieur, avec les moineaux... » Et le nom du trio de chimpanzés, les Brothers, évoque inévitablement les singeries des Marx Brothers, dont Franquin adore l'humour délirant. Gaston explique à Fantasio (p. 44) : « Je me creusais la tête pour ton anniversaire... Voilà que je tombe sur la vente Khafar-Naahum, tu sais, le cirque qui a fait faillite ! Formidable : des ours, des chameaux !... Enfin, plein d'idées de cadeaux !!! »

Quant au prénom Noé, il renvoie inévitablement au créateur de l'Arche, destinée à assurer la pérennité de l'espèce animale...

Les singes de la sagesse

Quand Spirou demande aux Brothers (P. 53) : « Qui a été faire ce ramdam chez Monsieur Boulier ? », les trois chimpanzés prennent les attitudes des fameux singes de la sagesse asiatique (p. 53), que l'on nomme aussi les trois petits singes. L'un se masque les yeux, le deuxième ferme les oreilles, et le troisième pose la main sur sa bouche, ce qui signifie : « Ne pas voir le Mal, ne pas entendre le Mal, ne pas dire le Mal. » Et il ne vous arrivera que du bien. Ce pourrait être la philosophie de Gaston.

Franquin et La Vache qui rit…

Noé est nourri (p. 56) par une pie voleuse apprivoisée qui lui apporte des boîtes de « Vache qui rit ». Franquin avait déjà fait allusion au célèbre fromage à tartiner dans *Le Voyageur du Mésozoïque* avec « La vache rieuse » dont on découvre le logo sur un camion frigorifique (p. 7). Encore un « placement de produit » ?

Brigitte Bardot *vs* Benoît Brisefer

On peut lire (p. 42) : « C'est toi, Peyo ? Spirou, ici… ça schtroumpfe bien, oui ? Haha !… Dis, j'ai bien reçu ton dessin… épatant, parfait ! Mais… ce n'est pas du tout ce que je t'ai demandé !… Comment ?… Oui, d'accord, j'ai écrit : "un grand portrait de BB"… BB comme… Benoît Brisefer, évidemment !… » Toute la rédaction est massée autour de Spirou et regarde le dessin par-dessus son épaule. Malheureusement, le lecteur ne voit que le verso… blanc, et ne découvrira jamais Brigitte Bardot dessinée par Peyo…

BB est LE sex-symbol des années 1960. À cette époque, elle rapporte autant de devises à la France que la Régie Renault ! Au début 1965, elle vient juste de jouer au Mexique dans *Viva Maria !* de Louis Malle, avec Jeanne Moreau. Dès leur retour à l'aéroport en France, les stars sont assaillies par une centaine de journalistes avides d'anecdotes et de détails sur le tournage. Le portrait de BB est à la une de toutes les revues *people.*

Meubles contemporains

Franquin affectionne le mobilier contemporain, qu'il représente dans plusieurs de ses bandes dessinées. Dès le début du récit (deuxième et troisième cases), Spirou est assis dans un fauteuil Lady de la société Arflex, créé par Marco Zanuso en 1951. On retrouvera ce goût dans les gags de Modeste et Pompon.

Clin d'œil

Franquin rend hommage à son collègue Jidéhem. Spirou téléphone (p. 41) : « … Jidéhem ? Bonjour, mon vieux… Tu peux me faire un petit dessin urgent ?… »

André Franquin introduit sa propre voiture (p. 56) une MG rouge immatriculée « 9877J ». À l'arrière, on aperçoit le visage de sa fille Isabelle qui doit avoir environ 8 ans.

Panade à Champignac

37 pages. Publié dans le journal Spirou,
du n° 1539 du 12 octobre 1967 au n° 1556 du 8 février 1968,
puis en album, en 1969.
Scénario : Franquin, Peyo et Gos ; dessins : Franquin ; décors : Jidéhem.

Gaston apparaît dès le début de ce récit, et enchaîne les gaffes (pendant sept pages) à la rédaction du journal *Spirou*. Fantasio est excédé par ses facéties. Spirou constate (p. 5) : « Tu as besoin d'air. Je te sors d'ici », et décide de l'emmener à Champignac pour rendre visite au comte et lui changer les idées.
Sur place, ils découvrent avec stupéfaction que leur vieil ami s'occupe d'un drôle de « bébé », qui n'est autre que Zorglub, adulte retombé en enfance à cause du rayon de la mort de Zantafio. Mais Zorglub est bientôt enlevé par Otto Paparapap, un ancien zorglhomme, nostalgique de la grande époque de son maître et armé d'une zorglonde. S'ensuit alors une course-poursuite délirante, au terme de laquelle Zorglub retrouve ses facultés mentales sous l'effet de la zorglonde.

Contexte de création

Avec ce récit d'autodérision, Franquin dynamite de l'intérieur l'univers qu'il a créé. Les scènes de biberonnage et la grande case où l'on voit Spirou poussant le landau (p. 20), accompagné de Champignac et

Fantasio, anticipent *Trois hommes et un couffin* de Coline Serreau (1985). À ce « détail » près que Zorglub n'est pas un bébé. La situation est incongrue, absurde et pitoyable. À l'instar de Fantasio, le lecteur se demande s'il doit rire ou pleurer face à une telle décrépitude (p. 16) : « Bon, parlons sérieusement : que penses-tu de tout ceci ? C'est délirant, non ?!? » Là encore, le parallèle avec Hergé et *Les Picaros* est troublant. Dépressifs et lassés de leurs univers respectifs, les deux dessinateurs ont décidé de parodier leurs propres créations, sans doute pour échapper à l'emprise de leurs héros.

Le château de Champignac est à l'abandon. Spirou constate (p. 8) : « C'est encore plus délabré que d'habitude... » Franquin semble dire à ses lecteurs : cet univers est désuet et obsolète, il appartient à un autre temps, et je n'ai plus l'énergie de m'en occuper. Le petit Noël passe sur le trottoir, perdu dans ses rêves, indifférent à toute l'agitation qu'il y a autour de lui... à l'image de Franquin qui a déjà tourné la page depuis longtemps... Champignac, épuisé, s'assoit un instant, s'essuie le front et remercie Spirou et Fantasio de leur aide (p. 11) : « Merci, mes amis... Aah ! C'est quand on est jeune qu'il faut avoir des enfants... » Franquin a adopté Spirou et a eu l'énergie de porter tous ses projets de front. Mais lui aussi a passé l'âge...

Avant le mot *Fin*, Franquin écrit : « Et surtout il n'y a pas un scénariste au monde qui puisse tirer l'auteur de la situation ou il s'est fourré ! Ce coup-ci, c'est bien la "FIN". »

James Bond

Stupéfait par la voiture des héros, un chauffeur routier, qui vient de se prendre un coup de queue du Marsupilami, commente (p. 1) : « Ça, c'est l'influence de James Bond ! Il y a des gars qui truffent leurs voitures de machins pas honnêtes... »

Le cinquième film de James Bond, *On ne vit que deux fois*, réalisé par Lewis Gilbert, avec Sean Connery, sort le 20 septembre, juste avant que ne débute ce récit. La célèbre Aston Martin DB5 de 007 est dotée de multiples gadgets sophistiqués tels qu'un lance-roquettes et un système de fumée. Celle de Spirou est « équipée » d'un Marsupilami très rapide et efficace, dont la queue a boxé le chauffeur…

Oscar

Sur une colonne Morris (p. 6), on devine une affiche pour la pièce de théâtre *[O] scar*, qui connaît un triomphe avec près de 600 représentations entre 1959 et 1972 et fait à chaque fois salle comble. Les lettres « OUT » sur la même affiche pourraient bien correspondre à « SOLD OUT ». Mais surtout, cette planche est publiée dans le journal *Spirou* n° 1540 du 19 octobre 1967. Le film d'Édouard Molinaro, tiré de la pièce, fait un triomphe dès sa sortie au cinéma le 11 octobre 1967.

Panade à Champignac semble avoir hérité de l'agitation qui règne dans ce morceau de bravoure porté par un Louis de Funès survolté.

Le landau d'Eisenstein

Franquin avait déjà utilisé la scène du landau inspirée d'Eisenstein dans *La Corne de rhinocéros*. Il pousse ici le gag au paroxysme (p. 21 à 26), en y ajoutant quelques clins d'œil clairement inspirés du cinéma muet. Dans le film *Sherlock Junior* (1924), Buster Keaton s'assoit sur le guidon d'une moto qu'il ne contrôle plus, traverse un passage à niveau ferroviaire et passe devant une locomotive lancée à pleine vapeur. Ici Zorglub, passager involontaire de son landau, évite de justesse un tramway (p. 26).

Clins d'œil

Éternel gag récurrent de la série : Charles Dupuis apparaît encore (p. 7), du moins une de ses jambes, qui passe par le trou du plafond.

Une publicité pour Astérix est affichée (p. 7) dans la papeterie A. Tachetout.

Franquin rend hommage à Peyo, qui a participé à ce récit : le magasin de jouets (p. 31) s'appelle « Au Schtroumpf », et en vitrine, minuscule mais bien reconnaissable, on voit une figurine en latex du personnage de Johan.

Sur la même page, une affiche « Votez… » est illustrée par une photo de Tintin. L'époque est aux hommages, au fair-play et à l'humour…

Les Robinsons du rail

À la saga Spirou, même si ce n'est pas une bande dessinée,
il convient d'ajouter ce récit illustré, publié dans le journal Spirou,
du n° 1354 du 26 mars 1964 au n° 1363 du 28 mai 1965,
puis en album (Éditions de l'Atelier, 1981 ; Éditions de la Sirène, 1993 ;
8ᵉ album des Intégrales de Spirou et Fantasio, *Dupuis, 2013).*
Scénario : André Franquin et Yvan Delporte ;
Dessin : André Franquin et Jidéhem.

Fantasio est ravi. Il est « le seul reporter à accompagner la première locomotive atomique au monde lors du voyage d'essai », la Pluton X-6226A de la SNCF. Mais le seul assistant disponible est Gaston Lagaffe car « tout le monde est occupé à la réalisation du numéro spécial » !

Le train part de la gare de Saint-Quentin (que l'on reconnaît parfaitement) pour se rendre à Bruxelles. Tandis que la réception bat son plein, la locomotive s'emballe à la suite d'une maladresse du gaffeur. Le train fonce alors à toute vitesse et passe la gare de Nivelles (que l'on reconnaît aussi), puis poursuit sa course folle à travers l'Europe.

Spirou et l'ingénieur Henri Molette vont tenter de l'arrêter par tous les moyens…

Contexte de création

À l'origine, *Les Robinsons du rail* est un feuilleton radiophonique diffusé par la RTBF à partir du 16 octobre 1963, et dont aucune trace n'a malheureusement été conservée. Franquin et Delporte l'ont donc scénarisé, puis raconté en récit illustré. À cette époque, Spirou, Fantasio et Gaston Lagaffe cohabitent au sein du journal *Spirou*. Ils seront donc les protagonistes de ce récit.

Franquin rêvait de faire un récit sur le rail. Les films spectaculaires ne manquaient pas sur le sujet. *Le train*, film franco-américain de John Frankenheimer et Bernard Farrel, sort en France et en Belgique le 22 septembre 1964, au moment même où Franquin publie son récit. Le résultat est un thriller digne des meilleurs films catastrophes ferroviaires. Le tout étant agrémenté de dialogues savoureux. Le récit préfigure le téléfilm américain en deux parties *Atomic Train* de Dick Lowry et David Jackson, diffusé en 1999 : un train chargé de produits chimiques inflammables est lancé à grande vitesse et doit être stoppé par tous les moyens.

III
Modeste et Pompon

183 planches d'une page dans le Journal Tintin,
du n° 42 de 19 octobre 1955 au n° 567 de 1959.
André Franquin : dessins ; scénarios : André Franquin,
et aussi Greg, Goscinny, Peyo,
et plus ponctuellement Tibet, Craenhals, Gody, Loulou, etc.
Puis en albums : 60 aventures de Modeste et Pompon *(1958)*
et Bonjour Modeste *(1959).*

Contexte de création

Suite à une mésentente d'ordre financier, Franquin claque la porte de Dupuis, son éditeur historique, en 1955. Il hésite un temps à rejoindre le tout jeune magasine *Paddy* créé par Greg en juin 1955. Mais le projet, financièrement fragile, ne produira que cinq numéros.

Franquin s'oriente alors vers l'éditeur « d'en face », éternel rival de *Spirou* : le *Journal Tintin*, plus pérenne. Raymond Leblanc l'accueille à bras ouverts, d'autant que le « journal des jeunes de 7 à 77 ans » passe de 20 à 32 pages qu'il faut remplir. Tibet commence alors Chick Bill. Luc Varenne, vedette de la radio belge, assure la rubrique sportive. Et Franquin signe le 15 avril 1955 un contrat de cinq ans pour animer des personnages inédits. À cet instant, il n'est pas mécontent d'échapper au personnage de Spirou qui, rappelons-le, n'est pas sa création et dont il commence à se lasser.

Mais Charles Dupuis veut récupérer « son » auteur. Il plaide le « fâcheux malentendu », trouve un nouveau compromis, et Franquin réintègre *Spirou* trois mois après en être parti. L'aventure de Spirou en cours de publication n'aura même pas connu d'arrêt, et les lecteurs n'y verront que du feu…

Franquin se retrouve donc avec deux employeurs et deux séries à mener de front, ce qui aura les conséquences que l'on sait à long terme…

Modeste et Pompon

Il cherche alors un personnage plus conforme à l'« esprit Tintin ». Son choix s'oriente bientôt vers un binôme : un garçon et une fille, qui ne sont pas frère et sœur, afin de ne pas concurrencer la série *Jo et Zette* d'Hergé.

Selon les biographes et les propres confidences de Franquin, Evany (Eugène Van Nijverseel), vieil ami et complice des débuts d'Hergé au *Petit Vingtième*, aurait trouvé le prénom masculin Modeste. Peut-être en clin d'œil à Franquin lui-même, modeste et humble par nature. Quant à Pompon, elle aurait été nommée ainsi par Franquin parce qu'il l'avait esquissée avec un pompon dans les cheveux, lointaine réminiscence de Nic et Nac.

Par ailleurs, « physiquement, Modeste doit beaucoup au Franquin des années cinquante[1] ». En revanche, Pompon semble très jeune. Peut-être n'est-elle pas encore majeure, bien qu'autonome. On ignore la nature des relations entre ces deux personnages, mais il semblerait qu'ils soient amis (voire cousin et cousine) plutôt qu'en couple, ce qui aurait été inconcevable à l'époque. Quoi qu'il en soit, ce sont deux jeunes bien dans leur temps, socialement bien intégrés.

Pour ce qui est du format de la série, Franquin garde à l'esprit les gags en une page publiés dans *Le Journal de Mickey*, qu'il dévorait dans

1. José-Louis Bocquet, Éric Verhœst, *Franquin. Chronologie d'une œuvre*, *op. cit.*, p. 112.

son enfance. Ce n'est pas courant non plus à cette époque. L'auteur innove donc en adoptant ce format.

Le cadre des récits sera domestique. Même si Franquin n'en a pas encore conscience au moment où il débute cette série, elle constituera elle aussi une véritable chronique des Trente Glorieuses, présentant une certaine idée du bon goût et du bonheur de l'époque.

Fort de ces quelques idées, Franquin publie le premier gag de Modeste et Pompon, en page 12 du *Journal Tintin* n° 371, le 1er décembre 1955 (correspondant à l'édition belge n° 42 du 19 octobre 1955)[2]. D'emblée, l'auteur donne le ton. Rien n'est trop beau pour la génération d'après-guerre, frustrée pendant les années de privations.

La voiture est un symbole du renouveau, comme nous l'avons déjà vu dans les aventures de Spirou. Modeste entend expliquer à Pompon comment faire du stop. Mais aucune auto n'est assez belle ni récente pour lui. « Non, pas ceci ! La suspension est détestable ! D'ailleurs ce modèle a vingt ans d'âge... » Puis passe enfin une décapotable : « Regarde ce petit pur-sang, Pompon ! » et « De plus en plus fort ! ! La marque qui a remporté la dernière course des vingt-quatre heures ! ! ! » L'image représente l'avant caractéristique d'une Ferrari 375. Modeste fait donc allusion aux 24 Heures du Mans 1954, remportées par le tandem José Froilan Gonzalez et Maurice Trintignant sur cette même voiture. Mais la Ferrari ne s'arrête pas, et Modeste et Pompon finissent à l'arrière d'un camion bringuebalant, assis sur des bidons. Pompon ne manque pas d'humour : « Modeste, décris-moi la suspension de ceci... Car il y en a une, oui ? »

La voiture sera souvent à l'honneur. Modeste cherche à épater Pompon (*Journal Tintin* n° 379 du 26 janvier 1956) : « Mon ami Gontran m'a prêté sa voiture de sport ! Tu l'essayes avec moi ? Tu vas voir quel petit monstre de vitesse ! » Et plus tard (*Journal Tintin* n° 380 du 2 février 1956) : « Ah, griserie de la vitesse ! Pompon, vous volons ! » Mais quand il est ralenti par un char à foin tiré par deux percherons, il fulmine : « Comment est-il possible de voir encore de tels fossiles sur les routes... à l'époque du satellite artificiel ? ! »

---

2. Nous ferons référence uniquement aux publications dans le *Journal Tintin* français.

La voiture n'est pas le seul objet de convoitise des Trente Glorieuses. Les nouvelles technologies appliquées au quotidien garantissent le confort, c'est du moins ce que promettent les publicitaires…

Modeste est fier de présenter sa dernière invention à Pompon (*Journal Tintin* n° 375 du 29 décembre 1955) : « Toi, Pompon, future ménagère, tu verras immédiatement l'intérêt que présente cette invention ! Voici donc la modest-o-matic, machine à laver la vaisselle, d'une conception toute nouvelle ! » L'équipement électroménager et le mobilier de Modeste sont à la pointe du modernisme et du raffinement. Et Pompon n'y est pas insensible (*Journal Tintin* n° 402 du 5 juillet 1956) : « Oooohh !! Modeste ! Un appareil de télévision !! » Il possède des meubles, des vases et des tableaux dernier cri, qu'il achète une fortune : « … C'est une folie, mais quel vase ! Quelle ligne ! Quelle forme ! Quelle grâce ! » Allant même jusqu'à s'offrir un vase « Picasso ». Modeste met en garde Félix : « Eh ! Le vase de Picasso ! Attention ! J'y tiens ! » …

Des tableaux évoquant Kandinsky, Mondrian ou Miró ornent encore les murs. Modeste s'essaye lui-même à la sculpture. Pompon est comme souvent dans son rôle d'observatrice et de faire-valoir : « Qu'est-ce que ça va représenter ? — Aucune idée ! Je laisse parler mon subconscient… J'appellerai ça *Apothéose*… Ce sera bouleversant ! »

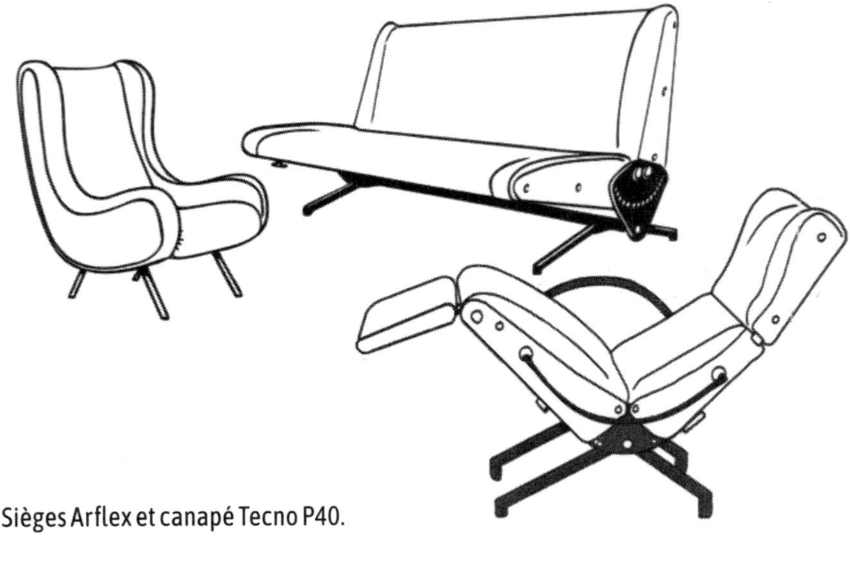

Sièges Arflex et canapé Tecno P40.

Modeste incarne le côté « branché » du dessinateur. La décoration de son pavillon est directement inspirée de l'appartement de Franquin. Le frigidaire de Modeste, dessiné par Raymond Loewy, est supposé être la « Cadillac des cuisines ». Son salon est équipé de sièges Arflex et de fauteuils et divans Tecno. On y trouve aussi le relax Tecno P40 (Osvaldo Borsani, 1954) qui peut prendre 486 positions différentes d'après une publicité de l'époque. La « Rolls des canapés », le D70 (signé par le même designer), se rabat, par crans successifs, avec une crémaillère et forme un lit à deux places.

Et quand l'auteur n'a pas sous les yeux l'accessoire dont il a besoin, il le trouve dans une des revues auxquelles il est abonné : « Je recevais chaque année des bouquins de graphisme où ils recueillaient les meilleures publicités de l'année (*Graphis Annual* de Walter Herdeg). Et il y avait là-dedans des choses superbes, des graphismes épatants. La publicité peut être très graphique, très moderne, mais peut être le refuge des figuratifs. La bande dessinée est aussi un des refuges des figuratifs habiles[3]. »

Pompon aussi a bon goût et ne s'en laisse pas conter (*Journal Tintin* n° 440 du 28 mars 1957) : « Non, vois-tu, Modeste… ce papier peint ne met pas ton mobilier en valeur… il est périmé ! »

Le cousin Félix

Très vite, Franquin invente un « environnement » à ses personnages. Les lecteurs découvrent bientôt Félix, le cousin de Modeste. Félix est un parfait sans-gêne. Il est à Modeste ce que Séraphin Lampion est à Haddock, ou ce que le senhor Oliveira da Figueira est à Tintin dans *Les Cigares du pharaon*. Il participe allègrement au grand « bal des emmerdeurs » et n'hésite pas à s'incruster chez Modeste pour lui vendre toutes sortes d'objets dont ce dernier n'a que faire.

Contrastant avec le bon goût de Modeste, l'intérieur de Félix est ringard, *has been*. Franquin confiera plus tard : « Pour la maison de Félix, le cousin de Modeste, j'ai fait pire. Le personnage étant censé

3. *Libération*, 5 décembre 1996.

symboliser quelqu'un qui a mauvais goût, je lui ai créé un univers en rapport : tout était minable, de la commode à la statuette en passant par les lampes, les rideaux et les porte-parapluies. [...] Le décor était horrible avec des abat-jour de Murano monstrueux et des bustes antiques. C'était un souvenir de l'appartement de mes parents à Ixelles[4]. »

Les trois petits-neveux

Comme un malheur n'arrive jamais seul, Felix est affublé de trois neveux turbulents qu'il confie régulièrement à Modeste. À l'instar de Riri, Fifi et Loulou chez Donald[5] ou de Pim, Pam et Poum, les trois fléaux offrent toutefois un formidable gisement de quelque 40 gags tout au long de la série.

Morceaux choisis... Modeste construit une maquette d'avion pour les neveux de Félix (*Journal Tintin* n° 404 du 19 juillet 1956). Mais dès que le petit avion s'envole, les gamins lui tirent dessus à l'aide d'une fronde, d'une arbalète ou d'un arc... « On est la DCA ! Feu à volonté ! » Un peu plus tard (*Journal Tintin* n° 415 du 4 octobre 56), Modeste confie son tourne-disque aux enfants pour les occuper, mais plutôt que d'écouter de la musique, ils grimpent dessus et se laissent tourner comme des toupies... Puis (*Journal Tintin* n° 417 du 18 octobre 1956) les gamins sacrilèges badigeonnent l'écran de télévision pour faire croire à Modeste qu'il est en panne.

Ils taillent aussi (*Journal Tintin* n° 420 du 8 novembre 1956) une raquette de jokary dans un pilier en bois d'escalier de la maison. La semaine suivante, c'est le violon de Modeste qu'ils utilisent comme raquette. Puis ils se servent de sa harpe comme d'un trampoline (*Journal Tintin* n° 429 du 10 janvier 1957). Toujours plus iconoclastes, ils trafiquent la voiture de Modeste pour qu'il ne puisse pas la vendre (*Journal Tintin* n° 441 du 4 avril 1957).

4. Didier Pasamonik et Erik Verhoest, « Franquin fait le Modeste », in *Un rêve de designer*, Magic Strip, 1989.
5. La scène de la voiture partant en pique-nique avec les trois gamins à l'arrière (*Journal Tintin* n° 523 du 30 octobre 1958) évoque Donald et Daisy, avec les impayables Riri, Fifi et Loulou dans leur petite voiture.

Jamais à court d'idées pour tourmenter leur souffre-douleur, ils glissent un homard vivant dans le lit de Modeste (*Journal Tintin* n° 476 du 5 décembre 1957), ils le ligotent (*Journal Tintin* n° 478 du 19 décembre 1957) ou encore le piègent avec un faux savon fabriqué avec du fromage (*Journal Tintin* n° 482 du 23 janvier 1958).

Dubruit et Ducrin

D'autres personnages apparaissent, à l'image du voisinage des nouvelles zones pavillonnaires qui font alors le bonheur de la classe moyenne. René Goscinny lui invente un voisin de gauche : M. Dubruit, encore plus sans-gêne que Félix, si c'est possible. Il pense que tout lui est dû, et qu'il est le centre du monde. Après avoir fait un boucan effroyable en emménageant (*Journal Tintin* n° 442 du 11 avril 1957), il vient exiger que Modeste baisse un peu le son de sa télévision car il a « des enfants qui dorment »... Il n'hésite pas à sonner chez lui et à le sortir de son lit en pleine nuit : « Excusez-moi de vous déranger, voisin, mais ma femme a perdu l'ouvre-boîtes et nous partons demain matin en camping à six heures... Alors, si vous aviez un ouvre-boîte... » Il devient tellement envahissant (*Journal Tintin* n° 445 du 2 mai 1957) que Modeste envisage de déménager « au Thibet ».

Comme si cela ne suffisait pas, Greg lui invente à son tour un voisin de droite : M. Ducrin, un employé des impôts, de la race des emmerdeurs irascibles et volontiers belliqueux. Il confie « quelques petits objets » à Modeste (*Journal Tintin* n° 462 du 29 août 1957) pendant son absence. Modeste se retrouve envahi : chien, chat, perroquet, poissons rouges... plantes, cage à oiseaux...

Dubruit et Ducrin fourniront à leur tour quelques bons gags pour la série. Ducrin préfigure Hilarion Lefuneste, le voisin d'Achille Talon. Et il a déjà le physique de M. Boulier des Éditions Dupuis, dans la série Gaston Lagaffe.

Fidèle à son principe, Franquin rend hommage à Greg en le représentant (*Journal Tintin* n° 413 du 20 septembre 1956). C'est l'homme qui passe en fond de la dernière image, les mains dans les poches.

Prélude à Gaston

Outre ce témoignage social et historique, la série apporte un éclairage passionnant sur l'évolution de l'œuvre de Franquin. La série *Modeste et Pompon* peut être considérée à bien des égards comme un exercice de préparation à Gaston. Au fil des gags, l'auteur fait ses gammes et cherche de nouvelles marques.

Modeste, inventeur à ses heures, bricole de nouveaux appareils. Il se met à la table à dessin, et conçoit une couverture de lit révolutionnaire (*Journal Tintin* n° 378 du 19 janvier 1956) : « Et dire qu'il a fallu attendre le vingtième siècle pour que quelqu'un pense à cela… et que jusqu'ici les hommes ont toujours dormi avec les pieds recroquevillés par les couvertures ! » Il a du génie, quand il invente la télécommande avant l'heure (*Journal Tintin* n° 436 du 28 février 1957) : « Merveille de l'électronique, d'un encombrement nul, le "quickdialomatic" sans fil va te permettre de changer, sans quitter ton fauteuil, le programme de ton téléviseur… »

Mais si la plupart de ses inventions fonctionnent, il lui arrive aussi de commettre de grosses erreurs. La fameuse « modest-o-matic » évoquée plus haut se révèle totalement inefficace, voire dangereuse, à tel point que Pompon suggère de la proposer à l'armée ! Gaston n'aurait pas fait pire… Plus tard, Modeste veut chasser les taupes (*Journal Tintin* n° 76 du 5 janvier 1956) : « J'introduis cette grosse fusée dans un des trous et je l'allume… Elle va parcourir les galeries à toute vitesse, et si l'animal survit à l'explosion, il sortira, épouvanté ! » Et c'est finalement lui qui essuie le feu…

Ses inventions sont parfois incongrues et déconcertantes… Sa chaussure lui sert de muselière pour chien (*Journal Tintin* n° 424 du 6 décembre 1956) ; il transforme ses souliers de basket (*Journal Tintin* n° 433 du 7 février 1957) : « Cette fausse semelle contient un puissant ressort ! » Mais il rebondit tellement bien qu'il se retrouve coincé dans le panier !

Plus tard, il a rendez-vous avec un industriel (*Journal Tintin* n° 449 du 30 mai 1957) qui semble très intéressé par son « ouvre-boîtes électrique entièrement automatique ». Mais lors de la démonstration, l'appareil se dérègle et provoque un désastre…

Peu à peu, on assiste à un glissement de Modeste vers Félix. Le cousin devient à son tour inventeur… dans le but de vendre le fruit de ses recherches à Modeste. Félix fait irruption chez Modeste (*Journal Tintin* n° 463 du 5 septembre 1957) : « Je vends une marmite à pression ! — NOOON ! — Mais c'est une invention que j'ai mise au point moi-même ! — RAISON DE PLUS ! » L'objet explose, comme il se doit… Au rang des inventions inutiles, désastreuses et dangereuses, Félix invente le « ressort "ouragan" qui assure toutes les fermetures » (n° 479 du 26 décembre 1957). Il installe chez Modeste (n° 480 du 2 janvier 1958) des « vitres incassables "super-granit" » qui finissent évidemment en miettes… La semaine suivante, il apporte « la nouvelle vitre souple "elastoglass" […] indéchirable, incassable, infroissable ! Une invention sensationnelle ! » qui est évidemment un désastre annoncé.

On lui doit encore quelques inventions gastonniennes avant l'heure : la « bouilloire siffleuse » (n° 517 du 18 septembre 1958) qui détruit tout… Il fait une démonstration du « "polynygonflastic", le produit qui rend les bulles de savon totalement increvables ! » (*Journal Tintin* n° 546 du 9 avril 1959). « Je te présente Flashcolor, la teinture miracle ! Teint et sèche en dix secondes » (n° 565 du 20 août 1959).

Certains gags seront même transposés tels quels dans Gaston. Par exemple, les enfants causent une série de désastres et Modeste se retrouve à l'hôpital (n° 468). Mais ils viennent lui rendre visite, comme Gaston apportant un bouquet de fleurs à M. De Mesmaeker sur son lit d'hôpital. Ils font aussi une série de blagues à Modeste (n° 473 du 14 novembre 1957), dont le téléphone-douche que l'on retrouve chez Gaston.

Devenu « importateur d'animaux africains en tous genres », Félix apporte un singe à Modeste (n° 518 du 25 septembre 1958) : « Faisons-lui une surprise… Va, mon cher, et sois brillant ! Il faut que Modeste trouve tes facéties irrésistibles ! » On croirait voir un des « Brothers », les chimpanzés offerts par Gaston en cadeau d'anniversaire à Fantasio, dans ses œuvres…

Félix teste sur Modeste de nouvelles méthodes de vente directement importées des États-Unis (n° 562 du 30 juillet 1959) : « La porte est ouverte ! C'est l'occasion de faire subir à Modeste ma nouvelle méthode de vente : invasion et conviction ! » Il anticipe Zorglub dans *L'Ombre du Z*, déployant des trésors d'ingéniosité pour vendre son dentifrice en quantité industrielle à des populations qui n'en ont pas besoin…

Si le terme de « marketing » n'apparaît que quelques années plus tard, le principe du matraquage publicitaire, grandement favorisé par l'explosion de la télévision, est déjà bien présent. En cela, Félix se distingue de Gaston, qui est un sympathique rêveur indifférent au mercantilisme sauvage.

La part autobiographique

Comme pour Spirou ou Gaston, la série n'est pas dénuée de poésie et comporte elle aussi sa part autobiographique. Franquin raconte à travers ses personnages le monde perdu de l'enfance.

Modeste décide d'effectuer « un gigantesque nettoyage par le vide » dans son grenier (*Journal Tintin* n° 384 du 1er mars 1956). Mais il est gagné par la nostalgie : « Voici tous mes livres de l'école primaire… Mon premier livre de lecture ! […] Mes jouets ! Toute ma petite enfance dort dans cette armoire ! » Et il conclut : « Un grenier est un monde merveilleux pour qui n'a pas le cœur sec… » pour finalement ne rien jeter. Et toujours dans le grenier (n° 457 du 25 juillet 1957) : « Mon vieux petit vélo ! Haha ! ça, c'est un objet chargé de souvenirs !! » Plus tard, nous l'avons vu, il achète « un Meccano de mille pièces pour les gosses… » (n° 532 du 1er janvier 1959), probablement un de ses jeux favoris d'enfant. Et quand les premiers flocons tombent, la nostalgie revient (n° 488 du 27 février 1958) « Ah, l'hiver ! La neige ! Que de bons souvenirs d'enfance ça évoque ! »

Modeste devra aussi s'occuper d'un mignon petit bébé, qu'il chérit comme un fils, et pour cause… « Quand Greg et Franquin devinrent pères, plusieurs gags mirent en scène un bambin facétieux. Le dessinateur avait-il glissé l'idée à son scénariste ? Il semble que ce soit plutôt en observant Franquin quand il pouponnait sa fille Isabelle que le scénariste eut l'idée de ces gags[6]. » Il redouble de patience et d'attention pour « bébé », lui offrant des jouets et prenant soin de ne pas faire de

6. José-Louis Bocquet, Éric Verhœst, *Franquin. Chronologie d'une œuvre*, *op. cit.*, p. 267.

bruit quand il dort. C'est à cette occasion qu'il achète la fameuse phosphatine citée dans le chapitre I (*Journal Tintin* n° 543 du 19 mars 1959).

Mais Franquin est harassé. Il ne peut plus mener de front Spirou, Modeste et Pompon, et Gaston Lagaffe. Le dessinateur Attanasio lui montre des pages de Spaghetti, qu'il réalise avec Goscinny. Franquin estime alors qu'Attanasio peut parfaitement reprendre la série *Modeste et Pompon*. Il décide alors de passer la main… Il avait signé pour cinq ans. Il n'en fera finalement que quatre… mais il doit céder la série à Leblanc en échange de sa liberté.

Il publie son dernier gag dans le *Journal Tintin* n° 567 du 3 septembre 1959[7].

---

7. Soit dans le *Journal Tintin* belge du 8 juillet 1959.

IV
Gaston Lagaffe

Quelques apparitions préliminaires, puis 912 gags, publiés dans Spirou, *du n° 985 du 28 février 1957 au n° 2276 du 26 juin 1991*[1].

Puis aujourd'hui, dans les 22 albums publiés aux éditions Dupuis en 2018[2] *:*

00 – *Les Archives de la gaffe*
01 – *Premières gaffes* (gags 7 à 65) (2)
02 – *Gare aux gaffes* (gags 66 à 113)
03 – *Gala de gaffes* (gags 114 à 197)
04 – *Le Bureau des gaffes en gros* (gags 198 à 262)
05 – *Gaffes à gogo* (gags 263 à 334)
06 – *Les Gaffes d'un gars gonflé* (gags 335 à 388)
07 – *Des gaffes et des dégâts* (gags 389 à 424)
08 – *Rafales de gaffes* (gags 425 à 463)
09 – *Un gaffeur sachant gaffer* (gags 464 à 476)
10 – *Gaffes en pagaille* (gags 478 à 515)

---

1. La chronologie complète des gaffes de Gaston, précisant le numéro et la date du journal *Spirou*, figure sur http://bdoubliees.com/series/ga/gaston_lagaffe.htm
2. Les chiffres entre parenthèses sont des données indicatives. Les albums contiennent aussi des gags uniques non numérotés et des rédactionnels. La totalité des gags avec leurs dates de prépublication dans le magazine *Spirou* figurent aussi ici : http://bureaudesgaffes.free.fr/planches.php? limit=25&next=1

11 – *Lagaffe nous gâte* (gags 517 à 552)
12 – *Le Cas Lagaffe* (gags 553 à 585)
13 – *Lagaffe se décoince* (gags 586 à 619)
14 – *Le Géant de la gaffe* (gags 623 à 659)
15 – *Le Repos du gaffeur* (gags 660 à 696)
16 – *Gaffes, bévues et boulettes* (gags 697 à 740)
17 – *Le Gang des gaffeurs* (gags 741 à 774)
18 – *Lagaffe mérite des baffes* (gags 775 à 811)
19 – *La Saga des gaffes* (gags 812 à 859)
20 – *Lagaffe rebondit* (gags 860 à 895)
21 – *Ultimes bévues* (gags 897 à 913)

Contexte de création

En 1957, Franquin s'amuse des héros de bande dessinée de l'époque, tous plus vertueux les uns que les autres, et excellents dans leurs domaines respectifs : aviateurs, pilotes automobiles, journalistes, enquêteurs, etc. Il a l'idée de créer un personnage « sans emploi », un anti-héros, une sorte de canular qui déambulerait dans les pages du journal de Spirou, semant le désordre et perturbant le bon fonctionnement de la rédaction par sa maladresse.

Il fait part de son idée à Yvan Delporte, le rédacteur en chef de *Spirou* qui y voit aussitôt une façon de rompre la routine du journal et de casser quelques codes éditoriaux. Dans l'esprit de Franquin, ce personnage n'est donc pas destiné à devenir un héros de bande dessinée, d'autant qu'il est déjà écrasé de travail avec la nouvelle histoire de Spirou et Fantasio, *Le Nid des Marsupilamis*. Et ceux qu'il réalise en parallèle : une animation hebdomadaire du titre de la couverture du journal ; l'illustration de la rubrique « Starter », consacrée aux belles mécaniques ; et bien sûr la planche hebdomadaire de Modeste et Pompon dans le *Journal Tintin*.

L'origine

Généalogie de Gaston

Pour ce qui est de l'aspect du personnage, Franquin a déjà quelques idées. Il se remémorera ces réminiscences : « Il y a cependant une série que j'ai lue un très court temps, lors de mon passage en Amérique, dans un supplément illustré du dimanche : *Snuffy Smith*, de Billy DeBeck, une histoire de petit paysan dont je me rappelle que le dessin m'a influencé pour la tête de Gaston. Il y a une autre influence pour le personnage de Gaston, je m'en rends compte aujourd'hui : c'était une petite bande dessinée que j'avais vue dans un journal mexicain, avec un personnage trop paresseux pour travailler, qui se tenait un peu flapi, en forme de S, si tu vois ce que je veux dire ; et il avait une casquette sur la tête et un mégot qui pendait à ses lèvres... Le mélange des deux bandes dessinées constitue probablement l'origine graphique de Gaston Lagaffe[3]... »

Le nez de Snuffy Smith est bien celui de Gaston, mais c'est la seule contribution de ce personnage. En revanche, cette « autre influence » évoquée par Franquin s'avère primordiale. Nos recherches nous ont permis de l'identifier.

Avelino

La Familia Burrón (*burrón* signifie « âne », en français) est une série de bandes dessinées mexicaine créée par Gabriel Vargas en 1948, très précisément à l'époque où Franquin réside au Mexique. Elle raconte les aventures d'une famille de la classe ouvrière de la banlieue de Mexico. L'auteur utilise l'ironie pour faire une critique mordante et humoristique de la société mexicaine. La série connaît un immense succès dès sa sortie.

Les principaux membres de la famille sont : M. Don Regino Burrón, coiffeur de profession et propriétaire du salon *La Boucle d'or*, Mme Borola Tacuche de Burrón, Mlle Macuca Burrón Tacuche, le jeune Regino Burrón Tacuche, le petit Foforito Cantarranas (« Moelleux Chantegrenouille »),

3. *Et Franquin créa la gaffe*, *op. cit.*, p. 29.

adopté par les Burrón… et un certain Avelino, qui est un faux artiste doublé d'un vrai paresseux.

Avelino passe ses journées à se prélasser au lit ou dans les jardins de la capitale mexicaine. Il est surnommé El Babotas : « la limace » (ou l'escargot), en raison de sa lenteur et de son apparence. Quand on lui propose un travail rémunéré, il refuse et rétorque qu'un artiste de sa stature ne peut s'abaisser à faire n'importe quel type de travail physique. Les rares fois où il est enfin disposé à travailler, il connaît toutes sortes de déboires : il tombe d'un immeuble en construction alors qu'il travaille comme aide-maçon ; il s'enferme dans un ascenseur quand il est employé comme opérateur ; ou encore se retrouve enduit de farine et cuit, tandis qu'il est apprenti boulanger à La Hojaldra. Ces événements ne font que renforcer ses arguments contre le travail.

Dans l'un des chapitres, Avelino obtient enfin un poste qui lui convient. Il est engagé pour dormir paisiblement au rayon matelas d'un magasin de meubles à la vue du public. Il démissionne malgré tout quelques jours plus tard car il estime qu'il rentre trop fatigué du travail.

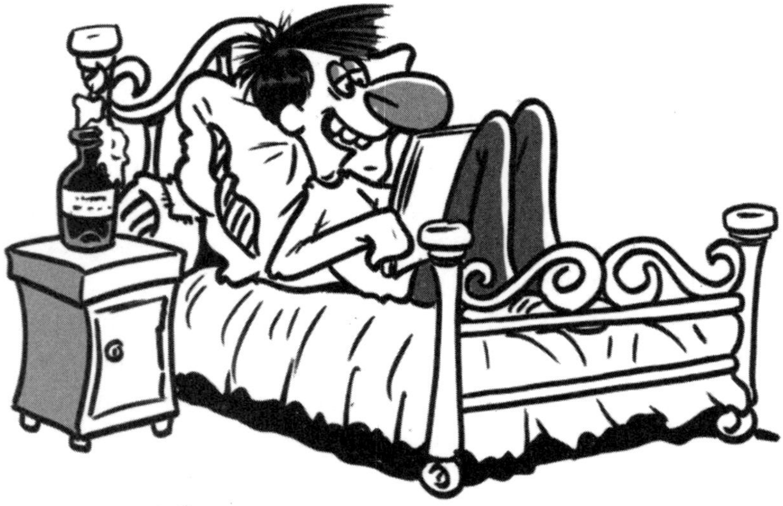

Un paresseux en action.

D'un point de vue physique, Avelino possède un corps en forme de « S », un « gros nez » (souvent rouge) et le dynamisme de l'escargot. En greffant le nez de Snuffy Smith sur la face d'Avelino, on obtient un personnage qui est déjà très proche de Gaston…

Dernier « détail » … La série met en scène une jeune femme rousse pulpeuse portant une queue-de-cheval ! Toute ressemblance avec M'oiselle Jeanne ne serait peut-être pas tout à fait fortuite...

Mimile, garçon de bureau

En 1956, René Goscinny, Jean-Michel Charlier et Albert Uderzo tentent de remettre en cause le principe du copyright appliqué à la World Press, selon lequel l'ensemble des œuvres et des séries produites sous son égide lui appartient. Les auteurs se trouvent ainsi systématiquement dépossédés de leurs créations.

Albert Uderzo raconte : « Avec Goscinny et Charlier, nous avons créé non pas un syndicat, mais un journal interprofessionnel pour informer nos collègues de leurs droits. À la suite de cela, Georges Troisfontaines s'est acharné sur Goscinny, qu'il a renvoyé parce qu'il pensait, à tort, que tout cela était de sa faute[4]. » Charlier et Uderzo démissionnent par solidarité. Jean Hébrard, ex-chef de publicité à la World Press, leur propose de créer une double agence dédiée à la publicité et à la fourniture de rédactionnel pour les journaux : ÉdiPresse/ÉdiFrance.

La petite équipe d'ÉdiFrance a bientôt le projet d'un magazine de bandes dessinées, intitulé *Le Supplément illustré*, destiné à être encarté comme supplément hebdomadaire dans de grands quotidiens. Un numéro zéro est préparé, auquel participe la fine fleur de la bande dessinée du moment : Franquin, Jijé, Peyo, Charlier, Sempé, Uderzo et Goscinny, Morris et Will…

C'est dans ce cadre que Goscinny et Franquin imaginent le personnage de « Mimile garçon de bureau » … un an avant Gaston. Franquin dessine 3 strips de 8 cases, titrés *Francinou, à la recherche du chien Moustache*[5]. Dans la case 1 du récit, Mimile dit : « Je suis venu à la ville en sabots, je suis maintenant en espadrilles… Il faut absolument que je trouve une situation ! » Il répond à une annonce lue dans le journal,

4. *La Libre Belgique*, 13 octobre 2005.
5. http://destripenik.blogspot.com/2018/01/

d'un certain M. Pabeau qui cherche un « garçon bureau, secrétaire, mécanicien, garde du corps chez inventeur ». L'inventeur farfelu et distrait le reçoit : « Voilà mon atelier ! Pour commencer, votre travail est simple, un petit coup de plumeau pour mettre de l'ordre, ensuite vous m'aiderez dans mes inventions ! » Mimile porte des espadrilles, un blue-jean bleu à ourlet retroussé, un pull à col roulé… comme Gaston un an plus tard. Et il est sollicité pour aider l'inventeur (qui n'est pas sans rappeler le comte de Champignac).

Malheureusement, pour des raisons financières, le projet d'ÉdiFrance échoue. *Le Supplément illustré* ne verra jamais le jour et nous n'en saurons pas plus sur ce « Mimile » au destin pourtant prometteur… Si ce n'est qu'il participe consciemment ou non à la création de Gaston…

Un nom pour Gaston

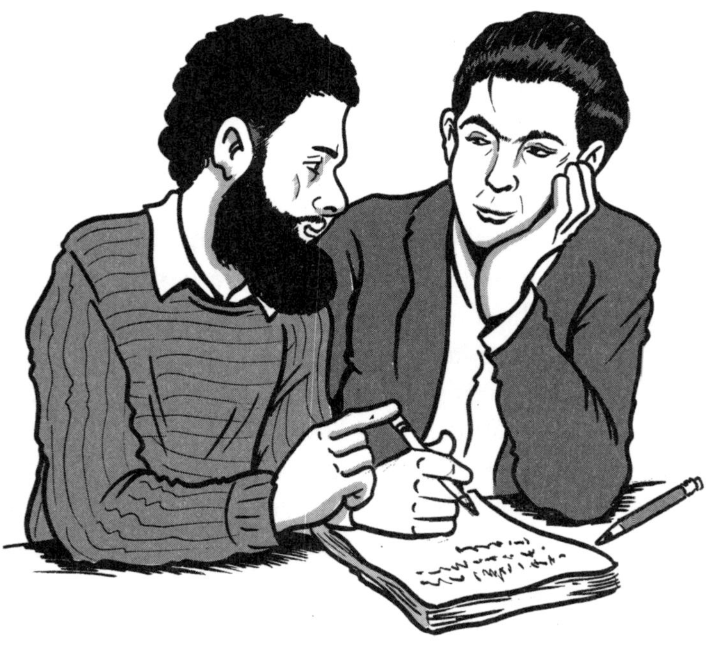

Yvan Delporte et son ami Gaston Mostraet.

Reste à lui trouver un nom… Yvan Delporte propose le prénom Gaston en hommage à son ami Gaston Mostraet, dont les gaffes avaient réjoui sa jeunesse. Le prénom n'est d'ailleurs pas étranger à Franquin puisque c'est celui de son beau-père, Gaston Servais… ce qui ne manquera pas de provoquer quelques quiproquos par la suite avec l'intéressé. Quant au nom de famille « Lagaffe », il s'impose de lui-même compte tenu du destin calamiteux prévu pour ce personnage.

Premières apparitions

Gaston Lagaffe peut alors entrer en scène. Il se retrouve au milieu d'« un grand roman de Paul Berna illustré par Morris » intitulé *Le Piano à bretelles* (*Spirou* n° 985 du 28 février 1957, p. 5). Il n'a visiblement rien à faire dans cette histoire. Il se tient devant la porte ouverte de la rédaction de *Spirou*, l'air emprunté. Il porte une veste étriquée, un pantalon noir. Il ajuste son nœud papillon de la main droite. Il est chaussé de chaussures de ville vernies. On comprend qu'il a un rendez-vous d'embauche. Le dessin est entouré de traces de pas, comme si le personnage avait fait les cent pas en attendant d'être reçu, ou qu'il avait erré un bon moment avant de trouver la bonne porte… Aucun texte d'accompagnement n'explique sa présence.

Dès la page suivante, la porte est refermée derrière lui. Il est dans le bureau du rédacteur en chef. Son allure est déjà plus négligée. Il a les mains dans les poches, sa veste est déboutonnée et son nœud papillon est défait. Bientôt, Delporte prévient le lecteur par la bouche de Fantasio (*Spirou* n° 989 du 28 mars 1957) : « Attention ! Depuis quelques semaines, un personnage bizarre erre dans les pages du journal. Nous ignorons tout de lui. Nous savons simplement qu'il s'appelle Gaston. Tenez-le à l'œil ! Il m'a l'air d'un drôle de type ! » Sous le texte, Gaston s'allume une cigarette de la main droite, la gauche est enfoncée dans sa poche…

Delporte et Franquin attisent ainsi la curiosité des lecteurs au fil des semaines. Il faudra attendre six semaines pour que Gaston prenne enfin la parole lors d'un dialogue surréaliste avec Spirou (n° 990) :

« Qui êtes-vous ?
— Gaston.
— Qu'est-ce que vous faites ici ?
— J'attends.
— Vous attendez quoi ?
— J'sais pas... j'attends...
— Qui vous a envoyé ?
— On m'a dit de venir...
— Qui ?
— 'Sais plus...
— De venir pour faire quoi ?
— Pour travailler...
— Travailler comment ?
— 'Sais pas... On m'a engagé...
— Mais vous êtes bien sûr que c'est ici que vous devez venir ?
— Beuh... »

Au fil des semaines, on le voit faire des bulles de savon, des avions en papier, introduire des souris blanches dans la rédaction, ou mettre le feu à un extincteur, ce qui donne une idée de la capacité de nuisance de l'individu... Fantasio est dépité (n° 992 du 18 avril 1957) : « Ce gars-là, il n'est bon à rien ! On l'avait chargé de faire quelques courses à vélo et il a eu trois accidents !... Il ne sait même pas rouler à bicyclette ! Il est trop bête ! » Plus tard, il s'adresse encore au lecteur : « [...] Ce jeune homme, qui répond – parfois – au nom de Gaston, constitue pour la Rédaction tout entière un problème quasi insoluble. [...] De sorte que *Spirou* est le seul journal au monde qui possède un héros en trop ! »

Franquin décline déjà tous les possibles offerts par son anti-héros.

Il écoute sur un disque vinyle rayé la chanson *Avril au Portugal*, chantée par Yvette Giraud (n° 1004 du 11 juillet 1957), ce qui rend fou Fantasio : « Mais qu'on fasse cesser ce bruit !! » Il répare sa mobylette ou installe une baignoire dans son bureau. Il branche un flipper « Rocket to the moon » dans l'espace détente de la rédaction. Ce qui ne détend pas du tout Fantasio... Il joue au billard sur la moquette du couloir, et invente la « Gastomobile » qui « lui permet de se déplacer dans les bureaux tout en restant assis »...

L'auteur multiplie les trouvailles graphiques, au point de rendre certaines pages partiellement ou totalement illisibles. La tête de Gaston apparaît en pleine page et masque complètement la rubrique du « Fureteur » (n° 995, du 9 mai 1957). Quelques numéros plus tard, « Le fureteur vous parle de... rock'n'roll » explique aux lecteurs en quoi consiste cette nouvelle musique (n° 1007 du 1er août 1957). Mais une explosion fait disparaître le bas du rédactionnel... Sur la page suivante, on voit Gaston s'enfuir avec une boîte de « Petit chimiste » sous le bras... Non content de perturber les pages du magazine, Gaston s'invite bientôt dans les aventures de Spirou. On se souvient qu'on le voit passer dans *Le Voyageur du Mésozoïque*, en train de lire son journal sur son vélo[6]. Mais Franquin finit par épuiser les possibilités graphiques de ce type d'apparition et peine à se renouveler. Donc, contrairement à l'idée de départ, Gaston devient bel et bien un personnage de bande dessinée à part entière.

Il était apparu dans un gag explosif de 6 cases en pleine page à l'occasion du 1 000e numéro du journal, mais cette fois, il occupe deux bandes hebdomadaires régulières en bas de page. Il en sera ainsi jusqu'en septembre 1959. Puis il occupera une demi-page dès le numéro du 24 septembre 1959, jusqu'en juillet 1966.

Les premiers gags de Gaston interviennent une dizaine de mois après la création du personnage. Et Isabelle Franquin naît le 19 février 1957, huit jours après la naissance de Gaston dans *Spirou*... Franquin, débordé, s'adjoint alors les services du jeune dessinateur Jean De Mesmaeker, *alias* Jidéhem, pour les décors de la série... et lui emprunte quelques tics de langage. « "M'enfin", "Bof" : c'était comme cela que je parlais à l'époque », témoigne Jidéhem[7].

Greg lui suggère bientôt d'intégrer dans la BD un homme d'affaires qui viendrait signer des contrats, et qui serait systématiquement empêché par les gaffes de Gaston.

---

6. On retrouve tous ces gags dans l'album 00 - *Les Archives de Lagaffe* (Dupuis, 2018).
7. Dans *Flair*, en novembre 1991.

L'idée séduit Franquin. Et quand il faut trouver un nom à celui que Gaston appelle « le gros monsieur qui vient toujours signer des contrats », Franquin pense à celui de son assistant : De Mesmaeker. Celui-ci accepte d'autant plus volontiers que le personnage dessiné par Franquin possède quelques traits de caractère de son propre père, Georges De Mesmaeker.

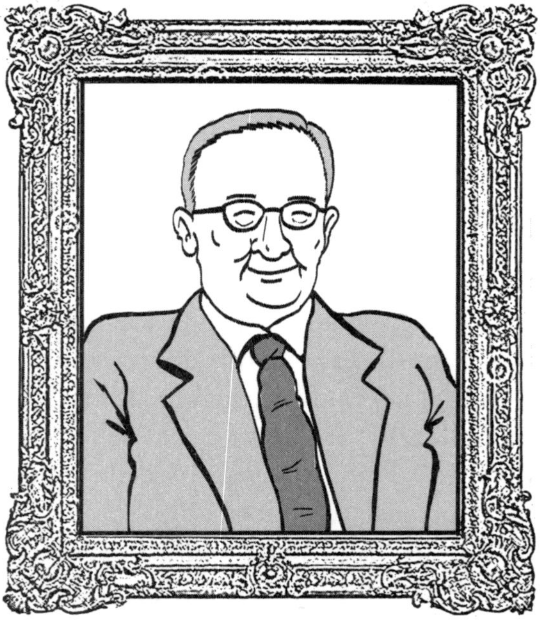

Georges De Mesmaeker.

Franquin a bien trouvé SON personnage principal. Gaston prend de l'ampleur et il le fait savoir. Lors d'un face-à-face mémorable avec Franquin, titré « Gaston menace de se mettre en grève » (n° 1275 du 20 septembre 1962), il affirme : « C'est vraiment moi la star du journal. [...] Si on ne me laisse pas en première page de *Spirou*, j'irai travailler pour un autre journal ! Ah ! C'est qu'ils ne demandent pas mieux que de m'engager, dans *Mickey*, et *Tintin*, et *Pilote*... »

Peu à peu, le petit monde de Gaston s'étoffe. De nouveaux personnages apparaissent[8].

L'univers de Gaston est aussi celui de Spirou, puisque les deux personnages travaillent à la rédaction du journal. Mais quand Franquin cède les aventures de Spirou à Fournier, il devient difficile de rester cohérent et de faire apparaître Fantasio dans deux séries dessinées par deux auteurs différents. Dans les gags de Gaston, Léon Prunelle, rédacteur au sein du journal, remplace alors Fantasio. Il subira 351 gaffes de Gaston. « Il finira par faire une dépression nerveuse tellement il prend au sérieux des conneries », commentera plus tard Franquin. On peut le comprendre... L'origine des noms des personnages est souvent difficile à décrypter. Pourtant un candidat crédible semble émerger pour Prunelle : José Crunelle, professeur à l'Académie des Beaux-Arts de Bruxelles, Belge, né le 9 août 1924 à Saint-Josse-Ten-Noode et décédé le 21 octobre 2012 à Ixelles. Artiste polyvalent en arts graphiques, il excellait en particulier

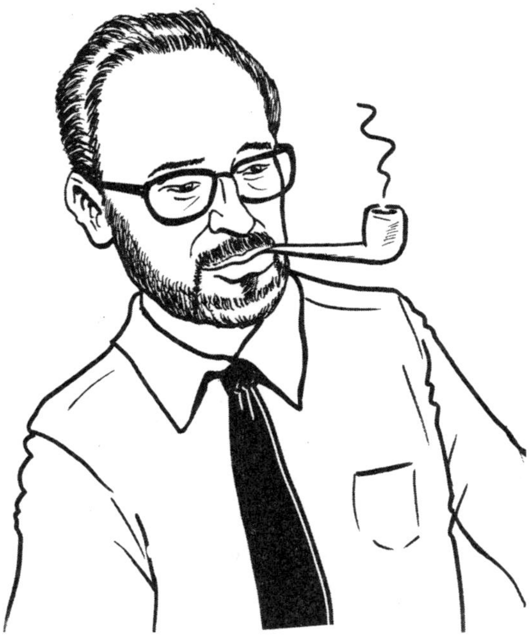

José Crunelle.

8. Le site suivant compte plus de 220 personnages dans la série *Gaston Lagaffe*, et précise les gags dans lesquels ils apparaissent : http://lagaffemegate.free.fr/journalspirou/index/menuperso.htm

dans la peinture, la gravure et l'illustration. Selon différents témoignages des intéressés et de leur entourage, Franquin et Crunelle se connaissaient bien. Pour l'un de ses élèves, « Crunelle pouvait être drôle et charmant, mais aussi parfois entrer dans des rages folles et cyniques pour des peccadilles ». Et pour son petit-neveu, David Crunelle, son grand-oncle José « n'était pas un collectionneur de BD ni de livre, mais était dès son plus jeune âge fasciné par le dessin, par l'animation ».

Franquin va même lui inventer un juron très personnel qui deviendra sa signature vocale. Traditionnellement pour contourner la censure, les auteurs de bande dessinée utilisaient des injures graphiques comme une tête de mort, des éclairs, des tourbillons noirs ou autres personnages en colère. Franquin invente le juron-onomatopée : d'abord « Hgnndidjii », proféré par De Mesmaeker (531) ; puis « Grrdidjiiii ! » (564) ; et enfin le légendaire « Rogntudju ! » (569) (« Nom de Dieu ») de Prunelle. Prunelle jure (et parjure) dans un journal pour enfants dont le patron est un fervent catholique ! On en a brûlé pour moins que ça… Mais ce n'est pas le pire pied de nez de Franquin à la censure, comme nous le verrons en fin de chapitre…

M'oiselle Jeanne

L'origine de Mademoiselle Jeanne n'est pas très claire. Franquin s'est peut-être souvenu du personnage de la bande dessinée Avelino déjà évoquée. Elle apparaît pour les besoins d'un gag (224) : Gaston se déguise en cheval, et utilise la belle queue-de-cheval de Jeanne pour compléter la deuxième partie de son déguisement, la croupe… Ce n'est pas très valorisant. Pourtant Franquin décide de garder ce personnage dont il devine le potentiel. La jeune fille au physique ingrat est encore assez gauche et timide, mal fagotée. Elle tombe bientôt amoureuse de celui qui l'appelle désormais M'oiselle Jeanne.

Quand ils se promènent dans un parc, Gaston décide de graver quelque chose sur l'écorce d'un tronc d'arbre (324). On devine les lettres G et J. Jeanne s'y voit déjà… « Prenez garde, Monsieur Gaston… Une fois écrit, ça ne s'efface jamais… » Mais, une fois terminé, le G se transformant en oreille et le J en nez, et le dessin représente un visage sans intérêt. « Ce n'est pas si difficile de dessiner… » explique Gaston, malgré la déception de la demoiselle. Plus tard, Gaston fait essayer sa housse de vêtements à Jeanne. Mais la fermeture Éclair se bloque et elle se retrouve coincée à l'intérieur (538) : « Jeanne, ma fille, prends garde, ce garçon t'emballe !... »

Au fil des années, Jeanne s'affine, sort de sa chrysalide et devient une jeune femme bien dans son époque, délicieusement épanouie. Gaston commence alors à tomber amoureux à son tour. Il rêve qu'il est avec M'oiselle Jeanne dans une île déserte paradisiaque (804). Mais tandis qu'il lui dit : « Nous sommes deux Robinsons ! », évoquant le livre de Daniel Defoe, Jeanne a peut-être d'autres idées en tête en lançant : « Mais c'est le paradiiiis ! » Franquin se souvient probablement du film *Le Lagon bleu* de Frank Launder (1949), tiré du roman éponyme de Henry de Vere Stacpoole, où deux adolescents naufragés, qui ont grandi sur une île déserte, tombent amoureux et tentent de s'inventer une vie dans ce paradis isolé. Franquin commentera plus tard : « Alors, quand elle sort de l'eau, dans l'île, elle est même assez appétissante (du moins je l'espère !) avec ses tissus un peu mouillés... Mais il grandit, Gaston ! Ah ! Ah !! Oui, il y a une idylle incontestable[9] ! »

On retrouve Gaston et Jeanne sur leur île déserte (850). La jeune fille se baigne nue dans une cascade. Ils se tiennent enlacés et leurs doigts croisés ne laissent plus de doute sur la nature de leur relation. Le rêve se poursuit sur deux pages. « Jamais mon cœur n'a battu comme ça ! » pense Gaston. Il propose à Jeanne de la reconduire dans son lit-voiture (864) : « Aaah ! C'est un rêêêêve, Monsieur Gaston ! »

Les promesses de Jeanne sont de plus en plus claires : « Vous verrez, Monsieur Gaston : les femmes vous étonneront de plus en plus... » (878). Gaston les entend, et la rêverie fait place au fantasme. Quand il regarde les photos de *Voyager 1* dans le *National Geographic* (882), il se projette sur Io avec M'oiselle Jeanne : « Grandiose, Monsieur Gaston, votre idée de passer ce week-end sur l'une des lunes de Saturne ! » Il propose à Jeanne : « J'ai des provisions et une cuisinette, une blanquette de Limoux au frais, de la musique douce et je vous montrerai mon grand album du *Trombone illustré*. »

---

9. *En attendant*, 22 novembre 1979.

Si la scène n'est pas montrée, elle est fortement évoquée :

« Cette cabine est a-do-rable ! C'est fou ce que vous êtes adroit de vos mains...

— Je vous aide à vous débarrasser de ce scaphandre ? .... Un peu de patience... Voi... lààà. Reste une fermeture Éclair...

— Ah ? Heu... Êtes-vous certain qu'elle fasse partie... Hiii !

— Oh ! Excusez-m... Jeanne !

— Gastoonnn... »

Franquin estime : « Peut-être qu'ils auraient fini par vivre ensemble... Dans le dernier album, il y a un autobus arrangé avec des petits rideaux. On peut se poser des questions[10]... »

Spirou est un journal pour enfant, qui ne laisse évidemment aucune place aux ébats sexuels de deux amants. Nous verrons que, en coulisse, il en est autrement...

Des Trente Glorieuses à la fin des illusions

Spirou et Fantasio, et Modeste et Pompon, auront été les témoins de l'immédiat après-guerre et des Trente Glorieuses, Gaston deviendra peu à peu celui des désillusions et de la contestation. On y retrouve une foule de personnages, de faits historiques, d'innovations, d'événements, de jouets, de marques, de musiques, de lieux, etc., dont beaucoup ont disparu de la mémoire collective... Mais il y a tant d'informations, de détails, de sous-entendus et de clins d'œil qu'il semble bien difficile de tout répertorier et de tout ordonner. Ce chapitre sera donc à l'image du classement labyrinthique de la documentation de Gaston. Nous n'avons exhumé que quelques exemples en nous efforçant de respecter leur chronologie.

Mémoire d'une Belgique disparue

Places, rues, petits commerces... tout y est, comme une émouvante carte postale aux couleurs délavées de la nostalgie. Comme dans les

10. Entretiens avec Éric Vorhoest.

aventures de Spirou, on retrouve les « réclames » traditionnelles, constituant un environnement familier au lecteur (277). Dans les publicités qui s'affichent sur les murs de la ville on devine Milbul, *Bonnes soirées*, Marzano, *Spirou* et autres marques plus ou moins improbables… La nuit, la vie scintille de dizaines d'enseignes lumineuses (595) : « Quick », « Crunch », « Slurp », « Vroup », « Cola » … Une faune interlope envahit les rues la nuit. Un regroupement se forme autour d'un cracheur de feu ou d'un costaud qui fait des tours de force (876). Le jour, le tramway jaune sillonne encore les artères de Bruxelles (540).

Autres images du « vieux Bruxelles » … Gaston est entré dans un café pour croquer un morceau. Peut-être s'agit-il d'un « hamburger aux oignons frits », dont le troquet fait la publicité. La case entière (793) est une merveilleuse évocation des bistrots d'autrefois, avec ses pochetrons affalés sur le zinc, son barman épuisé, clope au bec, et son joueur de flipper surexcité (793). Le flipper « Star » lui-même, décoré de fusées, de planètes et d'étoiles, évoque le très réel flipper « Star Wars », conçu à cette époque à la gloire du film du même nom.

Quand il a besoin d'un décor précis, Franquin se déplace, carnet et crayon en main. Gaston et Lebrac prennent le train, Franquin se rend à la gare du Nord pour croquer ce qu'il voit (691). Plus tard, il révélera qu'il s'est installé de longues heures dans une poissonnerie pour capter l'ambiance et le décor d'une « fidèle miniature de poissonnerie bruxelloise » (726). Gaston traverse un parc où l'on reconnaît une statue de la déesse Diane chasseresse, qui pourrait s'inspirer de la sculpture de marbre de Gabriel Grupello du parc d'Egmont (769), un parc que Franquin aimait le visiter dans son enfance[11]. Ailleurs, en fond d'image, on reconnaît la tour-lanterne de la maison du roi d'Espagne de la Grand-Place de Bruxelles, surmontée de la Renommée sonnant de la trompette (856).

11. Notons au passage un des meilleurs « gags dans le gag » de Franquin. En lieu et place du lévrier qui accompagne généralement Diane, Franquin dessine un cerf narquois ! On comprend que Diane a raté sa cible. La statue porte d'ailleurs le graffiti « Loupé », inscrit sur le socle…

Statue de la Renommée surmontant la tour-lanterne de la maison du roi d'Espagne de la Grand-Place de Bruxelles.

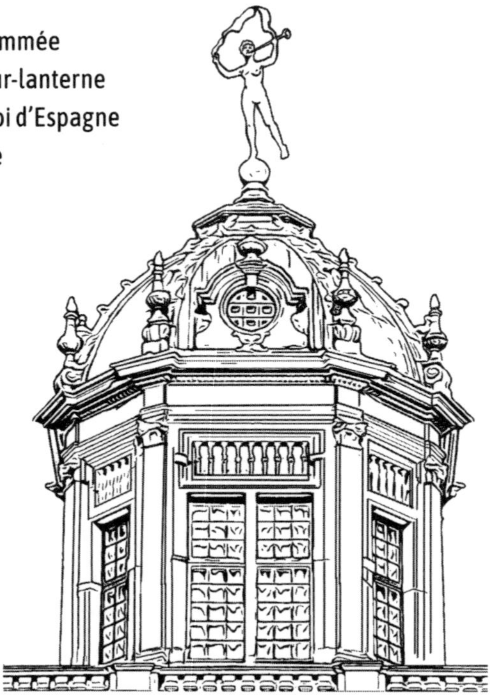

Autres images du « vieux Bruxelles » … Gaston est entré dans un café pour croquer un morceau. Peut-être s'agit-il d'un « hamburger aux oignons frits », dont le troquet fait la publicité. La case entière (793) est une merveilleuse évocation des bistrots d'autrefois, avec ses pochetrons affalés sur le zinc, son barman épuisé, clope au bec, et son joueur de flipper surexcité (793). Le flipper « Star » lui-même, décoré de fusées, de planètes et d'étoiles, évoque le très réel flipper « Star Wars », conçu à cette époque à la gloire du film du même nom.

Franquin brosse aussi le portrait de la ville bruyante, avec ses travaux et ses embouteillages (885) : « Me voici prisonnier de ce tacot qui pue le moteur et qui n'a même pas le chauffage !!! » râle Prunelle. « M'enfin ! C'est pas de ma faute s'il y a des travaux !… » se défend Gaston. Et quand en plus, la pluie s'en mêle, Bruxelles devient un enfer… Là encore, on sent la désillusion de Franquin, initialement passionné d'automobiles. Il expliquera : « La prolifération folle de l'automobile me la rend moins sympathique. Elle amène les encombrements, les problèmes de parking, la pollution, la discorde, elle sent trop l'argent. L'herbe disparaît, l'auto règne en despote. Mais le jour de sa disparition approche inexorablement. On devra un jour interdire les villes aux voitures tout simplement parce que l'on ne pourra plus s'y déplacer à cause des encombrements[12]. »

On comprend que Gaston ait besoin de s'échapper à la plage ou à la campagne. En page 34 de l'album 05, M'oiselle Jeanne est dans une des cabanes d'Ostende, telles que le cinéaste Henri Storck les filmait déjà dans son chef-d'œuvre, *Le Trésor d'Ostende*, en 1955. Gaston a lui-même installé tout le confort possible dans la sienne (312) et invite Fantasio à y prendre le petit déjeuner.

Au cœur de l'été, le 21 août 1969, Gaston joue au cerf-volant (577), comme des centaines de gosses. Un vacancier sur la plage lit un polar de la « Série noire » de Gallimard reconnaissable à son liseron jaune sur fond noir, et qui compte déjà plus de 1 000 titres à cette époque. Dans la dernière image, on reconnaît encore les fameuses cabanes de plage d'Ostende.

Rocketbelt

Gaston annonce à Fantasio (166) : « J'ai fait une machine à voler comme les Américains !... En mieux !... Avec une de mes fusées !... C'est une expérience historique ! Je tire sur cette ficelle... et je m'élève... verticalement ! » L'expérience de Gaston aura surtout pour conséquence de lui brûler le fondement...

Mais Franquin fait allusion à une technologie bien réelle, développée à cette époque aux États-Unis : le *rocketbelt* (ou ceinture-fusée, en français), une sorte de sac à dos contenant des réservoirs de combustible et un moteur de fusée permettant de faire voler un homme. La machine a été mise au point et construite au milieu des années 1950 par Wendell F. Moore de Bell Aerospace pour le compte de l'armée américaine. Le *rocketbelt* était destiné au transport individuel de fantassins. C'est le type d'engin que porte James Bond dans le film *Opération Tonnerre* en 1965.

---

12. Franquin, « Spirou et les 30 Glorieuses 1945-1975 », in *Historia BD*, p. 51.

Matraquage publicitaire

La publicité devient étouffante et ne fait plus « chanter les murs »... Franquin tourne au ridicule les slogans des grands lessiviers. Gaston lance une nouvelle lessive qui lave tellement fort qu'elle fait fondre les tissus (198). Il se retrouve tout nu (dans un carton) et Fantasio lui suggère : « J'ai un slogan "Avec la lessive Gastounu, le linge sale n'existe plus !" » Le réveil de Jules-de-chez-Smith-en-face capte la radio et sonne sur « Première lessive aux enzymes » (555). On verra encore un dessin d'enzyme glouton (!) au mur (573), une pub « Enzyme » au mur de la ville (580), et une autre « Zozo aux enzymes » (595). La semaine suivante (596), Gaston s'éclaircit la voix pour enregistrer un jingle publicitaire : « Quand je vois un'tache sur mon beau napp'ron, Dar'Dar'je les lâche, mes enzym'gloutons » Et encore (603) : « Sache déjà que j'ai trouvé plus glouton que les enzymes. »

Lancée par Procter and Gamble en janvier 1968, Ariel est la première lessive biologique en poudre dotée des fameux enzymes et d'un système d'agents « anticalcaire et antiredéposition ». Tout un programme destiné au bonheur de la ménagère... Franquin devance de plus de dix ans un certain Coluche avec son sketch culte, *La Publicité,* en 1979. L'humoriste y tournait en dérision les exagérations des spots publicitaires et leurs promesses délirantes supposées être des arguments de vente imparables.

Ailleurs, une publicité passe à la radio (686) : « Le seul yaourt qui supprime la transpiration vingt-quatre heures sur vingt-quatre ! Ammoniaqué goût bulgare... » Franquin combine deux messages. À la fin des années 1960, la marque française Chambourcy, spécialisée dans la fabrication de yaourts, lance son célèbre « yaourt au goût bulgare »... Les aérosols « anti-transpirants », quant à eux, envahissent le marché dans les années 1960, avec des promesses toujours plus farfelues. Prunelle craque : « Lagaffe ! Faites taire ce bourreur de crânes, pour consomminus ! »

On peut aussi lire le célèbre slogan « Mon foie, ne connais pas ! » (683), inventé dans les années 1960-1970 par l'eau de Vichy Saint-Yorre. Franquin le tourne aussi en dérision, si l'on en juge à la mine déconfite du bonhomme sur l'affiche...

Les slogans publicitaires deviennent abscons, dans une surenchère de noms incompréhensibles, tel ce « Smogl, garanti pur Schlikl » (744). Parviennent-ils encore à convaincre le « consomminus » ?...

La boxe au firmament

On retrouve l'univers de la boxe cher à Franquin et déjà mis en scène à plusieurs reprises dans les aventures de Spirou. Gaston s'entraîne à la boxe en sautant à la corde (14). Un poster de boxeur tout en muscles orne le bureau. Plus tard, il lit *La boxe facile* (91) et Fantasio fait les frais de son entraînement... Gaston découvre un nouvel appareil distributeur (261) sur lequel sont inscrits les noms de Carpentier, Annex, Halimi, Sugar Ray Robinson, tous grands boxeurs des années 1950-1960. Il opte pour Sugar Ray Robinson, et se prend un coup de poing.

Plus tard, Prunelle veut boxer Gaston (607), mais c'est lui qui se retrouve à terre : « F... F... Foudroyé... Même pas vu partir le coup... M... Méfiez-vous... Ce gars, i... i... il a le punch ! » Lagaffe se prend à rêver qu'il est un grand champion et se voit sur un ring, terrassant son adversaire (675) : « Il vient de placer SON crochet du droit !... Lagaffe possède le punch le plus meurtrier... » Il transforme même son fauteuil-main en fauteuil-gant de boxe (711). Au grand désespoir de l'agent Longtarin, il monte les parcmètres sur des pieds en caoutchouc pour les transformer en punching-ball qu'il frappe avec véhémence (857) : « Pouvez vérifier, Longtarin : pour les sous que j'y ai mis, je peux m'en servir pendant une heure... » Il s'entraîne au bureau avec Jules-de-chez-Smith-en-face (801), mais quand surgit Prunelle, il se met à la machine à écrire pour taper un texte sans enlever ses gants de boxe. Après tout, Raymond Devos et Coluche jouaient bien du violon avec...

Derrière tous ces gags, on devine l'actualité. La boxe connaît un véritable engouement public, en grande partie grâce aux performances très médiatisées de Sugar Ray Robinson, qui domine la discipline durant toute sa carrière avec seulement 12 défaites en 225 matchs. En 1979, quand Gaston est occupé à boxer les parcmètres, *Le Champion* (*The Champ*) de Franco Zeffirelli sort sur les écrans. Un père – ancien boxeur – élève seul son fils de 7 ans. Il décide de reprendre les gants pour lui assurer un avenir. L'acteur principal, Jon Voight, est sacré meilleur acteur aux Golden Globes pour son rôle. Ce film est lui-même le *remake* du film éponyme de King Vidor sorti en 1931. Wallace Beery obtint un oscar du meilleur acteur en 1932 pour son rôle de boxeur déchu.

La course à l'espace

Le 21 juillet 1969, Neil Armstrong est le premier homme à marcher sur la Lune dans le cadre de la mission *Apollo 11*. L'événement captive près de 500 millions de Terriens qui suivent l'événement en direct sur leurs téléviseurs. Passionné de technologies et de conquête spatiale, Franquin n'en a pas raté une miette. Gaston invente une fusée (9). Le jour même, un défilé de militaire se presse dans son bureau. L'un d'eux demande : « *Ask for Wernher von Braun...* », le concepteur du programme spatial américain[13].

Prunelle veut expédier Gaston sur une fusée (561). Lebrac prévient « Non, Prunelle ! Il faut un long entraînement pour faire un cosmonaute... » Prunelle dit à Cauvin, qui apparaît dans son propre rôle (733) : « Le plus urgent, c'est cette face de la lune pour "L'aventure spatiale"... La lune ! La lune ! » Car c'est bien le dossier brûlant du moment...

En illustration d'un rédactionnel (tome 12, p. 36), le gaffeur est allongé dans un cratère lunaire. Cela semble logique pour lui d'être « dans la Lune »... Dans un dessin unique, il se déguise en « Vostok » pour son bal costumé... mais se demande comment il va faire « si on danse »... La phrase « Mais si on danse » deviendra un gag récurrent...

Le programme *Vostok* (qui signifie « Est ») est le premier programme spatial habité de l'URSS. Les essais ont eu lieu en 1960 et 1961, avec des animaux à bord, puis avec six vols pilotés entre 1961 et 1963. Le cosmonaute Youri Gagarine entre dans l'histoire le 12 avril 1961 en devenant le premier homme à séjourner dans l'espace avec la mission *Vostok 1*.

Gaston parvient à faire exploser et à satelliser un chauffe-eau. L'image fait la couverture du journal *Spirou* n° 1438 du 4 novembre

---

13. Franquin dédicacera vers 1968 la page de garde de l'album *Z comme Zorglub* pour Jacques Tiziou, journaliste politique et scientifique, auteur de l'ouvrage *À l'assaut de la Lune*. Le dessin représente Gaston devant une fusée passablement bancale de sa conception, et il écrit « Cher Jacques Tiziou, dites à Von Braun qu'il y a un gars en Europe, qui le talonne... » https://www.artcurial.com/en/lot-franquin-gaston-lagaffe-encre-de-chine-aquarelle-gouache-et-crayon-de-couleurs-pour-une-superbe#popin-active

1965, qui s'attire les foudres d'EDF-GDF : un chauffe-eau ne peut pas exploser !

Plus tard, en 1974, Yvan Delporte, le rédacteur en chef de *Spirou*, reviendra sur cette anecdote avec l'humour qui le caractérisait (802). Dans un rédactionnel illustré par Franquin, « Un record méconnu », il réécrit l'histoire de la conquête spatiale : « Au cours des derniers mois, la presse a beaucoup parlé d'une prétendue grande première mondiale : un engin spatial des États-Unis, baptisé *Pioneer-10*, aurait été le premier objet humain à atteindre l'orbite de Jupiter, puis à se diriger vers les limites du système solaire. »

Or Gaston aurait fait mieux dès le 4 novembre 1965 en envoyant un chauffe-bain défectueux dans l'espace... Selon ses calculs « le 23 janvier 1974, après 3 001 jours de voyage et 4 587 840 000 kilomètres, cette frontière a été franchie par le chauffe-bain, qui devient ainsi le premier objet fait par la main de l'homme à mettre le pied hors du système solaire ! »

Plus tard, Gaston fabrique une télécommande d'avion miniature « avec les morceaux d'un vieux transistor russe » (781). Mais en le manipulant, il parvient à dérégler le vaisseau CCCP « 536 km plus haut ». Ce gag est publié dans le journal *Spirou* n° 1 852 du 11 octobre 1973, quinze jours après le lancement du vaisseau russe *Soyouz 12*, le 27 septembre 1973. La mission des deux cosmonautes, Vasili Grigorievith Lazarev et Oleg Grigorievitch Makarov, installés sur une orbite à 350 km d'altitude, est de simuler une approche de Saliout. Après un vol de 1 jour 23 h 16 min, l'équipage revient sur terre sain et sauf.

Plus tard, Gaston regarde les photos de *Voyager 1* dans le *National Geographic* (882). Le gag est publié dans le journal *Spirou* n° 2278 du 10 décembre 1981. Compte tenu des dates, il s'agit du *National Geographic* n° 157 du 1er janvier 1980, qui publiait l'article « Ce que *Voyager* a vu : le royaume éblouissant de Jupiter ». On reconnaît la couverture du magazine dans le dessin de Franquin[14]. « Réussissant au-delà des rêves des scientifiques, deux engins spatiaux découvrent un anneau autour de la plus grande planète et des volcans sur sa lune Io. Par Rick Gore, avec des photographies de la NASA. »

---

14. *National Geographic* n° 157 du 1er janvier 1980 : https://fr.shopping.rakuten.com/photo/N-A-National-Geographic-Vol-160-No-1-July-1981-Livre-865642928_L.jpg

Gaston vit à l'heure de la conquête spatiale. Il invente « l'horloge de l'ère spatiale » (604) : « Regardez bien, c'est une miniature exacte de la cabine *Apollo* [...] Ah ! Trois heures : voici le cosmonaute... » De Mesmaeker est tellement enthousiaste qu'il décide de signer un contrat de commercialisation... avec Gaston ! Ce qui n'est pas très fréquent...

Sur les murs de la rédaction, on découvre encore ici et là des posters et illustrations en rapport avec les planètes et la conquête spatiale (640, 699, 794, 806), preuves de l'intérêt de Franquin pour la question à cette époque. Gaston se rêve encore en cosmonaute, flottant dans l'espace allongé sur le dos les mains derrière la tête, et alimenté en énergie par une pile Philips (album 21, p. 8).

Quand il propulse les parcmètres comme des fusées, Gaston commente (853) : « Oah ! Dites, l'Europe tenterait-elle de rattraper son retard dans le domaine spatial ?!! »

La DS ID19

Gaston commande par erreur des Citroën DS ID19 à offrir aux lecteurs de *Spirou* (275), en oubliant de préciser qu'il voulait des miniatures. Un camion entier de DS est alors livré au journal... La fameuse Citroën ID19 sort en mai 1957. Elle est motorisée par un moteur de 66 chevaux, une évolution du moteur « 11D » de la Traction Avant 11 CV. Elle est révolutionnaire et force l'admiration des automobilistes. D'après les catalogues de vente de l'époque, elle vaut 106 900 francs à sa sortie, soit près de quatre années de SMIG de 1957. La bourde de Gaston risque de coûter très cher au journal !

Ailleurs, il explique en montrant son antique voiture à Fantasio (Tome 04, p. 17) : « ... Tu comprends, quand ils sauront chez Citroën que je roule avec ça, moi qui suis si connu, ils m'enverront peut-être une DS 19 !... »

Les Six Heures de Spa Francorchamps 1966

Lors d'un périple automobile (420), Gaston déboule avec sa guimbarde en pleine course sur un circuit qui présente toutes les caractéristiques de Spa Francorchamps. Franquin avait déjà mis en scène le fameux circuit pour le Grand Prix de 1951. Les Six Heures de Spa 1966 ont eu lieu le 25 mai, moins d'un mois avant la publication de ce gag le 18 juin 1966. Les pilotes Mike Parkes et Ludovico Scarfiotti s'imposent sur Ferrari 330 P3 (rouge, évidemment), comme celle que représente Franquin avec le n° 31. Les deux autres voitures sont la Ford MKII (arrivée deuxième en 1966) et, derrière, la Chaparral de 1965 (qui ne courait pas à Spa).

Compression de César

La voiture de De Mesmaeker, qui évoque une Ford Mustang, est précipitée dans une broyeuse par la maladresse de Gaston et réduite à un cube (367). Le gag est publié dans le journal *Spirou* n° 1426 du 12 août 1965.

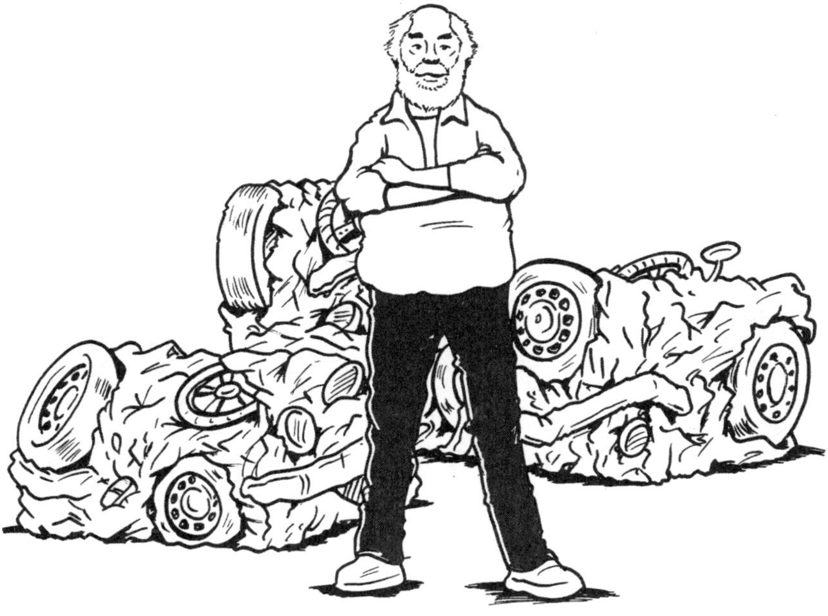

César devant ses voitures compressées.

Dès la fin des années 1950, le sculpteur César défraye la chronique avec ses premières compressions. Il découvre chez le ferrailleur de Gennevilliers, qui lui fournit ses tôles, une presse hydraulique américaine qui compresse les carcasses de voitures pour en faciliter la manutention. Au Salon de mai, en 1960, à Paris, il expose *Trois tonnes*, une œuvre composée de trois voitures réduites à l'état de tôles qui fait aussitôt scandale. Pour César, ces sculptures sont un défi à la société de consommation, et en particulier à son symbole le plus fort d'après-guerre : la voiture.

Chez Franquin, c'est Gaston (éminent porte-parole de l'anticapitalisme) qui détruit la voiture de De Mesmaeker (à l'opposé des idées de Gaston). La transposition de César à Franquin est cohérente.

Le Petit Chimiste

En 1952, Gilbert Company crée *Le Petit Chimiste*, qui remplace son *Atomic Energy Lab*, un des jouets les plus dangereux, contenant même un mode d'emploi pour fabriquer ses propres explosifs ! *Spirou* lui consacre une page entière (tome 12, p. 40), à la façon d'un tableau de maître. Voilà de quoi enflammer l'âme bricoleuse de l'impénitent grand gamin qui se livre à une « expérience de chimie amusante » et fait exploser son bureau (394). Par suite, les effluves de son expérience endorment toute la rédaction, et même De Mesmaeker, qui ne signera pas encore ses contrats cette fois (427).

Dans le gag suivant, Gaston fabrique un puissant acide qui goutte sur le crâne de De Mesmaeker et l'expédie à l'hôpital. Gaston fait encore exploser un mur (430), crée un gaz hilarant qui sème la zizanie dans la rédaction (516) et tente de mettre au point une « cire qui ne glisse pas » … On imagine la chute, au propre comme au figuré (522).

L'expérience de « chimie amusante » (770) de Gaston provoque une explosion qui fait tomber l'ascenseur « du sixième à la cave » ! Il faut dire que Gaston a une conception très personnelle de la chimie (790) : « On mélange toutes sortes de produits, on chauffe, on filtre, on réchauffe et on attend ce que ça donne… » Résultat : encore une formidable explosion qui pulvérise les bureaux de Dupuis et projette Gaston sur le toit de l'immeuble…

La pluie artificielle

Fantasio étouffe de chaleur et souhaite un orage (419). Gaston repère un nuage : « Cette tête est bourrée d'explosif… En éclatant là-haut, dans ce nuage, elle répandra un produit spécial qui provoque la condensation et les eaux du ciel se déclencheront ! » L'idée de créer une pluie artificielle par ensemencement des nuages par des particules d'iodure d'argent est imaginée et appliquée pour la première fois en 1946, aux États-Unis, pour lutter contre la sécheresse qui sévit dans la région de New York. En théorie, des gouttelettes de condensation se forment et la pluie tombe. C'était un peu le projet de Gaston… avant l'inévitable chaos.

Le scoubidou

Gaston tresse des scoubidous avec tout ce qu'il trouve : ficelles pour emballer les colis, fils de téléphone, lacets de chaussures, etc. (425). Son collègue annonce sur un ton amusé : « Aaah ! Gaston a passé la soirée d'hier avec Jeanne… Héhé ! » Mais, quand Jeanne apparaît, on découvre que Gaston a tressé sa queue-de-cheval en scoubidou !

Le fameux scoubidou, qui consiste en plusieurs fils en résine multicolores tressés, apparaît en France en 1958 et fait aussitôt le bonheur des cours de récréations. Le « grand gamin » qu'est Gaston joue avec les cheveux de Jeanne comme lors de leur première rencontre. Le gag publié dans le *Spirou* n° 1484 du 22 septembre 1966 fait aussi écho à une autre actualité : le magazine pour enfants *Scoubidou* vient de sortir en avril 1966 aux éditions du Rempart.

Jazy vs *Gaston*

« Monsieur Gaston, vous avez une belle foulée ! Comme Jazy », s'extasie M'oiselle Jeanne (440). Le gag est publié dans le n° 1499 du 5 janvier 1967. Jeanne suit visiblement l'actualité sportive. Au terme d'un brillant parcours, le coureur d'athlétisme français Michel Jazy termine sa carrière en beauté aux championnats d'Europe de Budapest en finissant deuxième du 1 500 mètres et en remportant le 5 000 mètres. Mais il veut encore signer un ultime record « chez lui ». Le 12 octobre

1966, il fait ses seconds adieux au haut niveau lors d'un meeting nocturne organisé conjointement par son club et celui de Saint-Maur-des-Fossés, où il bat le record du monde du 2 000 mètres. Nul doute que Jeanne voie Gaston avec les yeux de l'amour en le comparant à Jazy !

La superballe

Gaston joue à la superballe (444), qui rebondit partout en causant pas mal de dégâts[15]. La superballe (de l'anglais *Super Ball* ou *SuperBall*), également appelée balle magique, est une balle extrêmement élastique en caoutchouc synthétique, le Zectron, inventé en 1964 par le chimiste Norman Stingley. La hauteur du rebond de la balle est de 92 % de la hauteur du précédent rebond. Le jouet devient vite très populaire. En décembre 1965, plus de six millions d'unités sont vendues par la société de jouets américaine Wham-O Inc. Le gag de Gaston sort dans le journal n° 1503 du 2 février 1967. À cette époque, les versions miniatures colorées ne coûtent que dix centimes et font le bonheur de millions de gamins.

Un peu plus tard, Gaston invente une grosse superballe (513) qu'il chevauche et qui le propulse à hauteur d'avion. En réalité, une superballe « géante », environ de la taille d'une boule de bowling, a déjà été inventée à la fin des années 1960 par la société Wham-O, pour faire parler d'elle et promouvoir son produit. Elle tomba du 23e étage d'un hôtel australien et détruisit, au second rebond, une voiture décapotable garée, défrayant la chronique… Gaston ne pouvait ignorer un fait aussi important.

Il donne encore une « superballe pour le chaton » (625). Désastre garanti ! Du haut d'une fenêtre de la rédaction, il s'amuse encore à la faire rebondir sur un agent de police qui passe dans la rue (813) : « Une superballe, ça rebondit déjà bien par soi-même… Mais alors, sur un képi, OÂÂH ! »

Ce n'est pas le premier jouet de la firme Wham-O auquel s'intéresse Gaston. Dans l'album 01, p. 32, il expliquait déjà le hula-hoop qui connut un engouement sans précédent en 1958 et en 1959 avec quarante millions de cerceaux vendus la première année !

---

15. On se souvient que ce gag était inspiré d'un dessin animé avec Donald.

Cinéma

Gaston accroché aux aiguilles d'une grande montre murale (499) évoque bien sûr Harold Lloyd dans *Safety Last*, de Fred C. Newmeyer & Sam Taylor (1923). Lebrac estime : « Il a raison, c'est publicitaire son truc : regarde en bas la foule qui attend de voir s'il va se casser la figure... »

La rédaction est envahie d'oiseaux noirs aux regards inquiétants (563). La référence aux *Oiseaux* d'Hitchcock, sorti six ans plus tôt en 1963, est évidente. Franquin reprendra l'idée un peu plus tard (697). Les rapaces, métaphores des vautours de la finance et du pouvoir, reviendront encore dans les *Idées noires*...

Dans le *Spirou* n° 1708 du 7 janvier 1971, le moteur de la voiture de Gaston agonise sur la rue (649). Longtarin pointe sur arme : « Aaaah, je ne peux pas voir ça ! Faut faire quelque chose... Je... Je l'achève... » Franquin sait bien que la puissance d'un moteur s'exprime en chevaux... il sait surtout que le film de Sydney Pollack, *On achève bien les chevaux*, est sorti en 1969. Belle occasion d'en tirer un gag ! Et l'agent Longtarin fait encore les frais du gag du landau hérité du *Cuirassé Potemkine* (355).

Super Gaston

Gaston rêve qu'il sauve M'oiselle Jeanne lors d'un naufrage et terrasse un requin à coups de poings (799) : « N'ayez pas peur, m'oiselle Jeanne, je suis là ! [...] J'ai vu dans les bandes dessinées comment il faut faire... » M'oiselle Jeanne pense : « Qu'on est bien dans ses bras... » La référence aux super-héros américains est évidente. Dans *La Lagune aux requins* (juillet 1965) ou *Les Hors-la-loi de l'océan* (novembre 1967), le Fantôme du Bengale trucide quelques requins. Superman sauve Lois Lane des dents d'un requin avec quelques coups de poing bien placés[16]. Les exemples seraient encore nombreux, y compris dans les pages du journal *Spirou*. Dans le gag suivant, Gaston finit par

16. *Lois Lane* n° 127, octobre 1972). https://dc.fandom.com/wiki/Superman%27s_Girl_Friend, Lois_Lane_Vol_1_127

dompter le requin et s'en sert comme d'un hors-bord, imitant encore le Fantôme dans *Terreur dans l'abîme* (novembre 1972)[17].

Plus tard, Gaston colle au mur de son bureau une affiche de Captain Kébec (811). Il s'agit d'un héros créé par le dessinateur Pierre Fournier en 1973, qui devient vite l'un des personnages de bande dessinée les plus connus au Québec… Gaston rêve-t-il secrètement de lui ressembler pour subjuguer sa dulcinée ?

100 montages électroniques

En 1974, Gaston acquiert « 100 montages électroniques » (816). À cette époque, W. Sorokine sort « 100 montages électroniques transistors à réaliser soi-même » et « Montages électroniques simples »[18]. La miniaturisation met l'électronique à portée de tous. Les manuels de « montages simples » se multiplient et font le bonheur des grands et des petits. En parfait bidouilleur, Gaston n'échappe pas à cet engouement.

Björn Borg

Longtarin fait un cauchemar (881). Ses chers parcmètres (dans tous les sens du terme) sont détournés de leur utilisation. Un paysan s'en sert comme d'une bêche. Le lancement de parcmètre vient d'être reconnu comme discipline olympique. Il devient poêle à paella, canne de golf ou pagaie.

Mais surtout, dans la première image, le célèbre tennisman suédois Björn Borg en personne s'en sert comme d'une raquette de tennis. Classé numéro mondial en 1979, Borg est encore au faîte de sa carrière à cette époque. Il marque les esprits par son calme et sa détermination sur les courts de tennis lors des plus grandes compétitions.

---

17. https://www.bedetheque.com/BD-Fantome-1re-Serie-Aventures-Americaines-Tome-409-Terreur-dans-l-abime-301404.html
18. Éditions Radio, 1972.

Le gourou de Spirou

À l'initiative de Gaston, le gourou Rhavikan Tiroupi (Ravi quand il roupille) a investi la rédaction et plongé le personnel dans la méditation. Même De Mesmaeker est contaminé. Il brûle ses contrats, plongé dans la contemplation : « Détruisons par le feu nos faiblesses humaines ! » Seul Prunelle observe ce spectacle avec atterrement (730 et 731).

Ce gag est publié dans le *Spirou* 1792 du 17 août 1972. À cette époque de grande méditation, les gourous indiens, spécialistes de l'ouverture des chakras et des porte-monnaie, ont le vent en poupe. Plusieurs grands groupes pop ont leur gourou favori. L'un d'eux sort du lot. Il se fait connaître dans les années 1970 et 1980 sous le nom de Bhagwan Shree Rajneesh. En 1970, il crée la « méditation dynamique » supposée libérer les pratiquants de tout ce qu'ils répriment en eux. Il propose ses méditations à un public occidental qui voit en lui le « Seigneur de l'univers ». Après avoir vécu en Inde, il s'installera dans l'Oregon aux États-Unis, où il fondera le mouvement spirituel de « raajneeshpuram », très rémunérateur et particulièrement permissif sur le plan sexuel. Ce qui lui vaudra le surnom de « Sex guru ».

De nouveau, Franquin et Hergé semblent connectés. Dix ans plus tard, Hergé découvre dans le magazine *Paris Match* n° 1746 du 12 novembre 1982, un article de six pages sur « Le gourou Bhagwan Shree Rajneesh, fondateur d'un mouvement sectaire appelé la "méditation dynamique" ». Il envisage alors de le transposer en Endaddine Akass dans *Tintin et L'Alph-Art*. Dans ses croquis préparatoires, il s'inspire notamment d'une photo où l'on voit ce maître spirituel et ses fidèles portant des colliers, et des fidèles, bras levés vers le ciel, proférant leurs incantations : « Haom ! Haom ! » L'album restera malheureusement à l'état d'esquisses…

L'avènement de l'informatique

Gaston est supposé se familiariser avec le nouveau matériel informatique (868), qu'il détourne aussitôt pour installer des jeux vidéo.

Les premiers ordinateurs personnels grand public, l'Apple II, le TRS-80 de Tandy ou le PET de Commodore International, ont été commercialisés en 1977. À la date de publication de ce gag, le 4 décembre 1980, de nouveaux micro-ordinateurs, plus sophistiqués, voient le jour, tels que la DAI Imagination machine, très orientée musique et graphismes, ou encore l'IBM PC. Très tôt, les informaticiens imaginent les premiers jeux vidéo. *SpaceWars!* est créé en 1962. Gaston annonce : « Après ça, je programme la course dans les labyrinthes et la guerre des étoiles… »

Art moderne

Le monde de Gaston est habité de dessins, affiches, illustrations, tableaux de maîtres, qui sont autant de témoignages des goûts de Franquin. Gaston lui-même se prend pour Léonard de Vinci et demande à M'oiselle Jeanne de prendre la pose de la Joconde pour en brosser le portrait (385). Il avait déjà envisagé de sculpter le visage de Jeanne (378) qui s'extasiait, quelque peu aveuglée par l'amour : « Mais vous avez tous les dons, vous, Monsieur Gaston ! »

Plus tard, la décoration murale de Gaston (530) reprend les codes du pop art américain créé dans les années 1960. En 1963, Roy Lichtenchtein, génie pour les uns, escroc pour les autres, défraie la chronique et crée l'indignation dans les milieux de la bande dessinée en incluant dans ses productions les travaux de Jack Kirby, Joe Kubert ou encore Russ Heath, dont il s'inspire ouvertement pour son tableau *Whaam!* (interjection traduite par « Vlan ! » en français).

La fresque de Gaston contient de nombreuses onomatopées de bande dessinée : Bzzzzzz, Paf, Zzooom, Smack… Le gag publié le 26 septembre 1968 est aussi un écho à la chanson de Serge Gainsbourg sortie l'année précédente, *Comic Strip*, truffée d'onomatopées empruntées à la bande dessinée : Cric, Crap, Bang, Vlop, Zip, Shebam, Pow, Blop ou Wizzzz… Fantasio commente : « Depuis lors, une fresque splendide orne ce mur, audacieuse synthèse de la vie de bureau, et quoi qu'on en dise ou écrive, j'affirme que c'est Gaston qui, ici même, inventa le pop art[19]… »

---

19. Un grand poster « Gaston Pop Art » était offert en supplément au n° 1581 du journal de *Spirou* du 1er août 1968 édité par Dupuis. On peut y voir Gaston, allongé assoupi au milieu de plusieurs interjections dessinées en caractères « pop art » : M'enfin, Beh ben, Boah-pffouh… https://drouot.com/fr/l/18766272-gaston-pop-art-10-1968-offset

Gaston réalise encore en 1973, pour les piles Philips, un immense tableau pop art[20] grâce à un « pinceau à réservoir pour moteur à pile » ! Plus anecdotique : il se sert du journal *Le Soir* pour essuyer son pinceau[21].

En tirant sur le fil d'une tapisserie murale, Gaston crée un tableau digne de Victor Vasarely (page de garde de l'album 02, et Album 08, p. 29).

Un tableau (455 et 456) montre une jeune femme, paupières fermées, cheveux longs et noirs, petit nez pointu. Elle évoque fortement la chanteuse et actrice Juliette Gréco qui enchaîne les succès au cinéma et à la télévision (où elle incarne Belphégor) et qui vient juste de triompher au TNP. Mais la position et le portrait longiligne font aussi penser à *La Femme aux cheveux rouges* (1917), de Modigliani. Un autre rappelle le *Carnaval d'Arlequin* de Joan Miró (688). Enfin, Franquin évoque René Magritte, représentant un homme sans visage coiffé de son fameux chapeau-boule (898).

Le Père Noël est une ordure !

Le 16 avril 1981, Jeanne offre à Gaston un pull informe (878). L'intéressé balbutie : « Ooh ! Qu'il est beau, M'oiselle Jeanne ! C'est vous qui l'avez f… Euh… » Deux ans plus tôt, la troupe du Splendid créait la pièce de théâtre *Le Père Noël est une ordure*, dans laquelle Thérèse (jouée par Anémone) offrait à Pierre Mortez (joué par Thierry Lhermitte) un pull-over tricoté par elle-même et qui évoquait plutôt une serpillière en état de délabrement avancé.

L'avènement du tertiaire

Franquin reconnaît : « Je me rends très rarement à la rédaction du journal, et je ne sais pas à quoi peut ressembler l'ambiance d'un bureau. Mais quand je pense que, dans la plupart des bureaux, il y a des gens qui ne se supportent pas et qui doivent se côtoyer tous les jours, j'imagine

---

20. *Gaston* 19, Marsu Productions, 1999, p. 18.
21. https://www.pinterest.fr/pin571183165232245468/

facilement l'atmosphère[22]. » Gaston incarne l'anticonformisme dans l'univers hiérarchisé du petit monde du bureau.

Franquin illustre par le dessin les thèses du sociologue Michel Crozier qui publie *Petits fonctionnaires au travail*, *Le Phénomène bureaucratique* et *Le Monde des employés de bureau*[23]. Monsieur Boulier, le comptable de Dupuis, ne cache pas son inimitié vis-à-vis de Gaston. Il symbolise la rupture générationnelle entre les parents psychorigides accrochés à leurs valeurs, et les enfants qui rêvent de liberté. Il symbolise aussi et surtout le fossé et les luttes de pouvoir existant entre le cadre et l'employé de bureau. Boulier « flique » Gaston et ne supporte pas son attitude (409) : « J'ai horreur de ces traces indélébiles de la négligence ! »

Dans la rubrique « Coup d'œil en coulisse » (p. 45), le journal *Spirou* n° 1659 du 29 janvier 1970, Boulier « publie » une note de service : « Réfectoires pour le personnel. Nous avons le plaisir de vous informer qu'un réfectoire sera mis à disposition du personnel dès le mardi 27 janvier. Nous demandons instamment de ne plus prendre les repas dans les bureaux, mais dans le local prévu à cet effet. Toute dérogation au présent règlement sera formellement réprimée. » Gaston est aux antipodes de ce genre de contrainte. Il fait des crêpes, transforme son bureau en cuisinière, installe une véritable cuisine, etc. Prunelle, obsédé par la productivité, semble porter tout le stress de la vie de bureau. Gaston monologue (575) : « Vous manquez d'Ordre ! Mettez en Ordre votre bureau ! De l'Ordre !... Ils ont une idée fixe, ma parole !... »

Fantasio voit que Gaston met au point un moteur au bureau (447) : « Si cette chose n'est pas une machine à trier le courrier par la force centrifuge, quel service rend-elle au journal ? — Elle rend service à toute l'humanité ! Oui Monsieur... Regarde bien ! Grâce à ce filtre, les gaz d'échappement deviennent inoffensifs... »

L'excitation de la rédaction est palpable (613). Dans celle de *Spirou* en ébullition (705), Gaston tente de capter l'attention de Prunelle, survolté : « Ah, non ! Ne pas m'emm... poisonner le lundi matin ! Trop

22. *Sapristi* n° 16, printemps 1988.
23. Respectivement aux éditions du CNRS, 1956 ; au Seuil, 1963 et 1965.

de boulot ! » Il ne comprend pas le stress qui l'entoure. Pire, il s'y oppose par son inertie et sa fantaisie. Il transforme la boîte à suggestions de l'entreprise en vide-ordures (862) et dans la page de garde de l'album 07, il dort quand tout le monde court autour de lui. Pour Prunelle, la lenteur de Gaston est un frein (900) : « C'est une ruche, ici, Gaston ! Vous êtes comme une limace parmi les abeilles ! » Face à Gaston, Prunelle perd son sang-froid au point de devenir grossier. Il fait un bras d'honneur (828) ou encore répond « Mon c... » à Gaston (895).

Les membres de la rédaction courent encore partout. (905) Afin de les voir débouler, Gaston installe un rétroviseur sur son épaule… mais oublie de regarder devant lui, à l'image de sa vie. Il préfère la rêverie et semble bien loin des préoccupations carriéristes du tertiaire, qui n'est définitivement pas fait pour lui.

En avant la musique

Quand on lui posait la question de son rapport avec la musique, Franquin affirmait : « Je suis ignare en ce domaine », mais « la musique m'est très importante ». Il écoute de la musique classique : Mozart, Bach, Vivaldi, Debussy, Satie ; mais aussi « beaucoup de jazz » : Fats Waller, Charlie Parker, Dizzy Gillespie, le be-bop, Miles Davis, le flamenco… Prunelle écoute à la radio l'adagio de la « *Symphonie numéro neuf en* ré, de Gustav Mahler, par le Columbia Symphony Orchestra » (865). La symphonie en question a effectivement été enregistrée en 1971 par le Columbia Symphony Orchestra, dirigé par Bruno Walter (deux vinyles, sortis chez la maison de disques Odyssey). Côté jazz, les allusions sont nombreuses. Fantasio semble à l'aise à la trompette. Modeste s'émeut d'une « berceuse nègre ». On voit l'évêque « jouer » du saxophone, ou encore un célèbre trombone…

Franquin estimait : « Gaston est un clown ; or, la musique fait partie du matériel des clowns. Et aussi, quand tu animes un personnage comme celui-là, qu'il te faut trouver sans cesse de nouveaux gags – j'en suis à neuf cents ! – et que tu as déjà tout utilisé, tu prends ce que tu peux, y compris la musique, qui est un cliché auquel on échappe difficilement, surtout le fait de réaliser un personnage qui produise une musique à laquelle les autres personnages sont allergiques. En ce sens, Gaston s'inscrit dans une longue lignée qui comporte la Castafiore, Pirlouit, Assurancetourix, etc. » Ajoutant : « Je préfère inventer des instruments, c'est nettement plus amusant. »

Le gaffophone apparaît pour la première fois le 9 mars 1967 (*Spirou* n° 1508, gag 449). Pour le dessiner, Franquin s'inspire d'une « sorte de harpe africaine faite à partir d'une branche pliée avec des cordes descendant du sommet vers une peau tendue à la base » vue au musée royal de l'Afrique centrale de Tervuren.

Détail étonnant illustrant les liens improbables entre les œuvres d'Hergé et de Franquin, Hergé a également visité le musée et a vu le même instrument, qu'il représentait déjà dans *L'Oreille cassée* trente-deux ans plus tôt[24], dans le musée ethnographique où est dérobée la fameuse statuette arumbaya. L'instrument porte l'inscription « harpe guitare birmane ». Grand lecteur de Tintin, Franquin a nécessairement vu ce dessin qui s'est imprimé dans son subconscient…

La harpe birmane à l'origine du gaffophone.

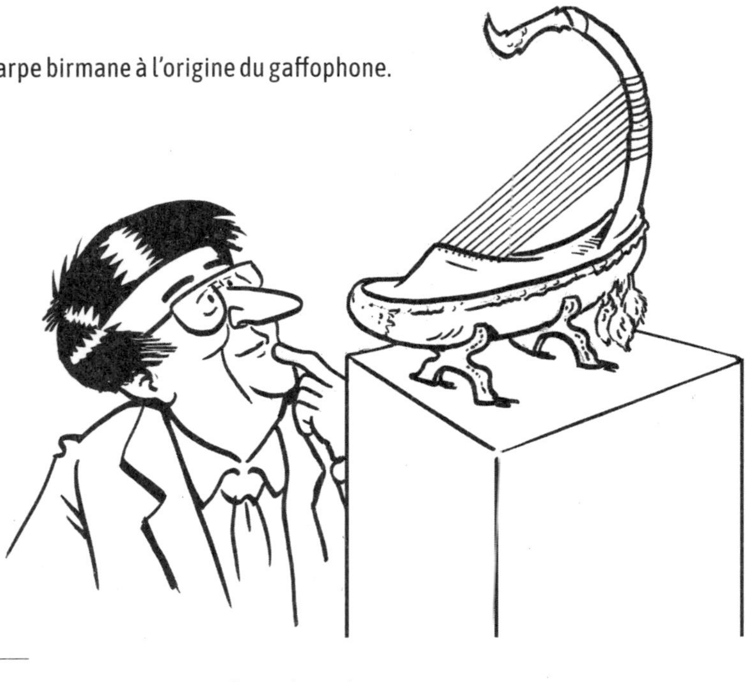

24. *Le Petit Vingtième* n° 50, du 12 décembre 1935.

Le gaffophone est une source intarissable de gags. Plus tard, Franquin imagine une version miniature en forme de guitare (542). Gaston explique à M'oiselle Jeanne : « J'ai inventé cet instrument spécialement pour accompagner les chants de Noël à la fête du bureau… » Et quand il l'essaie aux abords d'une forêt de pins, tous les arbres perdent leurs épines. Gaston provoque une avalanche en jouant du gaffophone en montagne, il est exhumé, bleu de froid (552), comme un certain Haddock dans *Le Temple du soleil*.

Comme beaucoup de jeunes de son époque, Gaston s'essaye aussi à la guitare électrique, en solo ou avec différents groupes rock/pop. Les gags sont au rendez-vous… Il installe dans son bureau une batterie pour apprendre le rock'n'roll (30), transforme une vieille guitare en guitare électrique (39). Mais les choses se gâtent quand il décide de l'apporter au bureau (183). Fantasio croise les bras et fronce les sourcils : « Que… quoi ? Une guitare au bureau, maintenant ! ? ! — Oui, j'ai composé un rock… tu vas entendre ça ! » Fantasio n'apprécie pas et lui casse une chaise sur la tête. « Eh bien, tu vois que ça marche ! Tu as cassé une chaise ! » Le gag est publié dans le *Spirou* 1241 du 25 janvier 1962. Franquin fait allusion à une actualité bien précise. Johnny Halliday sème le chaos dans ses premiers concerts en fin 1961, où les fauteuils et sièges sont systématiquement détruits par les spectateurs hystériques. *Le Figaro* titre : « Il reste encore quelques endroits en France où Johnny Halliday n'a pas suscité de bagarres. Les endroits où il ne chante pas en chair et en os. »

Face à l'incompréhension de ses collègues, Gaston prend sa guitare et part composer à la campagne (284). Il beugle « Quand je te vois émuu-ue, aussitôt je m'émmeu-eus… », ce qui a pour effet d'attirer un troupeau de vaches dubitatives. Plus tard, Gaston confie qu'il a dû changer de lieu de villégiature avec sa guitare électrique sur piles, à cause des lapins : « Ils étaient devenus sauvages et ils mordaient quand je jouais dans la prairie. »

Gaston crée le groupe Les rois des sons qui est « spécialisé dans les sonorités nouvelles » (458) et propose : « On relance *Good Vibrations* », chanson des Beach Boys de 1966. Comme tous les artistes, Gaston est tiraillé par le doute… on le serait à moins ! Il demande à Lebrac : « Dis-moi la vérité… Je ne joue pas bien de la guitare, hein ?… » (286) — C'est difficile à dire, Lagaffe, quand vous chantez, on n'entend pas la guitare… »

Il décide d'abandonner la guitare, pour le plus grand bonheur de ses collègues… et annonce : « Maintenant, je pourrai consacrer toutes mes forces au bombardon ! » Mais il déplore plus tard (293) : « L'inconvénient du bombardon, c'est qu'on ne peut pas chanter en même temps qu'on joue… — Manquerait plus que ça ! » rétorque Fantasio.

Pour le 600e gag, Lagaffe propose « le tout premier concert du gaffophone électrique » avec son groupe Moon Module Mecs (600). Comme nous l'avons vu, le rock est alors décrié par une partie des auditeurs qui restent accrochés aux valeurs sûres de la chanson française. Lagaffe répare le tourne-disque d'Hortense en passant les disques de sa tante : *Viens dans ma ville, viens dans ma rue*, chanson de Mireille Mathieu, sortie en 1966 (710).

Gaston garde au bureau Arthur, le petit garçon de sa voisine (464). Pour l'amuser, il lui raconte une histoire : « Chez les Papous, y'a des Papous papas et des Papous pas papas… » très inspirée des paroles des chansons de Boby Lapointe telles que *Le Papa du papa du papa de mon papa*, sortie en 1966. Plus tard, Lebrac écoute à la radio (865) : « La femme tronc qui est si bonne, eh, maman, que m'importent les troncs bonnes, je veux jouer de l'hélicon ! », chanson de Boby Lapointe dont l'album est sorti en 1963. On se souvient que Boby Lapointe faisait déjà partie de la « bande-son » des aventures de Spirou…

Lors d'une partie de chasse (282), Gaston joue de la guitare et chante : « Je suis le yéyéyéyéti… » C'est tellement effrayant que les animaux se sauvent… Il s'agit d'une chanson de Dario Moreno, succès de l'époque.

Fantasio fredonne : « Couché dans le foin, avec le soleil pour témoin, un p'tit oiseau qui chante au loin[25] » (360). Le chanteur belge wallon Julos Beaucarne est à l'affiche (deux fois) sur des colonnes Morris (543 et 573). Gaston entonne *Riquita jolie fleur de Java* (553), chanson créée en 1926 par le duo français Fox-Trot, de Louis Bénech (musique) et Ernest Dumont (paroles). Deux semaines plus tard (555), le réveil de Jules-de-chez-Smith-en-face beugle la même chanson, qui semble en total décalage avec les goûts du jeune homme : pop, rock, cheveux longs et guitares électriques affichés dans les posters de sa chambre…

25. Paroles Jean Nohain, musique Mireille, de 1932.

Gaston ne sévit pas seulement avec le gaffophone et la guitare électrique. Il joue de la scie musicale (307). Quand Fantasio est particulièrement tendu, il décide de lui interpréter un morceau tzigane au violon : « Ça va l'adoucir », ce qui provoque plutôt une « contraction générale » (381). Les mêmes causes produisent les mêmes effets… Plus tard, tout le monde fait une crise d'apoplexie quand Gaston fait grincer son archet sur les cordes du violon (765).

Il nous montre l'étendue et l'éclectisme de son répertoire. Il chante « Trabadjâââ, la moukère… » (444). Il s'agit de *Travadja la moukère* (parfois orthographiée *Trabadja* ou *Ravadja la mouquère*), une chanson paillarde des soldats français en Algérie, connue en France au moins depuis les années 1910. Elle fait directement allusion aux risques encourus par les soldats en permission lors de leurs visites aux « mouquères » locales tarifées à l'hygiène contestable… Gaston connaît-il toutes les paroles ? On « entend » aussi la chanson *Bon anniversaire* (600), à ne pas confondre avec la rengaine archi-rabâchée *Joyeux anniversaire. Bon anniversaire* est en effet la musique du film *Un jour avec vous*, de Jean-René Legrand (1952), chantée par André Claveau. Plus tard, il fredonne *Sixteen tons* (760), chanson de mineur enregistrée pour la première fois par Merle Travis en 1946, alors qu'il « range » des pelletées de bazar. Le chauffeur qui conduit un bus-accordéon dit (album 21, p. 18) : « Je ne conduis plus ! Chaque fois que je tourne, j'entends mille accordéons qui jouent *La Java bleue* ! »

Dans le *Spirou* n° 1417 du 10 juin 1965, Fantasio affirme (359) : « Seul le travail donne bonne mine et santé, Gaston ! », paraphrasant la chanson d'Henri Salvador *Le travail, c'est la santé* qui vient juste de sortir. Le titre connaît un énorme succès et atteint la 2e place des ventes en 1965 avec plus de 400 000 exemplaires vendus. À la même époque, en Belgique, des ouvriers grévistes en font même leur slogan !

Dans un autre registre, en voyant Gaston jouer avec son voilier miniature, Fantasio s'amuse (210) : « Gaston, les p'tits bateaux, dans les bureaux, ont-ils des jammmbes… » en référence à la comptine populaire du XIXe siècle.

Franquin publie aussi dans le magazine *Pour*, en 1981, un dessin de Gaston jouant à l'orgue de barbarie « Le Belge sortant du tombeau-ôôô », paroles françaises de *La Brabançonne*, l'hymne national de Belgique.

La liste des allusions musicales serait encore assez longue pour en faire un livre[26] !

Mises en abyme

Franquin enrichit ses dessins de mille détails, et en particulier de posters et affiches aux murs des villes, dans les bureaux de la rédaction de Dupuis, maisons et appartements. Dans ces affiches, nous l'avons vu, il mentionne des dizaines de films, de marques (réelles ou parodiques), de spectacles ou de chansons. Mais il croque aussi de nombreux personnages de bandes dessinées, les siens et ceux de ses confrères.

Dans les aventures de Spirou, nous avons déjà relevé plusieurs clins d'œil à Tintin, Milou, les Schtroumpfs, Lucky Luke, etc. Ici, ces allusions aux personnages de bandes dessinées constituent en elles-mêmes un véritable historique de la bande dessinée d'après guerre. On peut en compter jusqu'à cinq par planche, ce qui porterait ces références à plusieurs centaines. Il est donc impossible de tous les répertorier ici. Quelques hommages significatifs aux dessinateurs et à leurs personnages, parmi les plus représentatifs[27], sont donnés en annexe.

Franquin n'oubliera pas non plus Vittorio Leonardo, coloriste et dessinateur, qui réalise la couleur de différentes séries du journal, dont la série *Gaston Lagaffe*. Sur un mur, dans la ville, on devine une affiche publicitaire « Couleurs-Émaux Leonardo » (636).

Et bien sûr, il ne néglige jamais la publicité « maison ». Le dessin du petit singe accroché au mur (521), publié en 1968, est l'un des chimpanzés de *Bravo les Brothers*, paru trois ans plus tôt… Le même singe se retrouve au mur du bureau de Gaston (896). « Lisez *Spirou* » s'affiche sur un mur de la ville (268), ou les tramways (540). Un ballon publicitaire gonflable est à l'effigie de Spirou (631)…

Des affiches ou dessins aux murs de la rédaction représentent Fantasio (610) ; le comte de Champignac (520) ; le petit Noël (572 et 897) ; et

26. On pourra lire à ce sujet *Gaston Lagaffe en musique*, album hors série publié chez Marsu Productions, sorti à l'occasion de la fête de la Musique, le 14 juin 2012…
27. Les numéros entre parenthèses indiquent les numéros de gags dans lesquels apparaissent les personnages mentionnés.

même l'évêque, échappé du *Trombone illustré*, qui fait du « lancer de javelot » (839) ou de l'haltérophilie avec sa crosse (840), qui en joue comme d'un saxophone (841), qui s'en sert comme d'un tournebroche (842), qui la lance en l'air à la façon d'une majorette (845) ou qui l'utilise, à cheval, comme une lance lors d'un tournoi de chevaliers au Moyen Âge (849). Plus tard, la fameuse crosse devient une cible de fléchettes (865).

Sur la table de Lebrac, on voit un magnifique dessin de la Zorglumobile (896).

Mais la palme d'or de l'autopromotion revient au Marsupilami avec près de vingt représentations (453, 474, 475, 510, 518, 596, 561, 631, 666, 753, 768, 846, 889, 897, 895), sans compter la publicité sur la colonne Morris en couverture de l'album *Le Gang des gaffeurs* et quelques autres apparitions dans des gags isolés. On le retrouve même en produit dérivé (642), quand Gaston ne se déguise pas lui-même en Marsupilami (601 et 606).

Franquin pousse toujours plus loin la mise en abyme de ses propres bandes dessinées ou celles de ses confrères dans les gags de Gaston. Deux planches sont parfaitement visibles sur le bureau de Prunelle (530). En grossissant l'image, on reconnaît clairement une planche des Schtroumpfs (déjà mentionnée). L'autre planche représente un personnage qui perd son couvre-chef en fuyant devant un éléphant. On peut y voir un clin d'œil à page 40 de *La Corne de rhinocéros*, où Fantasio perd son chapeau en déguerpissant devant un pachyderme.

Une autre page, posée sur un bureau (568), représente une course de voitures, qui pourrait bien être celle du Grand prix de Cocochamps dans *Spirou et les héritiers* (p. 44). Ailleurs (705), une course-poursuite en voiture se termine par un carambolage en dernière vignette, évoquant un terrible accident dans le même récit.

On trouve encore quelques allusions subtiles… Une boutique (ou restaurant) porte l'enseigne Bretzelburg (351).

La mise en abyme passe aussi par l'autocitation, qui rime souvent avec autodérision. Gaston explique « C'est la main-fauteuil ! Pour la forme, j'ai demandé des croquis à Franquin… — Eh bien, Franquin, il n'a pas eu la main heureuse ! » (590). Ou encore, à propos de l'oreille murale : « C'est Franquin qui me l'a dessinée… » (703). Et dans la rédaction en panique : « Et la planche de Franquin ? — Pas arrivée… »

(705). Gaston annonce à Prunelle (720) : « Oaâh dis ! Franquin a trouvé un gag fan-tas-tique ! — Ah ?! Tiens, je suis content… ça fait des années qu'il le cherche… »

Enfin, on a vu que Gaston lisait le journal *Pilote*, mais il lit aussi *Fluide glacial*. Rien d'étonnant quand on se souvient que Franquin y a collaboré à partir de 1976, puis régulièrement à partir de 1978 avec *Les Idées noires*. Le gag 878 est publié dans *Spirou* n° 2244 du 16 avril 1981. On reconnaît le gag en 6 cases, caractéristique des quatrièmes de couverture de *Fluide glacial*. Le numéro que lit Gaston pourrait donc être inspiré d'un numéro bien réel du magazine.

Gaston e(s)t Franquin…

Franquin affirmait : « C'est maintenant, avec le recul, que je me dis que Gaston est un autoportrait[28]. » Le créateur et sa créature partageraient-ils tant de traits communs ?

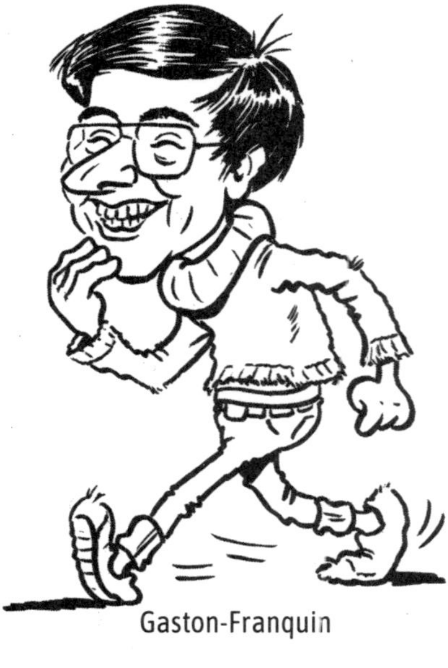

Gaston-Franquin

28. *Et Franquin créa la gaffe*, *op. cit.*, p. 325.

Le paresseux créatif

Nous l'avons dit, la paresse – ou plutôt l'inertie – de Gaston est la meilleure résistance qu'il peut opposer au productivisme ambiant des Trente Glorieuses (866). Il est la transposition d'Alexandre le bienheureux, du film éponyme d'Yves Robert, sorti en 1968. Alexandre est cultivateur dans une ferme de la Beauce. Il est d'un naturel plutôt nonchalant, mais sa vie est régentée par une épouse tyrannique qui lui impose une tâche quotidienne écrasante. Quand sa femme décède, Alexandre décide de goûter enfin aux plaisirs de la vie, sans contraintes ni travail. Mais des habitants de son petit village s'inquiètent de son comportement et veulent le remettre au travail… en vain. C'est l'histoire de Gaston. Quand tout s'agite autour de lui, il prend le temps, préfère s'occuper de ses animaux ou s'adonner aux rêveries… Le courrier s'accumule. Le retard prend du retard sur le retard. Gaston s'en fiche. Comme Alexandre, il ne veut plus sortir de son lit (864), et personne ne parvient à le « mettre au travail ».

En 1973, Franquin est invité à parler de son métier dans l'émission de la chaîne Nord Picardie, *La Belle Ouvrage*. Il affirme : « Il y a un phénomène d'identification qui joue avec Gaston Lagaffe car il est dans la position du gosse paresseux qui ne fait que ce qui l'amuse[29]. » Gaston dépense soudain une énergie et un temps considérables dès lors qu'il se consacre à l'originalité : « Il travaille à ce qui l'amuse, je crois… Les travaux officiels et sérieux, cela l'emmerde profondément[30]. » N'est-il pas la transposition du propre père de Franquin, qui détestait cordialement son travail officiel pour se consacrer à sa passion pour l'ornithologie ? Et n'est-il pas aussi André lui-même quand il refuse de se lancer dans des études d'agronomie pour se consacrer à la bande dessinée ?…

À l'image de Gaston, Franquin semble dire : prenez votre temps. Inutile de vous agiter en vain, je n'irai pas plus vite pour autant… Mais à la différence de Gaston, Franquin est un perfectionniste qui mettra

---

29. https://www.radiofrance.fr/franceculture/podcasts/les-nuits-de-france-culture/franquin-il-y-a-un-phenomene-d-identification-qui-joue-avec-gaston-lagaffe-car-il-est-dans-la-position-du-gosse-paresseux-qui-ne-fait-que-ce-qui-l-amuse-574517
30. *Falatoff*, n° 12/13, novembre-décembre 1972.

un point d'honneur à livrer des planches de qualité, jusqu'au point de rupture du burn-out…

L'éternel gamin

Gaston pourrait bien avoir le syndrome de Peter Pan, ainsi nommé en référence au personnage de James Matthew Barrie, le garçon qui ne voulait pas grandir. Il s'insurge pourtant : « J'en ai assez ! On me traite comme un enfant ici !! » Puis il s'enferme dans son bureau… rempli de jouets d'enfant : train électrique, voiture et tank miniatures, maquette d'avion, peluches (238). Il collectionne les boîtes de savon Milbul (263). Son bureau est envahi de petits gadgets : « Une petite auto en plastique… J'aime bien ce savon : ils mettent un cadeau dans chaque boîte[31] ! » Il fait encore du karting sur la plage, au détriment de la sécurité des plagistes (362). Quand il se promène au parc avec M'oiselle Jeanne (406), qui aspirerait certainement à des jeux plus adultes, il joue comme un gamin et prend la pose : « Voici la plus belle statue du square : le génie des eaux… — Vous êtes impayable, Monsieur Gaston ! » Chez Gaston, la nostalgie de l'enfance se manifeste dans les moindres occasions (680) : « Tiens, des élastiques… ça me rappelle l'école… […] On m'appelait le Robin des Bois du tableau noir… parce que je tirais aussi vite que Lucky Luke !! … »

Franquin gardera toute sa vie une faculté quasi enfantine à s'émerveiller et une forte nostalgie pour le monde perdu de sa tendre enfance : « On doit grandir, évidemment. Mais il ne faut pas vouloir enterrer systématiquement tout ce qui appartient à l'enfance. […] Je crois que je suis resté enfant très longtemps. On devrait – on doit – agir parfois comme agissent les enfants, faire quelque chose pour rien, pour s'amuser, pour la peau, ou seulement pour la beauté du geste. Je veux dire qu'il ne faut pas tout traduire en termes de fric, d'amour-propre, de gloriole, de besoin de paraître, de sécurité. Il faut garder une certaine fraîcheur,

31. Clin d'œil transparent à « Bonux, la lessive aux 500 cadeaux », créée en France en 1958 par le groupe américain Procter and Gamble. La marque s'appelait Bonus à l'origine et deviendra Bonux en 1960, faisant le bonheur des enfants (petits et grands) avec son légendaire « cadeau Bonux ».

quoi. Il faut vivre comme jouent les enfants. Parfois[32]. » Plus loin, Franquin cite Simone Signoret, qui affirmait lors d'une interview radiophonique qu'un bon acteur devait rester enfant et reprend l'idée à son compte : « Je crois que ce "don d'enfance" est indispensable. Évidemment, ça ne se cultive pas : on l'a ou on ne l'a pas[33]. »

On se souvient de son affection pour les animaux qui lui tenaient compagnie dans sa tendre enfance : « Ça me reste du temps où j'étais gamin, de mon enfance. Les animaux sont importants pour les enfants, tout le monde sait cela, même tout petit, les gosses sont attirés par les animaux. J'ai gardé cette espèce d'instinct, ça m'amuse bien les animaux, je trouve par exemple qu'ils sont reposants par rapport aux humains[34]. »

« C'est un trait de l'enfance d'adorer les animaux et de se plaire en leur compagnie, comme Gaston… » (cité en quatrième de couverture du bestiaire). Dans un gag, Gaston doit emmener Prunelle à un rendez-vous professionnel urgent, mais il ne démarre pas parce qu'un couple d'hirondelles niche dans sa voiture… Gaston est débordé (473) : il doit nourrir souris, hamster, chaton, qui sont bien plus importants à ses yeux que quelques piles de courrier en retard. Plus tard (869), il installe au bureau une véritable basse-cour avec poussins, poules, etc. Autant de réminiscences de l'enfance de l'auteur…

L'antimilitariste

Mais Gaston évolue avec son temps et devient peu à peu le porte-parole de son créateur. Au fil des années, sous couvert de gags, Franquin nous livre ses opinions sur le monde qui l'entoure, et en particulier son aversion pour les militaires : « Bien sûr, je n'aime pas du tout ce qui est militaire, parce que ça fait bobo. Il y a des choses qui me révoltent, comme un antisémite, qui me ferait vomir… Mais ce sont des coups de sentiment plutôt que des raisonnements[35]. »

---

32. *Profession : créateurs de bandes dessinées. Franquin/Jijé*, entretiens avec Philippe Vandooren, Niffle, 2001, p. 18.
33. *Ibid.*, p. 19.
34. *Saucisson magazine*, cité dans José-Louis Bocquet, Éric Verhœst, *Franquin. Chronologie d'une œuvre*, *op. cit.*, p. 206.
35. *Vers l'avenir*, 30 octobre 1985.

Gaston l'affirme (899) : « Soyez tranquilles, jamais je n'utiliserai ma science à des fins militaires ! » C'est une chance... Dans le bureau de Gaston, sur une affiche aux motifs psychédéliques, on devine le texte « *Make Love, Not War* » (686). Quand Gaston joue du gaffophone, les vibrations de l'instrument sont captées par l'armée (488) : « Inouï ! Ce doit être un nouveau dispositif sol-air ! C'est terrifiant !... » Bientôt, il se retrouve encerclé les militaires. Le symbole est fort : les militaires ceinturent l'art. Pour Franquin, les deux univers sont définitivement incompatibles...

Plus tard, Gaston se fait installer une grosse bombe en « polystyrène expansé sur armature de balsa » au-dessus de la tête, maintenue à l'aide d'une perche fixée dans son dos (866). Il explique à Prunelle : « Je vais à la manif contre les armements... Tu vois, ceci exprime toute la menace que ces stupides engins font peser sur chacun... »

Au bureau, Gaston refuse de se lever pour travailler car son chat s'est endormi sur ses genoux (891). Prunelle est exaspéré : « Si chacun ici avait un chat sur les genoux, c'est pas souvent qu'il paraîtrait, le journal... — Hé ! Si tous les généraux et amiraux du monde, quelles que soient les couleurs et les étoiles, avaient chacun un chat sur les genoux, hébin moi, je me sentirais vachement mieux, moi ! » Prunelle, résigné, pense alors : « Que voulez-vous lui répondre quand il a raison ?! »

Le roi des gaffeurs s'amuse aussi à détourner les armes militaires de leur fonction... Il dégotte un lance-flammes dans un stock de l'armée, et s'en sert pour faire fondre le verglas. Ou encore un vieux casque à pointe qu'il transforme en bilboquet ! (510). On apporte à Gaston une carabine pour la transformer en lampadaire (893) : « inventée par des trous de [balle] pour faire des [trous] de balles ». Plus tard, il affirme qu'il a « révolutionné la technique du ramonage » de cheminées. Cela consiste à lancer des fusées par le conduit (690). Mais il abat un avion militaire... Le pilote s'en sort indemne, mais il est traumatisé par cette batterie de missiles sol-air. Certes, la manœuvre de Gaston est involontaire, mais elle traduit la piètre estime de Franquin pour l'armée... Et pire encore pour la Wehrmacht.

Le dessinateur estime d'ailleurs qu'il y a trop d'avions de guerre allemands dans le journal *Spirou*. « Les Messerschmitt [...] il y en avait des tonnes, tu ne pouvais plus ouvrir ton *Spirou* sans tomber sur l'un ou l'autre modèle de ces sales Messerschmitt ! ça commençait à sentir le pet de Fürher[36]... » Il le fait savoir par la voix de Gaston, qui assemble un modèle réduit de la Seconde Guerre mondiale (827) : « Ah ! Maintenant, les croix gammées... Paraît que ce sont les modèles à croix gammées qui ont le plus de succès... chez les débiles... » Une fois terminé, il lance son avion qui largue des pétards sur les bureaux de la rédaction. « Binquoi ?! Ceux qui fourrent de ces bidules guerriers plein leurs illustrés, faut bien, de temps en temps, qu'on leur rappelle à quoi servent ces merveilles [...] d'ailleurs, je commence un AMX 30 avec lance-flammes incorporé... Vous m'en direz des nouvelles ! »

Gaston rêve qu'il achète un bombardier « chez le ferrailleur » (890). Jeanne – qui est dans son rêve – s'en étonne : « Je croyais que vous n'aimiez pas du tout ces appareils... » Mais l'idée de Gaston est de larguer des tonnes de colle sur un bateau baleinier, et de sauver les baleines.

En 1978, Franquin participe encore à la campagne pacifiste d'Amnesty International (833), dénonçant les conflits et dictatures en Amérique centrale. Gaston lit le journal. « Pffoah ! Il y a des pays... Les gens n'y sont jamais tranquilles... On les coffre pour un rien... Là, les camps... Là les tortures... partout les arrestations... » Gaston cauchemarde qu'il est lui-même soumis à la torture. Mais dans l'épilogue : « Ne laissez pas faire ! Adhérez à Amnesty International ! »

Défiance envers le pouvoir en place...

Franquin confiait : « Il y a eu en 1968 une jeunesse assez politisée. Mais la "bof-génération" a caractérisé justement cette perte d'illusion envers les grands idéaux. Je ne vois pas Gaston s'inscrivant à un parti politique ! Par son attitude, il serait plus proche d'une certaine anarchie. Comme je le suis moi-même. Rarement quelqu'un qui a exercé le pouvoir m'est resté sympathique[37]. »

Or l'ultime représentant du pouvoir est le président de la République. Gaston fait des crêpes. Mais sa bouteille de Grand Marnier

---

36. *Et Franquin créa la gaffe*, *op. cit.*, p. 109.
37. *La Vie*, 3 novembre 1979.

prend feu et passe par la fenêtre comme un missile (582). La police et les services secrets investissent bientôt les locaux de la rédaction et questionnent Gaston : « C'est bien essayé : cela a explosé à trois mètres de la voiture du président. » Ce gag paraît dans le journal *Spirou* du 25 septembre 1969, alors que l'attentat raté du 22 août 1962 contre le général de Gaulle, à Clamart, est encore dans toutes les mémoires. Encore un acte manqué ?

On connaît aussi l'empathie commune de Franquin et de Gaston pour les animaux. Et l'on comprend leur aversion pour les chasseurs. Gaston invente un fusil « lance-carottes » qui permet d'en envoyer aux lapins afin d'améliorer leur vue et de leur permettre de voir les chasseurs de loin (639) ! Quand Prunelle vient à la campagne pour faire du tir au pigeon (682), Gaston sort de ses gonds : « Quoi ?! Si vous touchez à un cheveu de la tête de ces petits mammifères… »

Et la police ? En revanche, Franquin se défendit d'être contre elle. Gaston « joue » avec Longtarin, comme Quick et Flupke jouent avec l'agent 15, ou comme Guignol joue avec le gendarme. Gaston n'épargne rien à son pauvre souffre-douleur. Il colle des affiches publicitaires sur les panneaux de signalisation (484) : « C'est la première fois qu'on pense à utiliser tous ces excellents emplacements pour la publicité ! …. » ; il remplace un panneau « Interdiction de stationner » en sucette géante (485). Ses gamineries finiront par hanter le pauvre Longtarin jusque dans ses pires cauchemars.

Le militant

Franquin n'est pas seulement antimilitariste. Il s'engage auprès de divers organismes – on l'a vu avec Amnesty International – pour les causes qu'il estime justes, tels l'Unicef ou l'Enfance en détresse… Il s'insurge aussi contre les chasseurs de baleines avec Greenpeace.

Une des causes très chères à Franquin, et à Gaston, est l'écologie. Lors de ses nombreuses interviews, Franquin ne cessera de répéter son attachement à la campagne et son aversion pour l'univers trépidant des grandes villes. « Je n'ai jamais été tout à fait à l'aise en ville, et de moins en moins : ça devient insupportable. J'ai sans doute hérité cette nostalgie campagnarde de mon père. Il était de Jodoigne, et toute sa vie, a rêvé de cultures, de plantations, tandis qu'il était rond-de-cuir dans une banque, il détestait cordialement son métier[38]. »

Dans les gags de Gaston, la ville est présentée comme une fourmilière repoussante et stressante. La foule morose s'entasse dans les autobus pour se rendre à un travail sans attrait. Les murs sont couverts d'affiches à moitié arrachées. La pollution des embouteillages finit de noircir le tableau. Tandis que la campagne est presque toujours présentée sous un jour agréable. Les petits commerces anciens sont avenants. Les habitants chaleureux. La faune et la flore s'épanouissent sans stress.

Lors de sa guerre des parcmètres, Gaston fait pousser du lierre sur un appareil (870). Quand Longtarin tente de le retirer, il organise une manifestation dont les pancartes portent les inscriptions « On assassine les espaces verts », « Coupons le sifflet à Attila », « Les plantes sont vivantes ».

Gaston dénonce (644) la pollution automobile urbaine. Il a bien sûr une solution… « Le moteur électrique – à pile Lagaffe – de la voiture de demain ! » Le fonctionnement laisse encore un peu à désirer… Mais l'idée est là. Il laisse aussi entrevoir les promesses de l'énergie éolienne (863). Dès la semaine suivante, il perfectionne son lit-voiture (864) : « Je rode le prototype de la voiture d'été de demain… Moteur électrique silencieux, non polluant, boîte à une seule vitesse, baptisé "Promenade". »

Une saga autobiographique ?

Mais on ne saurait résumer Franquin à Gaston… Il affirmait lui-même : « Je crois beaucoup à une bande dessinée dans laquelle on représente plusieurs de ses propres facettes. Si je poussais à fond un personnage de nerveux angoissé comme Prunelle, ce serait épatant, parce que je me dessinerais entièrement dans une facette de mon caractère. Aussi bien Prunelle que Gaston ou Bertrand Labévue, tous trois détiennent un morceau de moi-même[39]… » En effet, Prunelle incarnerait sa nervosité et son angoisse face à la quantité de travail à

38. *Télémoutique*, 20 décembre 1979.
39. *Et Franquin créa la gaffe*, *op. cit.*, p. 325.

fournir. Tandis que Gaston serait le rêveur et l'enfant qui restent en Franquin. Et que Labévue incarnerait ses doutes, ses désillusions, et son pessimisme face à l'évolution du monde. Franquin rejoint une fois de plus Hergé, qui affirmait que tous ses personnages reflétaient une partie de sa personnalité.

Et, comme dans *Spirou*, une part autobiographique se lit en filigrane des gags de Gaston... Quelques éléments familiaux se devinent ici et là. Le chat dingue est très inspiré du chat César de sa fille Isabelle. Hortense, maintes fois évoquée, est vraiment la tante de Franquin. Le petit garçon que Gaston garde et avec lequel il joue, est la transposition d'André Franquin jouant avec sa fille.

Quand Franquin tente d'arrêter de fumer, il compense le manque de nicotine par les sucreries. La plaque d'immatriculation de la voiture de la vignette 2 est « GHT-6U7 », soit, phonétiquement « J'ai acheté six sucettes » (883).

Moins charmant, Franquin parle à demi-mot de sa dépression en créant le personnage de Bertrand Labévue.

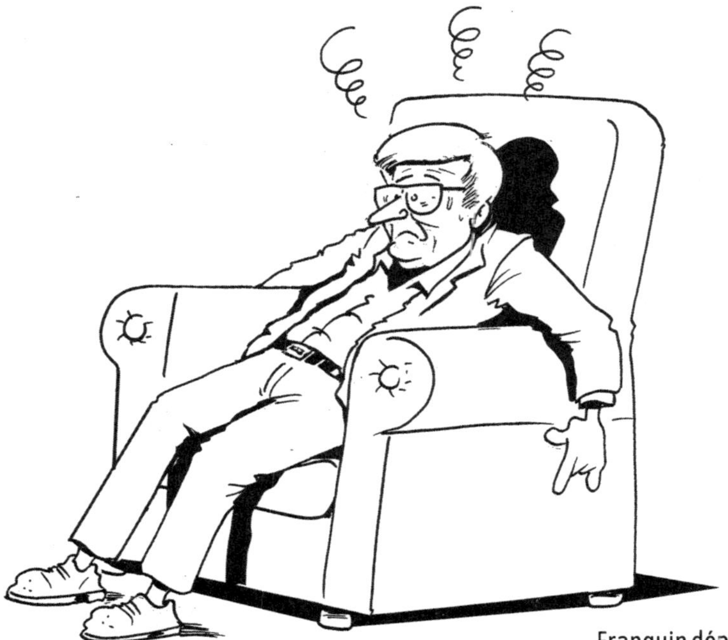

Franquin dépressif.

Gaston fait un soufflé au fromage (737) pour tenter de redonner le moral à Labévue. Mais en sortant du four, le soufflé se dégonfle. « N'ai jamais rien vu d'aussi NAAAVRANT !! » pleurniche Labévue. Franquin aussi se dégonfle devant la masse de travail qui le terrasse. Gaston lui-même traduit la pensée de son créateur : « Franchement, moi-même je me sens un peu raplapla... »

Deux semaines plus tard, Gaston s'endort dans une espèce de cave fabriquée au milieu de ses livres, dossiers et lettres en retard (739). Franquin commente : « C'est une histoire où l'on pourrait voir les débuts d'une déprime, cette tendance à se cacher dans une espèce de trou, de terrier, comme dans une grotte[40]... »

Gaston réitère lors de sa visite au zoo (747), où il s'endort dans un endroit douillet et sécurisant. Franquin commente encore : « Je me suis rendu compte du rapport que ces planches avaient avec mon propre état moral, avec l'idée de refuge, de ventre maternel, etc. mais la vraie déprime n'est venue que beaucoup plus tard[41]. »

Labévue, complètement déprimé, fait pire en se cachant dans une poubelle (808), ce qui en dit long sur l'estime qu'il a de lui-même. En s'adressant à lui, Gaston semble encore une fois s'adresser à Franquin : « Tu devrais sortir un peu, mon vieux... C'est vrai ! Tu vis trop replié sur toi-même... Et franchement, tu deviens ridicule avec ton complexe d'infériorité ! »

À cette époque, Franquin se soigne par la chimie. Sans doute prend-il des somnifères. Le bar « Biturique » (744) révèle au lecteur, sous couvert de jeu de mots, le traitement auquel est soumis l'auteur...

Franquin explique enfin qu'il n'en peut plus du personnage de Spirou qu'il n'a pas créé et qui lui pèse tant à présent... Dans le journal *Spirou* n° 1665 du 12 mars 1970, Prunelle ne parvient plus à dessiner le héros emblématique du journal (886). Les murs de la rédaction sont constellés de dessins monstrueux de Spirou, transformé en grenouille, en Mickey, en personnage obèse, ou barbu...

---

40. *Et Franquin créa la gaffe*, *op. cit.*, p. 366.
41. *Et Franquin créa la gaffe*, *op. cit.*, p. 367.

Docteur André et Mister Franquin

Franquin aime braver la censure dont il souffrit en début de carrière, au même titre que ses collègues[42].

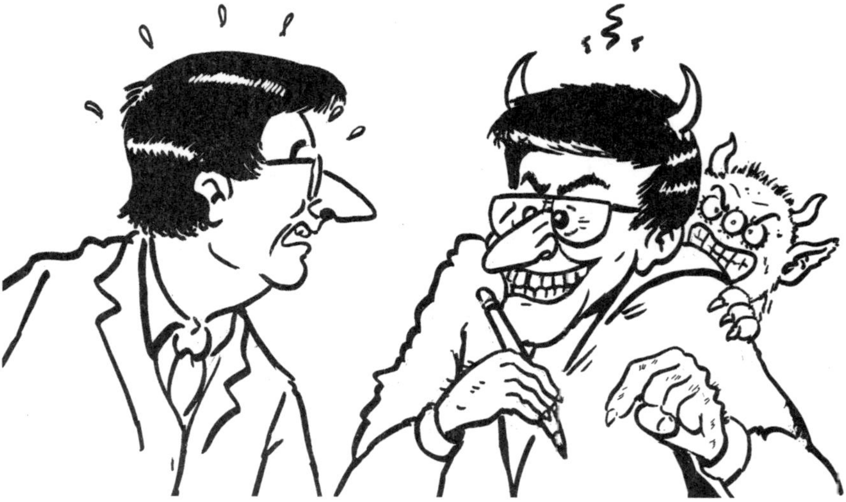

Docteur André et Mister Franquin.

Le journal *Spirou* est en effet destiné aux enfants, il ne déroge pas à ses règles établies de longue date et n'autorise évidemment pas de dessins « osés ».

Qu'importe, Franquin contourne ces interdits par différentes astuces…

Sur une colonne Morris, une affiche fait la promotion d'une revue de French Cancan, montrant une danseuse levant la jambe (729). Sur la couverture de l'album 17, une autre colonne Morris présente une affiche « [F]ollies » qui se produit au « [Bobi]no ». Là aussi, la danseuse emplumée lève allègrement la jambe… Un poster au mur de la rédaction évoque Gina Lollobrigida dans une pose lascive, telle que l'on pouvait l'admirer dans *Notre-Dame de Paris*, le film de Jean Delannoy en 1956 (787).

42. https://www.toutspirou.fr/Censure/Censure.html

Le plus vieux métier du monde

La laverie « Sec Shop » promet un « nettoyage à sec en une heure » (748). On ne peut donc lui reprocher le mot « Sexe shop » dans une bande dessinée enfantine… Plus osé : une prostituée adossée à un mur discute avec son prochain client (559). Une autre, en tenue légère et suggestive, attend le client devant un banc en fond d'image (823).

Dans le gag « Sauvons les baleines » pour Greenpeace (887), un chasseur jure contre Greenpeace : « Les fils de… !! » Le dessin de Franquin représente sans équivoque une prostituée à la place du mot de quatre lettres. Le lecteur aura vite reconstitué le juron dans son intégralité… Enfin, adossée à un lampadaire, une autre échange avec un client au regard lubrique (776).

Dans une bande dessinée accrochée au mur de la rédaction (678), un personnage à l'aspect lubrique, court mains en avant après une jeune femme qui ressemble fort à M'oiselle Jeanne. On ne peine pas trop à deviner ses intentions…

M'oiselle Jeanne nue, dans un gag de Gaston !

Franquin lui-même révèle : « [gag 569] ? Oh ! Mince, c'est un nu : l'épaule, la fesse, une cuisse, une chevelure rousse, c'est bien un nu ! Il est présenté assez hypocritement, il faut vraiment une loupe pour le voir[43]… »

D'autres nus suivront, parfois plus explicites et complets… Au mur de la salle d'attente de Dupuis… une photo de femme dans le plus simple appareil et bien en chair (album 18, p. 23, gag 7) ne semble pas émouvoir M. De Mesmaeker, sans doute trop occupé par ses contrats.

Dans un gag pour la campagne de publicité RATP (album 21, p. 17), à la devanture d'un kiosque à journaux, on voit une revue *Sensation* qui titre : « Le voyeur », et juste au-dessus, un dessin de femme aux seins nus. Dans le même album, le rédactionnel « En direct de la rédaction » (p. 32) est illustré par un dessin dans lequel figure un poster de pin-up complètement déshabillée au mur. Un autre dessin de femme,

---

43. *Et Franquin créa la gaffe*, *op. cit.*, p. 352.

tout aussi nue, dans une pose très évocatrice, est affiché au mur de la rédaction (895, 899). Et encore en coins d'images ici et là (785).

Dans le tome « 00 – Capturez un Marsupilami » (P. 31), à l'avant-dernière case, un homme lit une revue érotique de type *Lui* ou *Play-Boy*, sur laquelle on voit deux femmes topless, mains entre les jambes…

En tout, nous avons dénombré une bonne vingtaine de pin-up dénudées…

Pornographie

Franquin semble prévenir ses lecteurs par la voix de Prunelle (842) : « Lagaffe, je dépose ceci sur votre table… — La grande loupe ! ? Pourquoi ? — Eh bien, vous pourriez en avoir besoin… » En effet, il vaut mieux avoir une loupe pour décrypter la planche de bande dessinée que le même Prunelle tient à la main (834). Dans la première case, une scène de coït… dans la deuxième, une paire de fesses joufflues semblant s'offrir… dans la troisième, un homme, le sexe en érection…

Un peu plus tard, Lebrac tient à la main (865) une nouvelle planche où l'on devine une scène similaire… Il y a encore mieux… ou pire, question de point de vue…

La farde secrète

Franquin révèle : « Quand je ne travaille pas, je dessine pour mon plaisir. Comme tous les gratteurs de papiers, j'ai une farde secrète avec des dessins de Mademoiselle Jeanne flirtant avec Gaston. Je ne les montre qu'aux amis… Mais je ne suis pas un pornographe pour autant[44] ! »

Gaston emmène M'oiselle Jeanne à une partie de pêche, et emprunte l'appareil photo de Lebrac pour faire quelques photos avec sa dulcinée (806). Dans le gag officiel, Gaston trébuche et l'appareil capture l'instant où Jeanne semble l'exhiber comme un poisson qu'elle viendrait de pêcher. Mais il existe une autre version… Gaston trébuche encore, mais cette fois, il s'agrippe à M'oiselle Jeanne et lui arrache ses vêtements

---

44. *La Dernière Heure*, 17 juillet 1991.

par maladresse, découvrant la magnifique poitrine aux seins dressés de la demoiselle.

Franquin adressa cette planche à un certain Jean, avec ce mot d'explication : « Cher Jean, Ce gag Gaston a été conçu comme il est ici. Pour *Spirou*, il a fallu le… châtrer un peu. Tu es donc désormais le seul à posséder la vraie page Gaston 806, terminée à ton intention. J'y ajoute mes meilleures amitiés[45]. » La signature se passe de commentaire…

Plus explicite encore, une planche pornographique, montrant les ébats sexuels de Gaston et Jeanne, est publiée dans *Siné Hebdo* du 31 décembre 2008, accompagnée de l'explication du dessinateur Loup : « Il y a une trentaine d'années, Franquin m'avait hébergé chez lui, à Bruxelles. Sur sa table à dessin, traînaient ces croquis étonnants. J'en tombais amoureux. Je le lui dis. Quelques jours plus tard, à Paris, il me les apporta, l'œil plein de malice, avec ce commentaire : "Je te les ai signés, ça m'étonnerait qu'on les publie un jour." Ce jour est arrivé. Et ce cadeau exceptionnel, je le partage avec vous… Loup[46]. »

Autre dessin sans équivoque, publié dans le magazine *Circus* n° 10 « pour adultes » du 1er juin 1977 : en page de garde, sous l'éditorial, Gaston est allongé entre les jambes de Jeanne qui perd ses chaussures dans la précipitation. Le dessin nerveux de Franquin traduit l'urgence de la situation[47]. En page 57, une femme rondouillette, jambes écartées, offre son sexe à la vue du lecteur… Gageons que d'autres dessins du même type ornent encore ici et là les pages de quelques fanzines ou dédicaces privées…

Clins d'œil

Comme il le fit dans *Spirou*, Franquin adresse un clin d'œil à son épouse Liliane, qui conduit la Citroën Ami 6 blanche que les Franquin possèdent alors. Leur fille Isabelle est à la fenêtre, sur la banquette arrière (319).

---

45. https://www.pinterest.fr/pin/704109722964280738/ et https://www.pinterest.fr/pin/410249847299221766/
46. https://i.redd.it/qtx6drrebyb41.png
47. https://www.livre-rare-book.com/book/25952514/16525

La poésie est également présente, avec ce petit chien en quête d'affection qui erre de gag en gag (858, 866, et tant d'autres…). Le fameux camion Spirou passe plusieurs fois en arrière-plan. Mais aussi celui de Fleurus, la célèbre maison d'édition créée en 1929 (879).

Et comme toujours, les noms des personnages, des marques, etc., contiennent aussi leurs petits clins d'œil, comme les Déménagement A. Lacloche-Debois (417), les footballeurs Khutjad et Castibia (707), la crème à raser Razara (719), la Compagnie aérienne Troudair (831), la moto Sapetoku (825), etc. Même les animaux ont leur marque favorite. Le chat dingue va se régaler de pâtée Kit-a-ronron-kat, subtil mélange de Ron Ron et de Kitekat (850) …

Les monstres

Mais un des gags dans le gag réside dans la profusion de monstres qui ornent les murs des bureaux. Franquin en dessine un premier (534), comme on griffonnerait un dessin automatique et inconscient pour s'occuper lors d'une réunion ennuyeuse. Il commentera d'ailleurs plus tard : « La première fois, au cours d'une assemblée dans les Ardennes belges, je me suis amusé à imaginer une population abominable censée habiter dans la pénombre inquiétante des profonds bois de sapins qui nous entouraient[48]. »

Mais là encore, les monstres ne sont pas créés tout à fait *ex nihilo*. Dans *L'Héritage de Spirou*, Franquin dessine déjà une créature effrayante en ombres chinoises (p. 24). L'auteur aime faire peur. Il dévoile son intérêt pour le film d'horreur *House of Wax* (dans *Le Dictateur et le champignon*) ou bien crée un récit entier aux allures de thriller (*La Peur au bout du fil*).

Chez Gaston, les monstres peuvent parfois prendre forme dans les gags eux-mêmes. On se souvient que Gaston vide son bureau et transporte son barda « un jour de brouillard ». À travers le nuage, Lebrac croit voir surgir une créature fantastique (692). Ailleurs, Gaston se déguise en extraterrestre pour le bal des monstres (749), terrorisant le policier Longtarin, etc.

---

48. *Schtroumpf/Les cahiers de la bande dessinée* n° 10, janvier-février 1972.

Des monstres, il y en a de tous types, souvent plus grotesques que terrifiants. Franquin les laisse sortir de leur cadre et s'amuse à les dessiner dans le fanzine *Schtroumpf!* créé en 1989 par son ami Peyo. Plusieurs éditions en album suivront : chez Bederama sous le titre *Cauchemarrant* (1979 et 1981) ; puis chez Éditions Marsu Productions sous le titre *Les Monstres de Franquin* (2002).

Les signatures

L'autre *running gag* de la série *Gaston* est la signature animée de Franquin. Gaston et Lebrac toussent à s'en décrocher les poumons, intoxiqués par un moteur révolutionnaire anti-pollution « mis au point » par Lagaffe. Franquin signe d'un « Franqreeeheuh » évocateur (644). Mais l'idée d'animer sa signature ne s'est pas encore imposée à lui. Les suivantes seront normales.

Puis Gaston est calciné en fumant un tabac un peu trop fort. Une espadrille noire et fumante (658) prend alors place en bas à droite de la signature de Franquin. Deux semaines plus tard, « Franquin » se transforme en « Franqrrraïïïïng » dans un gag où il est question de réveil géant (660). Dès lors, l'auteur anime régulièrement sa signature en rapport avec le sujet du gag qu'il signe. Des centaines suivront, qui feront là aussi l'objet d'un livre : *Les Signatures de Franquin*[49].

On le voit à travers ces multiples exemples, Gaston a évolué avec son temps. Il est un trait d'union entre la bande dessinée enfantine et la bande dessinée plus adulte à venir. S'il est toujours aussi gaffeur, sa vision du monde est moins naïve et immature. Il prend conscience que le monde ne va pas bien (839) : « Oh là laàa!... La vie devient difficile à vivre... »

Place aux *Idées noires*...

---

49. *Op. cit.*

V

Idées noires

65 planches parues dans Le Trombone illustré, *de mars à octobre 1977, puis dans* Fluide glacial[1]. *Et en album* Franquin, il était une fois *Idées noires, Fluide glacial, 1981. Dessin : Franquin ; scénario : Franquin et Yvan Delporte, sur plusieurs planches, et pour les calembours/titres (en tête de la plupart des planches, on trouve la formule récurrente « Il ne faut pas confondre », suivie d'un calembour, qui constitue en quelque sorte le titre).*

Contexte de création

Le petit monde de la bande dessinée a beaucoup évolué depuis les années 1960, sous différentes influences : la bande dessinée pour adultes (*Barbarella*, Jean-Claude Forest, 1962) ; l'underground américain (*Fritz le chat*, Robert Crumb, 1972) ; les magazines plus adultes tels que *Pilote* (1959), *Hara-Kiri* (1960), *Charlie Hebdo* (1970), *L'Écho des savanes* (1972), *Mormoil* (1974), ou encore *Métal hurlant* et *Fluide glacial* (1975).

En 1977, Franquin et Yvan Delporte (qui n'est plus rédacteur en chef de *Spirou*) sont déçus de la ligne éditoriale du journal qui propose de façon quasi permanente des récits aux relents militaristes. Franquin dénonce cette dérive d'une façon assez violente dans un gag de Gaston

1. Chronologie de publication des *Idées noires*. http://ideesnoires.free.fr/index/planches.htm

que nous avons déjà commenté (827). Il étouffe dans le carcan de la bande dessinée jeunesse et rêve d'un espace éditorial où il pourrait exprimer librement « tout ce qu'il ne fallait pas dire aux gosses ». En accord avec Dupuis, ce qui n'est pas le moindre paradoxe de ce projet, les deux hommes créent alors *Le Trombone illustré*, un journal « pirate » de 8 pages inséré dans le magazine *Spirou*[2].

André Franquin a pour amis René Goscinny, Gotlib, Claire Bretécher ou Enki Bilal, dont il admire le ton libre et novateur. *Le Trombone* les accueille donc tout naturellement. Le premier numéro sort le 17 mars 1977. C'est là que Franquin commence à publier ses *Idées noires*.

Mais, au fil des semaines, une partie des cadres de *Spirou* comprend que ce *Trombone* joue une musique bien éloignée des berceuses du journal. Le supplément met en scène un évêque (et sa mitre railleuse) passablement iconoclaste, dont nous avons vu quelques réminiscences dans plusieurs gags de Gaston. Cela ne plaît guère au très catholique Charles Dupuis. Le ton du petit magazine est ouvertement contestataire. La chroniqueuse Nana, créée pour l'occasion, plaide la cause féministe : « L'espace public est aujourd'hui trop misogyne. Nous ne pouvons pas nous promener librement sans qu'un regard trop appuyé nous ramène à l'état d'objet désirable. » Un vieil homme vocifère : « Ma TV ? Bazardée ! Je ne paye pas une redevance pour voir défiler des boîtes de lessive et des machins javellisés pour nettoyer les ch... »

Le décalage avec la ligne éditoriale du journal est de plus en plus visible. Le ton monte entre *Spirou* et les rédacteurs de son supplément. L'aventure prend fin au bout de 30 numéros[3].

Franquin n'a pourtant pas dit son dernier mot, et publie la suite de ses *Idées noires* dans le magazine *Fluide glacial* qui l'accueille à bras ouverts. Voilà pour le cadre de publication. Voyons maintenant le contenu de ces *Idées noires*...

---

2. La genèse du *Trombone illustré* est fort bien résumée dans ce lien : https://polygamer.com/bd/l-illustre-trombone-illustre_11769.html
3. L'album *Le Trombone illustré*, recueil des trente numéros suppléments de *Spirou*, sort chez Dupuis en 1980.

Idées noires

Franquin affirmait que ses *Idées noires* n'étaient pas autre chose que de la rigolade. Sans doute… Mais selon le proverbe, « mieux vaut rire que pleurer » de certains sujets…

Usant d'un humour noir, Franquin y dénonce toujours les dérives de la société et la folie des hommes, la violence et la bêtise ; y exprime encore son antimilitarisme et son anticléricalisme ; s'en prend donc aux chasseurs, aux militaires, aux industriels et technocrates véreux, etc. Il dénonce la peine de mort, ou la destruction de la faune et de la flore. Il milite pour l'écologie, contre les pétroliers, contre le nucléaire…

Pour cela, il lui faut un cadre graphique qui se démarque des bandes dessinées colorées de *Spirou*. Lors du festival de bandes dessinées de Lucques (Lucca Comics & Games) auquel il participe en 1976, il découvre avec fascination le style sombre de l'auteur de BD italien Guido Buzzelli. Il décide de s'en inspirer graphiquement pour ses *Idées noires*, dont la plupart des dessins sont réalisés en ombres chinoises.

Nous l'avons vu dans les précédents chapitres, il existe une forte corrélation entre les œuvres de Franquin. Chacune porte en elle les graines des suivantes, qui attendent le moment propice pour germer et s'épanouir. Il serait faux de penser que *Les Idées noires* n'obéissent pas à cette logique. On en trouve de nombreux éléments précurseurs dans *Spirou* et dans *Gaston*.

Les pannes d'électricités ou émanations chimiques provoquées par le gaffeur permettent déjà de montrer des personnages en ombres chinoises, même si elles sont moins sophistiquées (22, 152, 262, 332, 638, 706, 721…). La nuit et les brouillards sont aussi des prétextes à mettre en scène les silhouettes des personnages inquiétants (433, 469, 490, 493, 692, 757…).

Les Idées noires sont le prolongement logique des sentiments que Franquin exprime dans les aventures de ses héros, particulièrement avec Gaston. Quelques exemples parmi d'autres de ses gags directement transposés dans les *Idées noires* : une vingtaine de personnes et un chien s'écroulent, le visage verdâtre, terrassés par la pollution (448) ; Gaston est entouré par une douzaine de policiers venus lui dresser une contravention (461) ; il joue au cerf-volant (637, 641). Les gags « Il ne faut pas confondre oiseaux rapides et goélands » (p. 45) sur le thème des *Oiseaux* d'Hitchcock ; « Il ne faut pas confondre villes tentaculaires et à trop cités » (p. 68) sur le thème de la déprime des villes déshumanisées ; « Il ne faut pas confondre faire feu sur le gibier et tirer la chasse » (p. 74), « Il ne faut pas confondre massacre dehors et rage de dents » (p. 76), ou encore « Il ne faut pas confondre l'aimer follement et l'avoir dans l'appeau » (p. 78) sur le thème des chasseurs... reprenant ses thèmes de prédilection.

Franquin lui-même avait coutume de dire que ses *Idées noires* étaient du « Gaston trempé dans la suie ». La continuité avec l'univers de Gaston est assurée par une multitude de clins d'œil et d'allusions, tel ce petit chien en quête d'affection (p. 30) que l'on retrouve au début de la planche 63, ou encore ce personnage qui « se jette à la poubelle », imitant Labévue dans ses pires moments.

Quelques exemples choisis[4]...

Pacifisme

« Il ne faut pas confondre forme de l'univers et vert de l'uniforme » (p. 11). La première image représente la Terre... qui se transforme peu à peu en cochonnet d'un jeu de pétanque... Au lieu de boules, des généraux visent la terre avec des grenades. La métaphore est claire : avec leurs armes (la couverture de l'album est ornée d'un champignon d'explosion nucléaire), les militaires bardés de médailles, toutes dents carnassières dehors, peuvent anéantir à tout instant le misérable cochonnet/Terre...

Franquin dénonce de nouveau la folie destructrice des armes militaires dans plusieurs planches : « Il ne faut pas confondre alcoolisme et défonce nationale, ni fusée air-sol et missile anti-domicile » (p. 36-37) ; « Il ne faut pas confondre messie et puisque je vous le dis ! » (p. 38-39), etc.

---

4. Nous prendrons comme référence les numéros de pages du livre *Franquin, il était une fois* Idées noires, *op. cit.*

Enfance martyrisée

« Il ne faut pas confondre cagibi au grenier et réduit à l'échelle » (p. 16) : Franquin revisite ici un thème abordé dans l'aventure de Spirou, *Les Petits Formats*. Un homme se passionne pour « la miniature ». Maquettes de trains, bateaux, voitures et avions encombrent ses étagères. Une tête réduite de Jivaro est accrochée au plafond. Mais il avoue prendre un plaisir sadique à empêcher par tous les moyens de laisser grandir les bonsaïs. À la dernière image, il entre dans une colère démente : « Gosses de merde ! Je vous ai défendu de grimper aux arbres ! » De minuscules enfants en descendent, terrorisés. À travers cette métaphore graphique, Franquin dénonce les parents despotiques qui persécutent et traumatisent leurs enfants, et les empêchent de grandir sereinement.

Malbouffe

« Il ne faut pas confondre flics électriques et poulets de batterie » (p. 29). Dans cette planche publiée en juin 1978, un journaliste, qui ressemble fort à Lebrac, visite l'usine des « poulets Grand-Mère ». L'ingénieur commente : « Tout est automatique… D'abord ils sont plumés. Il faut mettre un peu d'humour dans notre travail : c'est irrésistible de les voir gigoter tout nus… » La suite est encore plus abominable. L'ingénieur se fait happer par la chaîne de fabrication et ressort sous forme de boîte de conserve.

La séquence fait écho à la scène de *Tintin en Amérique* où un bœuf entier entre à un bout de la chaîne de traitement pour ressortir sous forme de boîtes de corned-beef (p. 53). Tintin lui-même échappe miraculeusement au traitement. Mais Franquin dénonce aussi la malbouffe à la suite de *L'Aile où la cuisse* de Claude Zidi, sorti deux ans plus tôt au cinéma. Jacques Tricatel, de l'entreprise agro-alimentaire éponyme, « fabrique » des poulets synthétiques infects. Le film lui-même parodie la chaîne alimentaire Jacques Borel, spécialiste des restaurants d'autoroute réputés pour leur médiocrité.

Peine de mort

« Il ne faut pas confondre pâle capitaine et peine capitale » (p. 93). En janvier 1978, Franquin écrit : « La loi est formelle : toute personne qui en tuera une autre volontairement aura la tête tranchée. » Un condamné à mort est alors guillotiné. Mais le bourreau est aussitôt guillotiné à son tour selon la « logique » de la loi, et ainsi de suite.

Franquin entend dénoncer de cette façon l'absurdité de la peine de mort, trois ans avant que le ministre de la justice Robert Badinter ne promulgue la loi du 9 octobre 1981 abolissant la peine de mort.

Préservation de l'énergie

« Il ne faut pas confondre les temps sont si durs et les victimes s'immolent » (p. 103). Dans cette planche, publiée en octobre 1979, on voit un homme s'enflammer, faisant douloureusement écho à des faits d'actualité bien réels. En 1963 au Vietnam, en 1967 Japon, puis en 1969 à Prague, plusieurs hommes s'immolent en protestation des persécutions qu'ils subissent de leurs dirigeants respectifs. Franquin dénonce donc les répressions des bourreaux et dictateurs pouvant pousser les populations au suicide.

Mais un autre fait d'actualité perturbe l'économie mondiale : à la fin des années 1970, le prix du pétrole des pays exportateurs du golfe persique, provoqué par la révolution islamique et la chute du shah d'Iran, est multiplié par 2,7, entraînant un deuxième « choc pétrolier » encore plus violent que celui de 1974. Les gouvernements occidentaux prônent alors la « chasse au Gaspi », campagne publicitaire et mascotte à l'appui.

La chute de la planche de Franquin est abominable. Les gens s'attroupent autour de la dépouille calcinée du suicidé : « C'est ça qu'il appelle la chasse au Gaspi, ce con ?! » L'un se demande combien de kilomètres il aurait pu faire avec le contenu du jerrycan, l'autre déplore « ce gâchis » … La considération économique l'emporte sur la vie humaine.

Comme souvent, Franquin se montre visionnaire et met en garde les lecteurs contre les crises énergétiques à venir, sur fond de spéculation et d'appât du gain.

Pollution

« Il ne faut pas confondre ton destin de nuit et tapage nocturne » (p. 114). Dans la planche 17 publiée dans *Fluide glacial* n° 24 de mai 1978, un Pierrot chante son amour à la lune au bord d'une falaise. Mais il trébuche et tombe dans une mer de mazout. Le lendemain, il est figé dans sa gangue de pétrole qui s'est solidifiée. Le blanc immaculé de son habit est devenu noir comme le désespoir.

Dans un gag de Gaston publié le journal *Spirou* n° 2092 du 18 mai 1978, la mouette de Gaston est démoralisée quand elle découvre à la télévision une de ses congénères mazoutée (839). Graphiquement, la mouette souillée est identique au Pierrot mazouté. Franquin montre ici encore le lien très fort qui unit certains gags de Gaston et *Les Idées noires*.

La planche 52, publiée en septembre 1980 (sans titre, p. 67) traitait déjà du thème de la marée noire sur les côtes bretonnes, en écho au naufrage dramatique du pétrolier *Amoco Cadiz* qui avait provoqué l'une des pires catastrophes écologiques de l'histoire en 1978.

Pandémie

Mais la planche 60, publiée dans *Fluide glacial* de février 1982, est sans doute la plus troublante par son côté visionnaire. Dans la première vignette, un homme portant un masque chirurgical s'interroge : « Pourquoi ces manipulations ?! Est-ce que j'introduis des virus dans des bactéries, moi ?! » Les victimes sont transportées sur des brancards « malgré le masque officiel recommandé par les autorités ». L'homme cite : « Nous mettons tout en œuvre pour contrôler sans retard le germe infectieux inconnu… — 'L'aurait mieux valu l'empêcher de foutre le camp. Les cons ! » Les ambulances se succèdent. Mais il se résigne : « Oui ! Ils ont raison, à la radio… Pas de panique : "Les autorités vont prendre les mesures d'urgence qui s'imposent …" »

Franquin fait aussi écho à une actualité récente bien réelle. En 1976, une souche de grippe porcine HIN1 frappe Fort Dix, dans le New Jersey, provoquant 13 hospitalisations et un décès. Craignant une pandémie, le gouvernement met en place un programme de vaccination de grande ampleur afin de protéger tous les Américains. 48 millions de personnes sont vaccinées. La pandémie tant redoutée n'a pas lieu. Mais le programme de vaccination doit être arrêté après 25 morts dues aux injections.

L'année suivante, le virus H1N1 humain réapparaît en Union soviétique et en Chine. Des virologistes suspectent rapidement une fuite de laboratoire. La science confirmera leurs doutes. La pandémie de 1977 s'est rapidement propagée dans le monde ne causant heureusement que très peu de morts.

En août 1978 encore, une photographe médicale, dont le studio est situé juste au-dessus de la Birmingham Medical School où sont stockées les souches virales, attrape la variole et meurt. D'autres cas existent à travers le monde à cette époque.

Le thème est aussi abordé dans la littérature comme au cinéma, associé au spectre de la guerre bactériologique et de la peur des extraterrestres. Dans le film *Gas-s-s-s*, de Roger Corman (1970), un gaz mortel pour tous les humains de plus de 25 ans est lâché dans l'atmosphère ; dans *Le mystère Andromède*, de Robert Wise (1971), le virus vient de l'espace ; dans *Je suis une légende*, de Boris Sagal (1971), une guerre bactériologique a détruit l'humanité à l'exception d'un unique survivant ; dans *Virus*, de Kinji Fukasaku (1980), une pandémie extermine la quasi-totalité de l'humanité ; etc.

Les Idées noires constituent un pamphlet d'une lucidité extraordinaire. Lanceur d'alerte avant l'heure, Franquin nous met en garde contre les risques de manipulation virologiques par les apprentis sorciers et les mensonges du pouvoir. Mais il faut croire que les puissants de ce monde ne lisent pas de bande dessinée…

VI

Autres œuvres

Le petit Noël

Plusieurs petits récits publiés à l'occasion de Noël
et de Pâques dans le journal Spirou.
Auteur : André Franquin

À la fin 1957, Franquin doit rendre un récit pour le n° 1027 Spécial Noël, conformément à la tradition du journal. Lui qui est si peu porté sur les fêtes religieuses qu'il a subies à contrecœur durant son enfance, n'est guère enthousiasmé par cette idée. Il s'exécute cependant et imagine un petit garçon rêveur qu'il nomme tout simplement Noël.

Ce bref récit de deux planches, intitulé *La bûche de Noël*, se déroule dans le décor enneigé de Champignac. D'emblée, Noël est associé au Marsupilami[1].

L'hiver suivant, Franquin publie *Les étranges amis de Noël*, dans le n° 1078 du 11 décembre 1958. Dans ce nouveau récit, également en deux planches, l'auteur introduit un peu plus de magie : les personnages dessinés en noir sur les panneaux de signalisation prennent vie et tiennent

1. On trouve ce récit dans *Capturez un Marsupilami* (Marsu Productions, 1987).

compagnie à Noël. Le petit Franquin a sans doute eu lui aussi quelques « amis imaginaires » dans son enfance[2].

L'année d'après, Yvan Delporte, qui est alors rédacteur en chef du journal *Spirou*, lance le concept de « mini-récit » dans le n° 1107 du 2 juillet 1959. Ces petits albums à fabriquer soi-même connaissent un engouement sans précédent auprès des jeunes lecteurs. Après Peyo, Paape, Roba, Jidéhem, MitTacq et Deliège, Franquin signe à son tour un mini-récit intitulé *Noël et l'Elaoin*, dans le n° 1131 du 17 décembre 1959. C'est une merveille de poésie dédiée au monde de l'enfance. Quand tous les enfants passent Noël en famille, le petit garçon erre seul et sans but dans les rues enneigées de Champignac car ses parents travaillent. Mais cette année, les personnages des panneaux restent immobiles. Tandis qu'il se morfond sur un banc, un vieil inventeur lui prête « LA » machine : un Elaouin Sdrétu dont ne veulent pas « ces hommes d'affaires dénués de poésie ». La machine est conçue pour réaliser les rêves et fait le bonheur du petit Noël. Franquin conclut l'histoire par : « Aux dernières nouvelles, il serait question de convertir les usines d'armement du monde entier : elles entreprendraient bientôt la fabrication en grande série de l'Elaouin Sdrétu[3]. » Le récit est édité en album par Yann Rudler en 1978 et réédité par Bédérama en 1982.

Noël disparaît pendant cinq ans et ne revient que dans *Joyeuses Pâques pour mon p'tit Noël*, dans le *Spirou* Spécial Printemps n° 1354 du 26 mars 1964.

En quatre planches, Franquin évoque les cloches de Pâques avec humour[4].

Le petit Noël fait encore quelques apparitions en caméo (*Le Prisonnier du Bouddha* et *Panade à Champignac*) ou dans des pages uniques en compagnie du Marsupilami. Puis il sera abandonné à son sort par Franquin, déjà trop occupé par le reste de sa production…

---

2. Ce petit récit servira de base au conte de Noël *Les Étranges Amis de Noël* (album n° 3 de la collection du Caroussel édité en 1966).
3. La linotype est une machine de composition d'imprimerie utilisant un clavier alphanumérique de 90 caractères. « Elaouin » et « Sdrétu » sont les lettres des deux premières colonnes d'une linotype à clavier francophone.
4. Il servira d'inspiration à Franquin et Will pour le récit illustré *Joyeuses Pâques pour mon petit Noël* (5e album de la collection du Carrousel).

Le Marsupilami

Créé dans *Spirou et les héritiers*, le petit animal facétieux rencontre l'engouement du jeune public. À tel point que Franquin le remet en scène à plusieurs reprises, avec le petit Noël comme nous venons de le voir, ou dans les récits du sinistre chasseur Backalive[5].

La cage

6 pages. Publié dans le journal Spirou *n° 1420 du 1er juillet 1965. Scénario : André Franquin ; dessins : André Franquin et Will.*

Le fameux chasseur de fauves, M. Backalive est obsédé par le Marsupilami, le seul animal qu'il n'est jamais parvenu à capturer. Il parvient enfin à attraper un bébé Marsupilami, mais il est à son tour rattrapé par le papa. Et c'est lui qui finit en cage.

Il convient de s'arrêter un instant sur le patronyme du chasseur, pour lequel Franquin fait preuve d'une grande subtilité. Son nom complet est Bring M. Backalive. Prononcé à l'anglaise, on comprend « Bring'em back alive », soit « Ramenez-les vivants » en français. C'était la consigne que donnaient les jardins zoologiques et les cirques aux chasseurs.

Mais c'est aussi une allusion au film américain *Bring'em back alive* (*Seigneurs de la jungle*) de Clyde E. Elliott (1932), tiré du roman éponyme écrit en 1930 par le célèbre chasseur américain Frank Buck. Les spectateurs fascinés et terrifiés y découvrent des scènes de combats féroces opposant de redoutables animaux : un léopard noir contre un python, un python contre un crocodile, puis contre un tigre. Mais Buck adopte aussi un ourson et un bébé éléphant qu'il nourrit au lait de coco. Le film a connu un énorme succès à sa sortie, et il ne fait guère de doute que le jeune Franquin, passionné d'animaux de tout temps, l'a vu et s'en est souvenu pour ce petit scénario.

Mais sa véritable intention est de dénoncer, une fois de plus, le braconnage et le trafic des animaux en Afrique.

---

5. On les retrouve dans l'album *Capturez un Marsupilami*, *op. cit.*

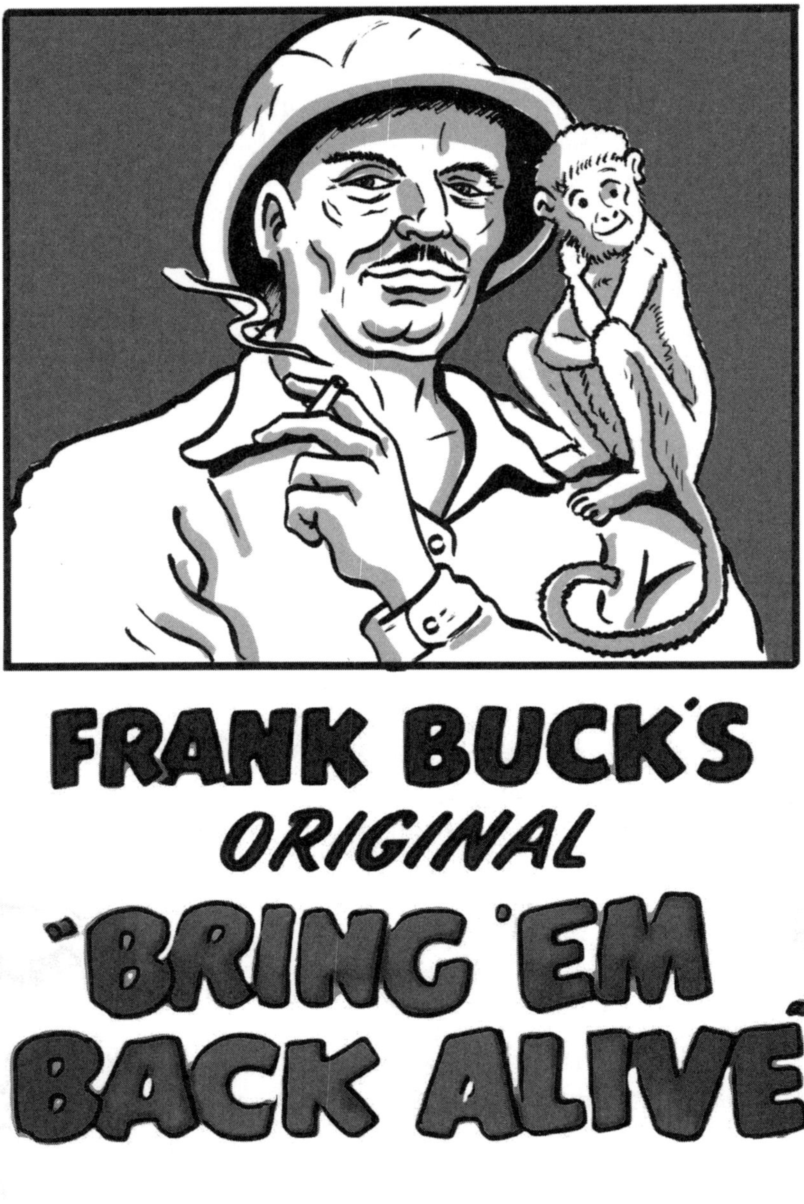

D''après l'affiche du film *Bring'em back alive*.

Capturer un Marsupilami

6 pages. Publié dans le journal Spirou *n° 2270 du 15 octobre 1981.*
Scénario : Franquin, Yvan Delporte ; dessin : Franquin, Will.

Backalive, toujours obsédé par « le rêve de sa vie » : capturer un Marsupilami, se fait aider par deux Indiens chahutas. Mais ceux-ci se payent sa tête tout au long du récit, et il ne parvient qu'à attraper une maladie inconnue « due à un champignon ».

Six semaines après avoir tenté sans succès de capturer l'animal, Backalive rejoint une maison habitée par un homme qui boit du rhum en lisant un magazine de charme ouvert sur une double page, représentant… des femmes nues. Le texte de conclusion : « Ce qu'il ramène, c'est la Picazon de Limon, une épidémie inconnue – due à un champignon parasite, le *Xanthoderma pruriginosus* – qui atteindra plus du tiers de l'humanité en quelques semaines. Après tout, c'est bien notre tour d'être contaminés par une maladie venue des Indiens… » Tout cela dans le très conservateur journal *Spirou* !

Franquin scénariste

Même s'il s'est parfois appuyé sur les idées et propositions de certains collaborateurs, Franquin a été le principal scénariste de ses récits. Il a donc développé un vrai savoir-faire dans ce domaine, qu'il peut à son tour mettre au service d'autres dessinateurs.

Isabelle

Isabelle est une série de bandes dessinées créées par Will (dessin) et Yvan Delporte/Raymond Macherot (scénario) dans le journal *Spirou* n° 1654 du 24 décembre 1969.

Isabelle est le troisième prénom féminin le plus donné en 1969. Beaucoup de petites filles peuvent donc s'identifier à l'héroïne. La fillette voyage dans un monde de sorciers avec son oncle Hermès et sa jolie fiancée Calendula (que Franquin a représenté dans le rédactionnel de Gaston *Dernière Minute*, album 19, p. 45). Mais ils doivent régulièrement affronter Kalendula, la cruelle grand-mère de Calendula, jalouse d'Hermès.

En 1974, Macherot tombe gravement malade et Delporte demande à son vieux complice Franquin de l'aider à scénariser la série. Franquin accepte et participe aux scénarios des albums 3 à 7, qui ont tous été publiés chez Dupuis. Il apporte un rythme, une magie et une poésie extraordinaire à la série.

Les Démêlés d'Arnest Ringard et d'Augraphie

En 1978, Franquin ressort un vieux projet qui dormait dans les tiroirs : *Les Démêlés d'Arnest Ringard et d'Augraphie.*

Un jardinier un peu rustre et grossier, Arnest Ringard, tente par tous les moyens de se débarrasser de la taupe Augraphie (qui connaît bien la topographie du terrain, comme son nom semble l'indiquer). Franquin tient cette idée de l'enfance, quand son grand-père chassait les taupes de son propre potager. Mais il n'a jamais eu le temps ni l'énergie de mener à bien ce projet.

À la disparition du *Trombone illustré*, il le propose à son vieux complice Yvan Delporte, qui le coscénarisera, et au jeune dessinateur Frédéric Jannin. C'est l'occasion pour Delporte de renouer avec un style qu'il adore et qu'il a maintes fois mis en œuvre dans *Spirou* et *Le Trombone* : le jeu de mots vaseux et la contrepèterie.

Le premier récit de six pages est bientôt publié à l'occasion du 40e anniversaire du journal *Spirou*, dans le n° 2088 du 20 avril 1978. D'autres récits complets suivront jusqu'en 1983. Puis en 1992, sous l'impulsion d'un nouveau rédacteur en chef, la série de Frédéric Jannin, *Germain et nous…* est supprimée et *Les Démêlés d'Arnest Ringard et d'Augraphie* est relancée avec le même trio[6]. Le come-back prend fin avec un récit de 5 pages publié dans le n° 3068 du 29 janvier 1997.

Deux albums paraîtront : *Les Démêlés d'Arnest Ringard et d'Augraphie* (Dupuis, 1981) et *Arnest Ringard et Augraphie* (Marsu Productions, 2006).

---

6. Détail des publications de ces récits dans le journal *Spirou* : https://bdoublies.com/journalspirou/serie1/arnest_ringard_et_augraphie.htm

En guise de conclusion

En explorant les détails les plus infimes, nous avons pu exhumer quelques secrets cachés... Il est toujours passionnant de tenter de comprendre les sources et influences d'un auteur, de mettre en lumière la genèse d'une œuvre. Nous avons pu en apprendre un peu plus sur l'origine de plusieurs personnages emblématiques tels Gaston, Prunelle, le comte de Montignac ; ou décoder le sens caché d'autres noms comme Bring M. Backalive, ou Helena la Murène...

Franquin nous livre aussi à mots couverts quelques centaines de titres de film d'acteurs, de pièces de théâtre, de dessins animés, de livres et revues ou encore de musiques qui ont pu l'inspirer. Nous avons également pu mettre en évidence l'étrange dialogue qui existe entre les œuvres d'Hergé et de Franquin, qui semblent s'influencer réciproquement.

Le dessinateur nous offre encore un témoignage précieux sur les époques dont il s'est fait chroniqueur. Ses premières histoires de Spirou, ainsi que celles de Modeste et Pompon, portent l'euphorie de l'immédiat après-guerre, puis des Trente Glorieuses. Mais Gaston prend déjà quelques distances avec le productivisme. Le temps des désillusions transparaît dans les derniers récits de *Spirou*, les gags de *Gaston*, et surtout *Les Idées noires*... Franquin porte un regard acerbe sur les dérives du monde, prévient les générations futures à la manière d'un lanceur d'alerte.

C'est aussi l'occasion pour nous de redécouvrir des faits historiques marquants, certains glorieux (la conquête spatiale) et d'autres désastreux (guerres, attentats, enlèvements...). On a pu y retrouver également le nom de personnes célèbres, dont certains sont parfois sortis de la mémoire collective. Des sportifs tels que Michel Jazy ou Björn Borg ; des peintres tels que Rembrandt, Vasarely, Modigliani, Miró, Magritte, Picasso ou Roy Lichtenstein ; des gangsters tels qu'Al Capone ou Lucky Luciano ; plus de cinquante musiciennes et musiciens ; plus de cinquante réalisateurs de films, etc. En tout, quelques centaines de noms de personnes ayant peu ou prou contribué à créer l'univers de Franquin…

Les aventures de Spirou et plus encore les gags de Gaston constituent un véritable dictionnaire de la bande dessinée, qui restait à décrypter. Franquin rend ainsi un hommage discret à plus d'une cinquantaine d'auteurs de BD et à leurs personnages[1].

Toujours à mots couverts, avec des allusions à double sens, il nous en apprend un peu plus sur sa personnalité, ses doutes, ses regrets, ses aspirations. Au fil des récits, on découvre ainsi un créateur d'un immense talent et d'une grande modestie, tour à tour philanthrope et misanthrope, gagné par la mélancolie ou l'enthousiasme.

Nombre de messages cachés, parfois très iconoclastes et en total décalage avec la ligne éditoriale de *Spirou*, apparaissent ici et là, comme autant de pieds de nez de Franquin à la censure, attendant le moment d'être décryptés. Avant d'entamer ce travail, nous étions loin d'imaginer que les très sages récits et gags de Franquin pouvaient contenir pas moins de quatre représentations de prostituées, une bonne vingtaine de dessins érotiques et de nus (dont M'oiselle Jeanne elle-même), et même quelques allusions franchement pornographiques !

Il resterait encore beaucoup à dire sur l'œuvre de Franquin… À chaque fois, de nouveaux « gags dans les gags » sautent aux yeux, malgré les multiples relectures… Chaque dessin raconte une « autre histoire » qui reste à découvrir. Au moment de terminer cet ouvrage, je découvre au hasard d'une recherche Internet un gag de Gaston, où Lagaffe est supposé trier le courrier. Sur son bureau, une enveloppe porte des indications parfaitement lisibles : « Jean Coulaudoux, 14 place de la République, Draveil » … Après quelques recherches, je retrouve un certain Monsieur Jean Coulaudoux, qui habite bien à Draveil et

1. Voir le détail donné en annexe.

qui a aujourd'hui 80 ans. Il s'avère que Jean Coulaudoux avait demandé quelques conseils à Franquin pour se lancer dans le dessin. Non seulement Franquin lui avait répondu par une longue lettre, mais il avait réalisé une bande dessinée dans laquelle Gaston – image après image – expliquait comment réaliser toutes les étapes de la création… jusqu'au fameux gag !

Par ailleurs, Franquin publia pléthore de dessins dans des fanzines, fit de nombreux portraits réalistes inspirés de personnages célèbres vus à la télévision ou dans les journaux *people* de l'époque, réalisa des dizaines de dédicaces personnalisées, des couvertures de magazines et de livres. Il lança aussi la série animée des *Tifous*, qui connut maints déboires, et d'autres encore. Autant d'œuvres qui restent à étudier de près ! Franquin mériterait enfin et surtout que l'on consacrât un ouvrage entier sur son art graphique, souvent copié, mais jamais égalé…

Puissent les exégètes se munir de bonnes lampes frontales et explorer les abîmes de documentation de Gaston et de ses amis ! Et souhaitons que cette modeste contribution ouvre la voie à d'autres recherches sur l'« autre géant » de la bande dessinée franco-belge…

ANNEXES

Hommages de Franquin à la BD (par ordre alphabétique)

Nous l'avons dit au cours de cet ouvrage, les allusions aux personnages de bandes dessinées que glisse Franquin dans ses pages constituent en elles-mêmes un véritable historique de la BD d'après-guerre. Voici, parmi plusieurs centaines de clins d'œil, quelques hommages, parmi les plus représentatifs[1], adressés par le père de Gaston aux dessinateurs et à leurs créations.

Claire Bretécher (*Cellulite*)
La jeune princesse « indépendante et libérée » apparaît dans les pages de *Pilote* en 1969. Gaston lit *Pilote* (679), vraisemblablement le n° 614 du 12 août 1971, avec Cellulite de Claire Bretécher en couverture. Le gag de Gaston est publié dans *Spirou* exactement une semaine plus tard, le 19 août 1971.

Raoul Cauvin (*Les Tuniques bleues*, *Sammy*)
Cauvin est également responsable du laboratoire de reproduction de Dupuis à cette époque. Franquin le caricature sous son nom (723, 733, 753 et 755). Il fait dire à Gaston : « Hooo ! Raoul, toi qui racontes partout que je ne suis pas fichu de retourner une crêpe, retiens ceci : si j'en loupe une seule, je veux être pendu ! » Cauvin rétorque : « Ce sont toujours les meilleurs qui s'en vont… »

---

1. Les numéros entre parenthèses indiquent les numéros de gags dans lesquels apparaissent les personnages mentionnés.

Mais en mettant ces propos dans la bouche de Cauvin, Franquin pourrait bien faire allusion à une réalité bien plus triste : la planche de Gaston paraît dans le journal *Spirou* 1818 du 15 février 1973. Or le premier dessinateur des *Tuniques bleues*, Louis Salvérius décède le 22 mai 1972, pendant la réalisation du tome 4, *Outlaw*.

On reconnaît aussi le caporal Blutch (553, 755) ; le soldat Bryan (756) ; et Sammy (758).

Thierry Culliford et Frédéric Jeannin (*Germain et nous*)

Frédéric Jeannin et Thierry Culliford, le fils de Peyo, créent la série *Germain et nous*, dont les personnages apparaissent tous initialement dans *Le Trombone illustré*. Le héros, Germain, a un ami, Luc-Luc, fan de hard-rock et d'électronique… qui est très gaffeur. Franquin lui rend hommage deux fois : une image de Luc-Luc est affichée dans le bureau (875) et un panneau « Interdiction de s'asseoir sur les marches » de la Grand-Place montre Luc-Luc dans un rond rouge barré (album 20, p. 15).

Charles Degotte (*Le Flagada*)

Degotte publie *Le Flagada*, dans le journal *Spirou* à partir du n° 1196 en 1961, jusqu'au 2602 de 1988. On le voit régulièrement sur les murs de la rédaction (498) ; (625) ; (718) ; à la une d'un marchand de journaux (654) ; sur une colonne Morris (649). Sur les murs de la ville, on distingue une publicité pour « Flagada » dans la première case (713).

Gaston transforme un ventilateur de bureau en « Gadget dans le vent pour tous les fans de Flagada ! » (718) et (782). Il se déguise même en flagada, sorte d'oiseau fabuleux : « C'est une idée de Degotte pour le bal costumé… » (671). Et Degotte apparaît lui-même dans deux gags de Gaston (718 et 826).

Fernand Dineur (*Tif et Tondu*)

On peut lire « Tif et Tondu » sur deux colonnes Morris (372) et (376).

Walt Disney (*Mickey* et *Donald*)

On reconnaît Mickey (539) et Donald (888), lectures et passions de jeunesse de Franquin. Un membre de la rédaction porte un tee-shirt Mickey (900). Dans un dessin délirant (888), Spirou porte des oreilles de Mickey et une longue truffe de souris !

Jean-Claude Fournier (*Bizu*)

En 1967, Fournier crée le personnage de Bizu, un lutin vivant dans la forêt de Brocéliande. Son voisin Schnockbul est un étrange lutin noir velu à peau rouge, qui sème des fleurs sur son passage. Il s'affiche sur un mur (510). La semaine suivante, on reconnaît Mukès, le petit champignon parlant qui accompagne Bizu (511).

Fournier, qui reprend Spirou à la suite de Franquin, apparaît également dans un gag de Gaston Lagaffe (815).

Fred (*Philémon*)

Le personnage de Philémon, adolescent rêveur, apparaît dans *Pilote* en 1965. Au mur du bureau de Gaston (679), un dessin de Philémon s'inspire de la vignette 8 de la planche n° 2 de l'album *L'Île des brigadiers*, une aventure de Philémon.

Goscinny et Uderzo (*Astérix et Obélix*)

Les célèbres Gaulois résistant à l'envahisseur romain font leur apparition le 29 octobre 1959 dans le n° 1 du journal français *Pilote*. On reconnaît clairement les personnages d'Astérix (608) et d'Obélix (586).

Plus subtil… Lors du 150e anniversaire de la Belgique, en 1980, Franquin brocarde gentiment la paperasserie de l'administration belge « et tout ça dans les deux langues » (875), et adresse un clin d'œil à Uderzo et Goscinny : « De tous les peuples de la Gaule, les Belges sont les plus forts ! » Dans *Astérix chez les Belges*, Astérix explique (p. 19) : « Jules César a dit que, de tous les peuples de Gaule, ce sont les Belges les plus braves. »

Gotlib (*alias* Marcel Gottlieb) (*Gai Luron*)

Gotlib crée Gai Luron, un chien apathique, en 1964, comme personnage secondaire dans *Vaillant*. On le voit dans le gag 901.

Greg (*alias* Michel Régnier) (*Achille Talon*)

Achille Talon, personnage au « cerveau choc » et à la redoutable inefficacité, apparaît le 7 novembre 1963 dans le *Pilote* n° 211. Et dans *Gaston Lagaffe* (535 et 610).

Hergé (*Tintin*)

En page de garde de l'album « 02 – Gare aux gaffes », Gaston apporte Milou à la rédaction. Fantasio lui dit : « Mais oui, Gaston, il est charmant ! Mais il faut le rendre à son propriétaire... » En page de garde du tome 10, Gaston lit *Tintin* sous le regard courroucé de Spirou. Deux dessins du professeur Tournesol sont accrochés dans le bureau de Gaston (584) et (607). Gaston et Fantasio se retrouvent congelés... Comme Tintin dans *Les Soviets.* « Amène-les près du feu, on va les dégeler... » (551). Franquin dessine aussi en pleine page (*Spirou* n° 1392) Spirou portant les vêtements de Tintin : « Fantasio, tu sais que j'ai envie, depuis longtemps, de changer de costume... Un ami veut me céder ceci... Qu'en penses-tu ? »

Plus troublant : dans le brouillard (692), on distingue une statue d'un général, qui tend son index vers la droite, tandis qu'il tient un sabre dans son autre main. À ses pieds, une roue brisée. C'est l'exacte reproduction de la statue du général Olivaro, représentée par Hergé dans *L'Oreille cassée* (p. 30) !

Hommage, coïncidence, réminiscence ? Hergé et Franquin auraient-ils utilisé la même documentation à plus de trente ans d'intervalle[2] ? Ce n'est pas le moindre mystère de l'improbable dialogue entre les œuvres de Franquin et d'Hergé...

Jidéhem (*Sophie*)

Franquin rend hommage à son fidèle collaborateur et à son personnage Sophie, créé en 1965 dans le *Spirou* n° 1408. On peut lire « Lisez

2. Vraisemblablement une gravure en couleur de Louis-François Charon (1783-1839) représentant le général Pierre Cambronne. https://www.pinterest.fr/pin/574349758701413844/

Sophie » sur une colonne Morris (372), et voir un dessin de la petite Sophie accroché au mur (624). Gaston se sert d'un moteur qui porte la marque… Jidéhem (425 bis). Franquin le salue également plus subtilement dans un autre gag (311) : Gaston assure le standard téléphonique et reçoit un message : « Comment ?… Parler à qui ?… Comprends pas… Il y a de la friture… » Puis : « Il y a un gars qui demande Jules, Isidore, Désiré, Ernest, Hector et Marie au téléphone… » À cette époque, les communications ne sont pas toujours fiables, brouillées par de nombreux parasites. Pour téléphoner à quelqu'un, il fallait souvent poser un préavis et attendre la communication, le temps de trouver la personne et la faire venir au bureau de poste. Pour éviter toute confusion dans l'orthographe des noms, on optait alors pour une épellation utilisant des prénoms, sur le principe utilisé par les pilotes d'avions. Chaque pays utilisait sa propre codification. La Poste française utilisait par exemple : Anatole, Bernard, Cécile, Denise, Émile, François, Gérard, Henri, Isidore, Jean, Kléber, Louis, Marcel, Nicole, Oscar, Pierre, Quintal, Robert, Suzanne, Thérèse, Ursule, Victor, Wagon, Xavier, Yvonne, Zoé. Gaston ne devait pas connaître ce principe, sinon il aurait tout de suite décrypté J.I.D.E.H.E.M.

Lambil (*alias* William Lambillotte) (*Sandy et Hoppy le kangourou*)
Sandy est créée par Lambil et Henri Gillain dans *Spirou* entre 1959 et 1974. Hoppy le kangourou paraît dans *Spirou* n° 1083 en 1959. Il orne le bureau de Gaston (522). Puis (624) : « Oui, les gars ! Une surprise pour l'ami Lambil. Un costume de Hoppy, son kangourou… […] Imaginez la publicité qu'on peut faire sur la voie publique ! Si Dupuis voit ça, c'est dans la poche ! Oah, elle est bonne !! »

Raymond Macherot (*Sibylline*)
Sibylline (902) est créée dans le *Spirou* n° 1403 du 4 mars 1965. Elle apparaît avec le corbeau Flouzemaker (505 et 782).

Morris (*alias* Maurice de Bevere) (*Lucky Luke*)
Un des tiroirs de Gaston contient des figurines de Lucky Luke (136). Un dessin du cow-boy est au mur… (492). Gaston se déguise en Lucky Luke pour le cocktail de Dupuis (454).

Peyo (*Johan et Pirlouit, Les Schtroumpfs, Benoît Brisefer*)

Les étranges petits hommes bleus apparaissent dans *Spirou* le 23 octobre 1958 au sein du récit de Johan et Pirlouit, *La Flûte à six trous* (rebaptisé ultérieurement *La Flûte à six schtroumpfs*). On les voit eux aussi dans un des tiroirs de Gaston (136) ; un dessin de schtroumpf est accroché au mur (521) ; un des ballons publicitaires gonflables est à leur effigie (631) ; sur les murs de la ville, on distingue une publicité (713) ; il y a trois Schtroumpfs sur un meuble (838) ; trois semaines plus tard (841), on en compte cinq, musiciens, acrobates ou footballeurs.

Un dessin de Pirlouit est accroché au mur, à demi caché par un dessin de Lucky Luke (492)[3]. Mise en abyme subtile (754), Prunelle tient encore une planche dans sa main gauche, on reconnaît très clairement un chevalier affrontant un dragon. Il s'agit vraisemblablement de Johan, affrontant le dragon Fafnir (lors d'une scène identique) dans l'aventure de Johan et Pirlouit, *Le Pays maudit*, sorti en 1964.

Benoît Brisefer apparaît également (505).

Jean Roba (*Boule et Bill*)

Roba crée Boule, un petit garçon de 7 ans, accompagné de son cocker Bill. Une petite figurine de Bill est posée sur le bureau de Gaston (238). On peut lire « *Boule et Bill* » sur une colonne Morris (372). Plusieurs dessins de Boule apparaissent aux murs de la rédaction (498, 520, 632, 732), et sur un ballon publicitaire (631). Jean Roba apparaît lui-même dans deux gags (700, 815).

Charles M. Schulz (*Peanuts*)

Les célèbres Peanuts, petits gags tournant autour de l'univers du petit Charly Brown et de son chien Snoopy, sont publiés de 1950 à 2000 et connaissent un succès mondial. Snoopy s'affiche (533 et 534), ainsi que Charly Brown (536) et Linus (545).

---

3. On se souvient que Spirou lit aussi une aventure de Johan (p. 18-19), *Le Châtiment de Basenhau*, dans *Le Dictateur et le champignon*. Et que la figurine de Johan était en vitrine du magasin de jouets *Au Schtroumpf*, dans *Panade à Champignac*.

Elzie Crisler Segar (*Popeye*)

Le marin aux gros muscles Popeye apparaît le 19 décembre 1919. Nous avons déjà eu l'occasion d'évoquer l'importance de ce personnage (et de son créateur) aux yeux de Franquin. Il est dessiné ici au mur de la rédaction (541).

Tibet et A.-P. Duchâteau (*Ric Hochet, Chick Bill*)

Tibet et Duchâteau créent Ric Hochet, journaliste enquêteur librement inspiré de Rouletabille. Le jeune cow-boy Chick Bill, courageux et altruiste, est créé par Tibet. Ils apparaissent respectivement dans les gags 558 et 569.

Maurice Tillieux (*Gil Jourdan, César, Marc Lebut*)

Le détective privé Gil Jourdan est créé par Maurice Tillieux et Gos dans le *Spirou* n° 962 du 20 septembre 1956. Tillieux crée aussi César, un dessinateur de bande dessinée solitaire, dans *Spirou* n° 1004 du 11 juillet 1957, et jusqu'en 1959. On reconnaît Esnestine, sa comparse (615), et son papa, l'agent Petitcarné (671), ainsi que Croûton, inspecteur de police de la série *Gil Jourdan* (505).

Tillieux et Francis créent également Marc Lebut et son voisin (la série est parfois nommée aussi *La Ford T*), dans *Spirou* n° 1452 du 10 février 1966. Marc Lebut, propriétaire d'une Ford, entraîne son malchanceux et naïf voisin Boular dans ses aventures. Boular apparaît dans un dessin accroché au mur de la rédaction (516).

Will et Yvan Delporte/Raymond Macherot (*Isabelle*)

Le personnage d'Isabelle est créé en 1969 par Will et Yvan Delporte, et Raymond Macherot au scénario, dans le *Spirou* n° 1654. Franquin participera activement à la série, comme nous le verrons par la suite. Isabelle apparaît une première fois seule (868), puis avec la belle Calendula (album 19, p. 45).

Franquin rendait déjà hommage à Delporte en le représentant dans les aventures de Spirou, il fait de même dans plusieurs gags de Gaston (9, 164, etc.).

Et les autres…

Franquin n'a pas oublié d'autres dessinateurs et personnages, qui apparaissent çà et là dans ses planches. Tels Bicot, le personnage de Martin Branner, dont Franquin a souvent souligné l'importance, qui est représenté au mur de la rédaction (526) ; Cubitus, le gros chien blanc et débonnaire de Jean Dupa (555) ; l'espion suisse à quatre pattes doté de la parole (548), créé par Derib et Maurice Rosy, qui a aussi écrit les aventures du petit bagnard Bobo, avec Paul Deliège (509) ; ou les Krostons, les lutins méchants mais stupides, dessinés par André Piroton (654).

Apparaissent également le petit génie scientifique Olivier, de Jacques Devos, affublé de son indispensable équerre (511) ; ou la petite Angélique, spécialiste des « questions d'enfants » auxquelles les adultes ont souvent du mal à répondre, créée par Carlos et Monique Roque (624). Et encore la petite sirène Tôôôt, personnage de Lucien De Gieter, qui chante tellement faux qu'elle fait fuir tout le monde (506). Même Natacha, la jeune et jolie hôtesse de l'air de Gos et François Walthéry, se retrouve sur l'un des ballons publicitaires gonflables (631).

Jean Tabary crée le personnage de Totoche, un jeune « titi parisien » de Belleville en 1959 dans *L'Union*, on le voit dans les cases de Franquin (666). Comme Taka Takata, le militaire japonais extrêmement myope d'Azara et Vicq (667). Ou Tim, Mac et Tony, les innommables de Yann et Didier Conrad, dans le gag 875. Greg et Dany donnent vie au personnage d'Olivier Rameau, un jeune clerc de notaire qui visite le monde parallèle de Rêverose. Il est là (555). Dans *Pilote*, Sirius (Max Mayeu) crée en 1972 Pemberton, un incroyable baratineur, qui peut inventer n'importe quelle histoire dès lors qu'on lui paye à boire. Le marin porté sur la bouteille est affiché dans le bureau de Prunelle (848).

Index des noms cités

R

S

T

V

Œuvres citées

Livres

Trois Mousquetaires (Les), Alexandre Dumas, 1844.
Aile rouge (L'), Yves Legros (pseudonyme de Xavier Snoeck), publié dans le journal *Spirou* du n° 7 du 16 novembre 1944 au n° 44 du 27 décembre 1945.
Au cœur des ténèbres, Joseph Conrad, 1902.
Au fond des mers en bathyscaphe, Auguste Piccard, 1954.
Exploration sous-marine (L'), Dimitri Rebikoff, 1952.
Gremlins (The), Roald Dahl, 1943.
Hibernatus, Jean Bernard-Luc, 1957.
Jivaros réducteurs de têtes (Les), Robert de Wavrin, 1941.
Lolita, Vladimir Nabokov, 1955.
Mein Kampf, Adolf Hitler, 1925.
Mémoires de Monsieur Joseph Prudhomme, Henri Monnier, 1857.
Monde perdu (Le), Conan Doyle, 1912.
Petit cours de kiswahili pratique, A. Verbeken, 1951.
Rapt, Lionel White, 1955.
Robinson Crusoé, Daniel Defoe, 1710.
Voyages de Gulliver (Les), Jonathan Swift, 1726.

Films, pièces de théâtre et dessins animés

Aile ou la cuisse (L'), Claude Zidi, 1976.
Bataille du siècle (La), Clyde Bruckman, avec Laurel et Hardy, 1927.
Blanche-Neige et les sept nains, Walt Disney, 1937.

Body Snatchers (*L'Invasion des profanateurs de sépultures*), Don Siegel, 1956.
Brelan d'as, Henri Verneuil, 1952.
Bring'em back alive (*Seigneurs de la jungle*), Clyde E. Elliott, 1932.
Caves du Majestic (Les), Richard Pottier, 1945.
Cécile est morte, Maurice Tourneur, 1944.
Champion (Le) (*The Champ*), Franco Zeffirelli, 1979.
Champion (Le) (*The Champ*), King Vidor, 1931.
Champion de hockey (*The Hockey Champ*), Jack King, sur un scénario de Carl Barks et Jack Hannah, 1939.
Chat d'la Mèr'Michel (Le) (4 minutes), CBA, 1945.
Chien jaune (Le), Jean Tarride, 1932.
Congrès du rire (Le), Henri Lacam, 1950.
Copie conforme, Jean Dréville, 1947.
Cordon bleu, avec Pauline Carton, 1950.
Cuirassé Potemkine (Le), Eisenstein, 1926.
Dame de Shanghai (La), Orson Welles, 1947.
Dictateur (Le), Charlie Chaplin, 1940.
Docteur Jekyll et M. Hyde, Victor Flemming, 1941
Easy Street/Charlot policeman, Charlie Chaplin, 1917.
Ennemi public n° 1 (L'), Henri Verneuil, 1953.
Enquête à Chicago, Lewis Allen, 1949.
Envahisseurs de la planète rouge (Les) (*Invaders from Mars*), William Cameron Menzies, 1953.
Fantôme de Zorro (Le) (The Ghost of Zorro), Fred C. Brannon, 1949.
Féline (La), Jacques Tourneur, 1942.
Femme à abattre (La) (*The Enforcer*), Raoul Walsh, 1951.
Fiancées en folie Seven Chances (*Seven Chances*), Buster Keaton, 1925.
Fils de Zorro (Le) (*Son of Zorro*), Spencer G. Bennett et Fred C. Brannon, 1947.
Fini de rire, John Farrow, 1951.
Frontier Gambler, Sam Newfield, 1956.
Gas-s-s-s, Roger Corman, 1970.
Grande évasion (La), John Sturges, 1963.
Guerre des étoiles (La), George Lucas, 1977.
Homme qui rétrécit (L'), Jack Arnold, 1957.

Homme au masque de cire (L') (House of Wax), André de Toth, 1953.
Huckleberry Hound (*Roquet-belles-oreilles*), William Hanna et Joseph Barbera, 1958.
Il était... un petit navire (5 minutes et 20 secondes), CBA, 1945.
Je suis une légende, Boris Sagal, 1971.
King Kong, Merian C. Cooper et Ernest B. Schoedsack, 1933.
Laurel et Hardy constructeurs (*The Finishing Touch*), Edgar Kennedy, 1928.
Lagon bleu (*Le*), Frank Launder, 1949.
Manoir hanté (*Le*), Alfred J. Goulding et Hal Roach, 1920.
Marque (*La*) (*Quatermass* 2), Val Guest, 1957.
Monde du silence (*Le*), film documentaire de Jacques-Yves Cousteau et Louis Malle, 1956.
Monte là-dessus ! (Safety Last !), Fred C. Newmeyer & Sam Taylor, 1923.
Mystère Andromède (*Le*), Robert Wise, 1971.
Notre-Dame de Paris, Jean Delannoy, 1956.
Nous avons gagné ce soir, Robert Ryan et Robert Wise, 1949.
Nuit du carrefour (*La*), Jean Renoir, 1932.
Oiseaux (Les), Alfred Hitchcock, 1963.
On achève bien les chevaux, Sydney Pollack, 1969.
On ne vit que deux fois, Lewis Gilbert, 1967.
Oscar, pièce de théâtre, de 1959 à 1972.
Oscar, film d'Édouard Molinaro, 1967.
Panique au Far West, Sam Newfield, 1943.
Par la fenêtre, Gilles Grangier, 1948.
Père Noël est une ordure (Le), troupe du Splendid, 1979.
Picpus, Richard Pottier, 1943.
Pied Piper (The), Wilfred Jackson, Studios Disney, 1933.
Pont de la rivière Kwaï (Le), de David Lean, 1957.
Poupées du diable (Les), Tod Browning, 1936.
Quai des Orfèvres, Henri-Georges Clouzot, 1947.
Quand la ville dort (*The Asphalt Jungle*), John Huston, 1950.
Ruée vers l'or (La), avec Charlie Chaplin, 1925.
Sans peur, sans pitié (O Cangaceiro), Lima Barreto, 1953.
Sherlock Junior, Buster Keaton, 1924.

Sinkin'in the Bath-tub (*Naufrage dans la baignoire*), Hugh Harman et Rudolf Ising, 1930.
Tarzan l'homme singe, Joseph M. Newman, 1959.
Terreur dans la ville, Robert N. Bradbury, 1934.
Tête d'un homme (La), Julien Duvivier, 1933.
Train (Le), John Frankenheimer et Bernard Farrel, 1964.
Trésor du pendu (Le), John Sturges, 1958.
Un jour avec vous, Jean-René Legrand, 1952.
Uncle Donald's Ants, Jack Hannah, Walt Disney, 1952.
Une veine de…, Irving Cummings, 1951.
Virus, Kinji Fukasaku, 1980.
Viva Maria!, Louis Malle, 1965.
Wolf Hunters (The), Oscar Boetticher, 1949.
Zazou chez les Nègres (11,5 minutes), 1943.

Musiques

Aragon et Castille, Boby Lapointe, 1960.
Avril au Portugal, Yvette Giraud, 1950.
Bon anniversaire, André Claveau, 1951.
Brabançonne (La), hymne national de Belgique.
Cheval blanc (Le), Georges Brassens, 1952. Poème de Paul Fort.
Couchés dans le foin, paroles Jean Nohain, musique Mireille, 1932.
Faut rigoler, faut rigoler (avant que le ciel nous tombe sur la tête), Boris Vian et Henri Salvador, 1958.
Funiculi Funicula, Luigi Denza, 1880.
Gondolier, Dalida, 1957.
Good Vibrations, Beach Boys, 1966.
Hélicon! (L'), Boby Lapointe, 1962.
Hello, le soleil brille, Annie Cordy, 1958.
Java bleue (La), paroles de Géo Koger et Noël Renard, musique de Vincent Scotto, 1938, interprétée en 1939 par Fréhel.
Je ne suis pas bien portant, Gaston Ouvrard, 1934.
Je suis le yé-yéti, Dario Moreno, 1965.
Je tire ma révérence, de Jean Sablon, 1938.

Jimbo l'éléphant, chantée par Colette Mars, 1947.
Jingle bells, chant traditionnel de Noël, James Lord Pierpont, 1857.
Kili Watch, The Cousins, 1960.
Live at Montecarlo « Sporting club », Frank Sinatra, 14 juin 1958.
Maman les p'tits bateaux, comptine enfantine du XIXe siècle.
Noces de Figaro (Les), Wolfgang Amadeus Mozart, 1786.
Papa du papa du papa de mon papa (Le), Boby Lapointe, 1966.
Parlez-moi d'amour, de Lucienne Boyer, 1930.
Poète et Paysan, Franz Von Suppé, 1846.
Puisque vous partez en voyage, paroles Jean Nohain, musique Mireille, 1935.
Rikita jolie fleur de Java, duo français Fox-Trot de Louis Bénech (musique) et Ernest Dumont (paroles), 1926.
Rock Around the Clock, Bill Halley, 1952.
Sixteen Tons, enregistrée pour la première fois par Merle Travis, 1946.
Symphonie en ré *majeur* de Gustav Mahler, Columbia Symphony Orchestra, dirigé par Bruno Walter (deux vinyles, sortis chez la maison de disques Odyssey), 1971.
Travadja la moukère, chanson paillarde militaire du début des années 1900.
Le travail c'est la santé, Henri Salvador, 1965.
Viens dans ma ville, viens dans ma rue, Mireille Mathieu, 1966.

Bibliographie

Archives Franquin, Jef Meert et Achim Chnurrer, Magic Strip, 1991.

Le Bestiaire de Franquin, tome 1, André Franquin, Marsu Productions, 2004.

Le Bestiaire de Franquin, tome 2, André Franquin, Éditions Dupuis, 2006.

Les Cahiers de bande dessinée n° 74, Éditions Glénat, avril 1987.

Les Dossiers de la bande dessinée n° 1 – Franquin, Éditions DBD, novembre 1998, 48 p.

Et Franquin créa la gaffe, Numa Sadoul et Franquin, les entretiens de 1985, Éditions Glénat, 2022.

Franquin : chronologie d'une œuvre, José Louis Bocquet, Éric Verhoest, Dupuis, 2015.

Franquin – Spirou, numéro spécial Hors-Série (Ux) - 500 Exemplaires, 1979.

Franquin : Il était une fois Idées noires, collectif, Fluide glacial, 18 janvier 2017.

« Franquin, le géant du rire », *Lire* Hors-série n° 19, 2015.

« Gaston, un philosophe au travail », *Philo Magazine*, 24 octobre 2019.

Krukuk, tome 1 : Spécial Franquin, scénario collectif, Éditeur Éric Pichon/Georges Gasco, 1971.

Le Livre d'or d'André Franquin, Jacky Goupil, SEDLI Jacky Goupil éditeur, 1982.

Morris, Franquin, Peyo et le dessin animé, Philippe Capart, Erwin Dejasse, Éditions de l'An 2 (16 novembre 2005).

Presque tout Franquin, Philippe Queveau, Comset Éditions, 1991.

Profession : créateurs de bandes dessinées. Franquin/Jijé, entretiens avec Philippe Vandooren, Niffle, 2001.
Revue Schtroumpf. Les cahiers de la bande dessinée spécial Franquin, Jacques Glénat éditeur, 1er janvier 1972.
Revue Schtroumpf. Les cahiers de la bande dessinée n° 47/48, Jacques Glénat éditeur, 1980, 82 p.
(Les) Signatures de Franquin, Franquin, Marsu Productions, 2005.
« Spécial Franquin : Spirou, Gaston, Le Marsupilami : un trait de génie », *Les Inrocks 2*, tome 45, 2012.
Science & Vie n° 1047, « Hommage à Franquin. Il était un de nos grands lecteurs », p. 42-47, décembre 2004.
« Spirou et les 30 glorieuses 1945-1975 », Franquin, *Historia BD.*
Un rêve de designer, Didier Pasamonik et Erik Verhoest, 1989.
La Véritable Histoire de Spirou, tome 2, 1947-1957, Christelle et Bertrand Pissavy-Yvernault, André Franquin (dessin), Éditions Dupuis, collection « Patrimoine », 15 janvier 2016.

Articles

La Dernière Heure, 17 juillet 1991.
Falatoff, n° 12/13, nov/dec 1972.
Libération, 1er août 1985.
La Libre Belgique, 13 octobre 2005.
Sapristi n° 16, printemps 1988.
Le Soir, 10 octobre 1993.
Télémoustique, 20 décembre 1979.
Tonnerre de Bulles, Hors série, n° 4 spécial Franquin Spirou, 2014.
Vers l'avenir, 30 octobre 1985.
La Vie, 3 novembre 1979.

Table

Du même auteur (suite)

Tintin, le rêve américain, Éditions MacGuffin, 2010.
L'Histoire selon Tintin, Éditions MacGuffin, 2011.
Tintin le rêve américain, de la BD au film, Éditions MacGuffin, 2011.
L'Histoire selon Tintin, Éditions MacGuffin, 2013.
Le Polar en questions, Éditions PolarLeaks, 2017.
Tintin le diable et le bon Dieu, Desclée de Brouwer, 2018 (Prix du Livre de l'été du Salon du livre des Sables d'Olonne).
Rebellion Racing aux 24 Heures du Mans, Éditions TimeKeeper, 2019.
Tintin, du cinéma à la BD, Desclée de Brouwer, 2019 (Prix CinéBD 2019).
Anatomie du fait divers, Desclée de Brouwer, 2020.
Tintin & l'histoire, Desclée de Brouwer, 2022.
Hergé, les ultimes secrets, Éditions du Rocher, 2023.
24 Heurs et malheurs du Mans (avec S. Bois et G. Nédelec), Éditions du Rocher, 2023.

Biographies
« Sherlock Holmes », in *Le Dictionnaire des personnages populaires de la littérature des XIXe et XXe siècles*, Éditions du Seuil, 2010.
Collisions, Ring, 2021.

Jeunesse
Papa ?, E-dite, 2004.
Le Vol des 714 porciney, Éditions du Léopard masqué, 2008.
Série albums *Le Petit Tintin, parodie,* Éditions Parodisiaques, 2022 (Prix jeunesse Bulles en Nord 2023).

PAPIER CERTIFIÉ

Achevé d'imprimer par
NORMANDIE ROTO IMPRESSION S.A.S.
en décembre 2023,
N° d'imprimeur : 2305346
Dépôt légal : janvier 2024

Imprimé en France